Sven Reichardt | Malte Zierenberg
Damals nach dem Krieg

W0077095

Sven Reichardt | Malte Zierenberg

Damals nach dem Krieg

Eine Geschichte Deutschlands
1945 bis 1949

Deutsche Verlags-Anstalt

Malte Zierenberg: Kapitel 1, 2 und 5
Sven Reichardt: Kapitel 3 und 4

FSC

Mix
Produktgruppe aus vorbildlich
bewirtschafteten Wäldern und
anderen kontrollierten Herkünften

Zert.-Nr. SGS-COC-1940
www.fsc.org
© 1996 Forest Stewardship Council

Verlagsgruppe Random House FSC-DEU-0100
Das für dieses Buch verwendete FSC-zertifizierte Papier *Munken Premium*
liefert Arctic Paper Munkedals AB, Schweden.

1. Auflage
Copyright © 2008 Deutsche Verlags-Anstalt, München,
in der Verlagsgruppe Random House GmbH
Alle Rechte vorbehalten
Das Buch »Damals nach dem Krieg« basiert auf der gleichnamigen Fernseh-
produktion, produziert für den MDR und WDR von LOOKS Film & TV GmbH
Copyright © Lizenz durch: LOOKS Film & TV GmbH
Lektorat: Annalisa Viviani, München
Typografie und Satz: DVA / Brigitte Müller
Gesetzt aus der Minion und der Syntax
Druck und Bindearbeit: GGP Media GmbH, Pößneck
Printed in Germany
ISBN 978-3-421-04342-9

www.dva.de

Inhalt

Vorwort

Dieses Buch trägt den Titel *Damals nach dem Krieg*. Es schildert das Leben der Deutschen in einer Zeit, die man auch als Zwischenzeit bezeichnen könnte. Denn *nach* dem Krieg bedeutet auch *vor* der Geschichte von Bundesrepublik und DDR. Die Jahre zwischen Kriegsende und dem Gründungsjahr 1949 sind in diesem Sinne oft als Übergangsphase, als ein chaotisches Dazwischen beschrieben worden. Irgendwie »weitermachen« und »durchwursteln« – diese Alltagsvokabeln gelten als Kennzeichen einer Zwischenzeit, in welcher der Krieg und seine Folgen immer noch, die Zukunft und ein Neuanfang hingegen nur schemenhaft sichtbar sind.

Sieht man genauer hin, dann lösen sich die scheinbar klaren Zäsuren auf, bleibt der Krieg auch über das Jahr 1949 hinaus das bestimmende historische Ereignis der jüngsten deutschen Geschichte. Sehr bald nach dem Ende des Krieges werden aber auch die ersten Entwicklungslinien der beiden deutschen Nachkriegsgesellschaften erkennbar.

Das vorliegende Buch nimmt diesen doppelten Charakter der Zeit »damals nach dem Krieg« ernst. Indem es sowohl die wichtigen Stationen der deutschen Nachkriegsgeschichte darstellt als auch den vielen »kleinen« Geschichten der Jahre nach 1945 nachspürt, verknüpft es Alltags-, Politik- und Wirtschaftsgeschichte miteinander.

Autoren – und vor allem die von Überblicksdarstellungen – leben auch von den Büchern anderer Autoren. Glücklicherweise konnten wir auf eine breite Literatur zurückgreifen. Das Verzeichnis am Ende des Buches kann dabei nur einige Hinweise auf die aus unserer Sicht wichtigsten Publikationen geben.

Schließlich möchten wir uns an dieser Stelle bedanken. Vor allem bei unserer Agentin Barbara Wenner, die die Entstehung des Buches mit Umsicht begleitet, den Schreibprozess freundlich drängend forciert und damit viel zum Gelingen beigetragen hat. Unser Dank gilt daneben Annalisa Viviani und Heike Specht von der DVA, bei denen das Lektorat in sehr guten Händen war. Das Team von LOOKS, der Produktionsfirma der TV-Reihe *Damals nach dem Krieg*, hat uns das Interviewmaterial und die Rohschnitte der Filme großzügig zur Verfügung gestellt. Schließlich waren Axel Huber, Veronica Peselmann und Anja Bertsch bei der Recherche und der Manuskripterstellung unschätzbar wertvolle Hilfen.

New York und Berlin im November 2007
Sven Reichardt und Malte Zierenberg

Als der Krieg zu Ende war –
Erste Begegnungen und Neuanfänge

Sieger und Besiegte: Angehörige der britischen Armee entwaffnen deutsche Wehrmachtsoldaten.

Erst mussten die Waffen schweigen und die zum Teil bis zur letzten Patrone verbissenen Widerstand leistenden deutschen Soldaten entwaffnet werden. Erst dann waren erste Begegnungen zwischen den Siegern und den Verlierern des Zweiten Weltkriegs möglich, die Schritte auf dem Weg in einen immer noch prekären Frieden bedeuteten. Denn nur ohne eine Waffe in der Hand konnten sich Deutsche mit den alliierten Soldaten treffen, um sich mit Gesten und Zeichen zu verständigen, Sachen miteinander zu tauschen oder Geschenke entgegenzunehmen. Ein Bild von der Entwaffnung deutscher Wehrmachtsoldaten durch britische Truppen, wie sie die Abbildung zeigt, sagt vielerlei aus. Es steht für die Erfahrung der Niederlage der Deutschen, für das Gefühl, nicht in erster Linie von einem diktatorischen Regime befreit, sondern von den Alliierten besiegt worden zu sein. Für die meisten Deutschen war das Kriegsende eine niederschmetternde Erfahrung. Viel zu ergeben waren sie der nationalsozialistischen Führung in einen Krieg gefolgt, der Abermillionen Menschen das Leben kostete und durch nichts zu rechtfertigen war. Befreiung? Für manche ja, aber die Mehrheit der deutschen Bevölkerung hatte entweder selber mitgespielt im braunen Morddrama oder aber zumindest »hingeschaut und weggesehen«, wie der Historiker Robert Gellately dieses Verhalten der Deutschen gegenüber den Verbrechen des Regimes benannt hat. Die Leere im Gesicht des Soldaten, die in der Abbildung zu erkennen ist, steht für die zwischen Erschöpfung, Resignation, Enttäuschung und möglicherweise auch Schuldbewusstsein schwankenden Empfindungen vieler Deutscher damals, als der Krieg zu Ende war.

Das Leben, das nun begann, war geprägt von Ungewissheit. Ungewissheit darüber, wie es jetzt weitergehen sollte. Wer wusste schon, was die nächsten vierundzwanzig Stunden bringen würden in einem Alltag, in dem alles immer wieder infrage gestellt wurde: die Ernährung, das Dach über dem Kopf – kurz: das Überleben. Doch andererseits kam dieser Fixierung auf einen schmalen Zukunftshorizont schon sehr bald auch eine entlastende Funktion zu. Denn wer sich immer nur mit dem Morgen beschäftigen konnte, der musste sich anscheinend nicht so sehr um das Gestern kümmern. Zum Symbol der Zeit wurden jetzt jene »Trümmerfrauen«, die in den Straßen der zerstörten Städte den Schutt beseitigten. Wegfegen, weitermachen? Dass das nicht gelingen konnte, wissen wir heute. Im Nachhinein lässt sich das leicht sagen. Aber wie war die Situation damals nach dem Krieg – als die Waffen schwiegen, die Sieger die Besiegten entwaffneten und alles irgendwie auf »Null« gestellt zu sein schien? Davon handelt dieses Buch.

Die Nachkriegszeit als »offene« Geschichte

Für die meisten Zeitgenossen ist das Kriegsende die einschneidendste Erfahrung ihres Lebens – nach Jahren quälender Unruhe,
nervenzerreißender Angst und Verwüstung ist der Wunsch nach
Schlaf, ohne ständig durch heulende Sirenen aufgescheucht zu
werden, im Augenblick das einzige Verlangen. Doch niemand
kann lange ruhen, wenn der Magen knurrt, wenn hohlwangige
Kinder mit dunklen Augenhöhlen einer Mutter, die allein verantwortlich ist, den Hunger unschuldiger Mäuler zu stillen, Angst
einflößen. Irgendwo, vielleicht in der Gefangenschaft, vegetiert
der Vater. Nachrichten sind lange schon abgerissen.

Fragen über Fragen drängen sich auf: Wie soll es jetzt bloß
weitergehen? Wo bekomme ich Brot und die anderen Dinge des
täglichen Bedarfs her? Wo werde ich wohnen und arbeiten? Was
ist mit meiner Familie? Was passiert mit uns Deutschen? Wie
werden die Sieger mit uns umgehen? Werden wir bestraft werden?

Der Krieg bleibt noch lange im Alltag präsent. Mit dem
Kriegsende sind die Deutschen vor alte und neue Probleme
gestellt. Aufwachen in Berlin im Mai 1945: »Schlaftrunken
fahre ich hoch. Was ist los? Fliegeralarm? Nein, der Wecker.
Mühsam ordne ich meine Gedanken. Es gibt keinen Fliegeralarm mehr, der Krieg ist zu Ende. Aber warum klingelt der
Wecker? Richtig, ich will mich ja ganz früh beim Kuhstall nach
Milch anstellen. Mein kleiner Junge schläft noch, als ich mich
leise aus der Wohnung schleiche. Morgen werde ich mich auch
um Brot bemühen, kann dann aber gleichzeitig keine Milch
heranschaffen. Die ganze Zeit in Sorge, ob der Junge wohl
inzwischen wach geworden ist und vielleicht Angst hat, wenn
er die Wohnung leer vorfindet. Zu viel haben die Kinder in den
letzten Wochen verkraften müssen. Gottlob, er wird erst wach,
als ich aufschließe. Nun beginnt unser gemeinsamer Tag. Es
gibt weder Wasser, Gas noch Strom. Nach dem Frühstück Was-
serholen. Es ist ein herrlicher Maitag, ich nehme den Kleinen

mit. Die Kinder spielen. Gesprächsfetzen dringen an mein Ohr. Es ist immer dasselbe Thema: Über die letzten Kriegstage, wie es war, als die ersten Russen auftauchten, als es mit Vergewaltigungen und Plünderungen begann.« Die Frau, die das erzählt, heißt Elisabeth Jankowski, war damals fünfundzwanzig Jahre alt und schreibt dreißig Jahre nach Kriegsende ihre Eindrücke unter dem Titel nieder: »Tag aus dem Leben einer jungen Frau im Mai 1945«.

Elisabeth Jankowski hält ihre persönlichen Erinnerungen an das Kriegsende fest, doch ihre Erfahrungen sind in vielerlei Hinsicht typisch für die Allgemeinheit. Die Sorge um das tägliche Überleben ist allgegenwärtig – um Milch und Brot, die Angst um das Kind, um das Wohlergehen der Familie oder was davon nach Kriegsende noch übrig geblieben ist. Dann die ersten Begegnungen mit den Siegern: Worüber wird gesprochen, worüber geschwiegen, wie geht man mit Gewalt und wie mit den Besatzern um? Da ist oft von den »mongolischen« Sowjetsoldaten oder »Neger-Amis« die Rede.

Wie geht es jetzt weiter? Das ist überhaupt die drängendste Frage nach dem Krieg. Denn der Krieg ist zwar aus. Aber würde das Leben je wieder in einigermaßen »normalen« Bahnen verlaufen? In den Wochen und Monaten nach Kriegsende leben die meisten Deutschen in einem ständigen Ausnahmezustand. Nahrung, Obdach, Familie, ein geregelter und friedlicher Alltag – alles, was Sicherheit vermitteln kann, ist bedroht. Die Probleme nehmen kein Ende.

Als der Krieg im Mai 1945 zu Ende ist, beginnt die Besatzungszeit, und mit ihr ein Leben in den Trümmern jenes Weltkriegs, den die Deutschen angefangen haben. Die Trümmer – und mit ihnen auch ein Stück eigener Vergangenheit – muss man erst beiseiteräumen, ehe man mit dem Wiederaufbau beginnen kann.

Man kennt die Bilder: Frauen bei Aufräumarbeiten, die bald als »Trümmerfrauen« zu einer Chiffre unserer Erinnerung werden, zurückkehrende Kriegsgefangene, zerlumpt und abgemagert sowie erschütternde Aufnahmen aus den befreiten Konzentrationslagern. Und jeder von uns hat wohl schon einmal die Luftaufnahmen der zerstörten deutschen Städte betrachtet ebenso Fotos von Besatzungssoldaten, die eine Schachtel Zigaretten gegen eine Kamera eintauschen, die Ruine der Reichskanzlei in Berlin oder jenes Bild, auf dem Kinder und Alte sich um den Kadaver eines toten Pferdes scharen.

In der unmittelbaren Nachkriegszeit scheint alles nebeneinander stattzufinden: Das Elend und der Hunger stehen neben der Freude über das Kriegsende oder über ein unverhofftes Wiedersehen, der Tod neben dem Anfang eines neuen, noch unsicheren Lebens, die Idylle eines vergleichsweise friedlichen Tagesablaufs in den Trümmerlandschaften neben dem Chaos.

Ein roter Faden, ein wenig Ordnung sind in diesem Durcheinander schwer auszumachen. Doch der Blick zurück kann die Unordnung nicht ertragen. Es gibt eine Sehnsucht nach Ordnung, nach einem positiven Verlauf der Geschichte und einem »Happy End«. Wie wurden wir, was wir sind? Um darauf eine Antwort zu finden, rücken wir uns die Dinge häufig zurecht. Das Nebeneinander der vielen Bilder von Elend und Chaos verlangt nach einer Erzählung, die den Schrecken bannt, indem sie ihn zur Episode verkürzt. Der berühmteste Begriff für diesen erzählerischen Trick lautet »Stunde Null«.

Der Mythos von der »Stunde Null« beschreibt das Chaos der unmittelbaren Nachkriegszeit als schnell überwundenen Anfangspunkt. Von hier aus erscheint dann im Rückblick alles irgendwie logisch, ergibt sich das eine folgerichtig aus dem anderen. Die Erfolgsgeschichte der Bundesrepublik wird dadurch erkennbar und erklärbar, jene Zwischenphase der Ungewissheit und Unordnung hingegen ausgeblendet. Und deshalb folgen auf Kriegsende und Besatzung in vielen Darstellungen der Zeit nach 1945 schnell die ökonomischen und politischen Weichenstellungen: die Währungsreform 1948, die Gründungen von DDR und

Bundesrepublik 1949, das Wirtschaftswunder von Mitte der fünfziger bis Anfang der sechziger Jahre. Es ist durchaus berechtigt, die Nachkriegsjahre als Zeit einer schnell überwundenen Phase des Mangels und der politischen Unordnung anzusehen – auch wenn die Historiker das »Wunder« des raschen wirtschaftlichen Aufstiegs, im Westen deutlicher als im Osten, relativiert und auf die insgesamt doch recht günstigen Ausgangsbedingungen der deutschen Wirtschaft nach Kriegsende hingewiesen haben. Dennoch sind die Dynamik der Entwicklung und die Leistungen der Zeitgenossen beeindruckend.[1] Doch Geschichte ist offen – ganz gleich, ob es um die Entscheidungen der Siegermächte am Konferenztisch in Potsdam oder um die »kleinen«, privaten Schicksalsfragen der Leute auf der Straße geht. Als der Krieg zu Ende ist, weiß niemand genau, wie es weitergehen wird.

Viele Kriegsenden

Als der Krieg zu Ende war – das sagt sich so leicht. Aber: Was hat das Kriegsende für die Zeitgenossen eigentlich bedeutet? Wie haben sie es erlebt? Haben sie es überhaupt als solches registriert? Und wenn ja, was haben sie darüber gedacht, und was haben sie empfunden? Schon die nächstliegende, ganz einfache Frage nach dem Zeitpunkt des Kriegsendes ist komplizierter, als man auf den ersten Blick meinen könnte. Denn bereits hier gibt es nicht nur eine Antwort. Historiker haben lange dazu geneigt, vor allem in »großen« ereignisgeschichtlichen Zusammenhängen zu denken und den Krieg deshalb mit den Kapitulationserklärungen der Wehrmacht am 7. bzw. 9. Mai 1945 in Reims und Berlin-Karlshorst enden zu lassen. Mit der Unterschrift von Generalfeldmarschall Keitel auf der Kapitulationsurkunde war der Krieg offiziell vorbei. Neben dieser offiziellen Version vom Kriegsende steht jedoch eine Vielzahl »kleiner« oder privater, dabei aber keineswegs weniger wichtiger, persönlicher Kriegsenden.[2]

15

Wann und wie der Einzelne das Kriegsende und die folgenden Tage und Wochen erlebt, mit welchen Ängsten oder auch Hoffnungen, das hängt ganz von der individuellen Situation ab. »Wir wuchsen auf zwischen Trümmern und Schutt, in unser'm Berlin war einfach alles kaputt«, reimt eine Zeitzeugin, die in der unmittelbaren Nachkriegszeit aufwächst, »mit fast allen Nachbarn war man per ›Du‹, aus'm Fenster sah'n sie beim Spielen uns zu.« Diese Schilderung einer idyllischen Zeit, in der man unter Nachbarn solidarisch ist und Kinder fröhlich in den Ruinen spielen können, deckt sich nicht mit den Erlebnissen, von denen andere berichten. Am 7. Mai notiert eine junge Frau aus Berlin in ihr Tagebuch: »Weiter, der neue Tag. Es ist so sonderbar, ohne Zeitung, ohne Kalender, ohne Uhrzeit und Ultimo zu leben. Die zeitlose Zeit, die wie Wasser dahinrinnt.« Sie weiß nichts von der Kapitulation. Die »große Geschichte« spielt in diesen Tagen nur wenige Kilometer entfernt in Karlshorst. Aber das ist weit weg. Besucher, die mittags vorbeikommen, brauchen für die Strecke aus dem Berliner Westen zwei Stunden – sie gehen zu Fuß, der öffentliche Verkehr ist zusammengebrochen. Das Leben schrumpft auf enge Räume zusammen. Die Welt da draußen ist gefährlich, die Stadt über weite Strecken eine einzige Trümmerlandschaft.

Berlin stellt keinen Einzelfall dar. Den größten Schaden richten neben dem Straßen- und Häuserkampf der letzten Kriegstage die Bombardierungen an. Insgesamt sind am Ende 131 deutsche Städte von den Luftangriffen der Alliierten gezeichnet. Dabei trifft es die »Reichshauptstadt« besonders schwer. Immer wieder nehmen Bomber der britischen Royal und der US-Air Force Kurs auf die größte Stadt des Reichs. Aber auch Braunschweig, Ludwigshafen und Mannheim, Kiel, Frankfurt am Main und Köln sowie Hamburg und Münster sind regelmäßig Ziel der feindlichen Bomber. Einzelne Angriffe erlangen traurige Berühmtheit. Die Royal Air Force und die United States Army Air Forces fliegen in vier aufeinanderfolgenden Wellen vom 13. bis 15. Februar 1945

Luftangriffe auf Dresden. In der Nacht vom 13. auf den 14. Februar sterben schätzungsweise 35 000 Menschen, unter ihnen viele Flüchtlinge, die in der Elbmetropole Station auf ihrem Weg nach Westen machen. Die Stadt wird zum Ziel der größten und verheerendsten Angriffswelle alliierter Bomber im Zweiten Weltkrieg.

Ziel der alliierten Luftangriffe sind – neben der Zerstörung kriegswichtiger Infrastrukturen – auch die »Volksgenossen«, das heißt jene, die nach Vorstellung der Nationalsozialisten »deutschen oder artverwandten Blutes« sind. Ihr Kampfeswille soll gebrochen werden. Doch die Rechnung des so genannten »moral bombing«, das die Moral der Stadtbewohner schwächen soll, geht nicht auf. Über die Gründe für dieses Scheitern spekuliert eine Beobachterin, Ursula von Kardorff, damals Redakteurin der *Deutschen Allgemeinen Zeitung*, in ihrem Tagebuch: »Vier Nächte ungestört schlafen, das ist heute ein Geschenk. [...] Lieber nicht nachdenken, wie alles noch werden kann. [...] In unser Haus ging beim letzten Angriff eine Mine. Nun ist nichts mehr erhalten, auch die anderen sieben Wohnungen, in denen wir in Berlin gewohnt haben, stehen nicht mehr. Ich fühle eine wilde Vitalität, gemischt mit Trotz, in mir wachsen, das Gegenteil von Resignation. Ob es das ist, was die Engländer mit ihren Angriffen auf die Zivilbevölkerung erhoffen? Mürbe wird man dadurch nicht. Jedermann ist mit sich beschäftigt. Steht meine Wohnung noch? Wo bekomme ich Dachziegel, wo Fensterpappe? Wo ist der beste Bunker? Die Katastrophen, die Nazis wie Antinazis gleichermaßen treffen, schweißen das Volk zusammen. Dazu gibt es Sonderrationen nach jedem Angriff: Zigaretten, Bohnenkaffee, Fleisch. ›Gib ihnen Brot, und sie hangen dir an.‹«[3]

Zu den am meisten zerstörten Großstädten gehören Dortmund, Duisburg, Kassel, Kiel, Ludwigshafen, Hamburg, Bochum, Braunschweig, Bremen und Hannover. Hier liegen die Wohnungsverluste zwischen 50 und 66 Prozent. Am stärksten trifft es die Domstadt Köln. Nach dem Ende des Luftkriegs sind dort 70 Prozent aller Wohnungen unbewohnbar oder gar vollends zerstört.

Insgesamt beläuft sich die Zahl der Wohnungsverluste allein in den Westzonen auf etwa 2,25 Millionen oder 20 bis 30 Prozent des gesamten Bestands. Nun leben viele Menschen in Kellern, Bunkern, Notunterkünften oder auf der Straße. In der sowjetischen Besatzungszone (SBZ) leben im Jahr 1946 durchschnittlich 4,2 Personen in einer Wohnung. Die Deutschen wohnen jetzt auf engem Raum. Im Westen liegt die durchschnittliche Wohnfläche pro Kopf im Jahr 1950 bei nur im Durchschnitt einigermaßen erträglichen 15 Quadratmetern. Und der Wohnungsmangel wird lange anhalten. Erst dreißig Jahre nach Kriegsende gibt es in der Bundesrepublik genauso viele Wohnungen wie Haushalte. Eine ganze Generationenspanne lang bleiben die eigenen vier Wände für manche ein Wunschtraum. In der DDR wird die Unterversorgung mit Wohnraum trotz einer rückläufigen Bevölkerungszahl eine dauerhafte Realität bleiben.[4] Am Kriegsende haben viele Stadtbewohner, die ihre eigenen vier Wände, ihre Wohnungseinrichtungen und ihr persönliches Eigentum verloren haben, das für ein »normales« Leben notwendige Sicherheitsgefühl verloren.

Die Zerstörungen machen auch auf die »Katastrophentouristen« der Nachkriegszeit einen verstörenden Eindruck. Über das Bild, das sich ihm in Frankfurt am Main bietet, notiert der junge Schweizer Schriftsteller Max Frisch: »Die Ruinen stehen nicht, sie versinken in ihrem eigenen Schutt (…). So stapft man umher, die Hände in den Hosentaschen, weiß eigentlich nicht, wohin man schauen soll.«

Ganz anders ist die Situation auf dem Land. Julius Posener, ein jüdischer Architekt, ist 1935 vor den Nazis aus Deutschland geflohen. Als Ingenieur der British Army kehrt er 1945 zurück. Das Kriegsende erlebt er im zerstörten Bocholt im Münsterland. In Köln, Düsseldorf und auf anderen Stationen seiner Tour durch die britische Besatzungszone sieht er die Ruinen deutscher Städte. Vieles gleicht dort dem Leben, das die junge Frau aus Berlin in ihrem Tagebuch schildert. Umso größer ist Poseners Erstaunen, als er in ländliche Regionen kommt: »Viele Dörfer und auch kleine Städte etwa im Land Lippe oder im oberen Sauerland sind völlig oder fast unberührt. Ich werde nie das ungläubige Staunen vergessen, mit dem mein Fahrer den Anblick des ersten unzerstörten Dorfes quittierte, in das wir nach Wochen kamen. Es lag mitten im Kriegsgebiet, und mein Fahrer, ein redseliger Junge, fuhr in tiefem Schweigen durch das ganze Dorf hindurch, um dann zu bemerken: ›Sir, there's something wrong with this village!‹«

Der Kontrast, den Posener als Außenstehender wahrnimmt, bestimmt für die Deutschen im besetzten Deutschland die Wahrnehmung vom Kriegsende. Muss man in der Stadt jeden Gang auf die Straße fürchten, verläuft der Alltag auf dem Land verhältnismäßig wenig gefahrvoll. Die Erfahrung massiver Gewalt, von Bombenangriffen, Häuserkampf und ständiger Angst vor Übergriffen durch die Sieger ist in der Stadt ungleich bedrückender. Bleiben die Stadtbewohner auf die Lieferung von Lebensmitteln aus der Umgebung angewiesen, haben sich auf dem Land Möglichkeiten der Selbstversorgung erhalten, auf die man zurückgreifen kann.

Doch der Stadt-Land-Gegensatz ist nur ein Unterscheidungsmerkmal, wenn es um die Erfahrung des Kriegsendes geht. Erlebt man das Ende der Schreckenszeit als Frau, Mann oder Kind? Als überzeugter Nazi oder als jemand, der sich vom Regime mehr oder weniger distanziert hat? Ist man Flüchtling, oder sitzt man vielleicht wegen eines Bagatelldelikts in Haft, weil man gegen eine der vielen Naziverordnungen verstoßen hat? Das Kriegsende wird je nach individueller Erfahrung ganz unterschiedlich erlebt.

Deshalb können weder das Kriegsende noch die unmittelbare Nachkriegszeit auf eine einzige Episode oder auf wichtige Stationen, Ereignisse und Daten verkürzt werden. Die Zeit der Besatzung in Deutschland soll darum hier nicht als bloße Vorgeschichte der »eigentlichen« Geschichte von Bundesrepublik und DDR dargestellt werden.

Was uns im Nachhinein als schnell einsetzende und logische Entwicklung erscheint, ist nämlich oft das Ergebnis gleich mehrerer Zufälle und die Folge unterschiedlicher günstiger oder ungünstiger Umstände. Die Geschichten vom raschen Aufstieg folgen nicht zuletzt einem zeitgenössischen Erzählmuster, mit dessen Hilfe die Vergangenheit und damit die Frage nach der eigenen Schuld rasch zurückgelassen werden soll. Beides aber ist notwendig, und zwar die Zeit im besetzten Deutschland sowohl als eine in die Zukunft offene Situation zu beschreiben, als auch sie vor dem Hintergrund der von Deutschland ausgelösten Gewaltgeschichte zu verstehen. Im Mittelpunkt stehen hier die Interaktionen zwischen Verlierern und Siegern, die Begegnungen zwischen Deutschen und alliierten Soldaten in jener Zwischenzeit, die nicht mehr Krieg und noch nicht wirklich Frieden ist.

Ausgangsbedingungen

Die militärisch-politische Entwicklung, mit der sich die Menschen in den letzten Kriegsmonaten konfrontiert sehen, ist schnell umrissen.[5] Seit der Kriegswende im Winter 1942/43 – am 2. Februar 1943 kapituliert die 6. Armee in Stalingrad – ist die Wehrmacht in der Defensive. Mit diesem militärischen Umschwung beginnt an der »Heimatfront« die Stimmung nachhaltig umzuschlagen. Ein Beobachter dieser Entwicklung ist der Romanist Victor Klemperer. In seiner Untersuchung der von ihm LTI (Lingua Tertii Imperii) genannten nazistischen Alltagssprache stellt er fest: »Alle Wegmarken der LTI zählen auf Stalingrad zu oder von Stalingrad her.«[6] Damit bringt Klemperer eine von den Zeitgenossen gemachte Erfahrung präzise zum Ausdruck, die später von der Historiografie aufgenommen werden wird. Nach der militärisch-strategisch wie psychologisch verheerenden Niederlage im Winter 1942/43 kommt es zu einem Stimmungsumschwung, mehren sich die Anzeichen, dass bei immer

mehr »Volksgenossen« die Zuversicht nachlässt und die Kritik-
bereitschaft zunimmt. Das Jahr 1945 beginnt auf deutscher Seite mit Durchhalte-
parolen. In seinem »Neujahrsbefehl an die deutsche Wehrmacht«
erklärt Adolf Hitler: »Es geht heute um Leben und Tod! Denn
das Ziel der uns gegenüberstehenden jüdisch-internationalen
Weltverschwörung ist die Ausrottung unseres Volkes.« Die Ter-
rorherrschaft findet kein Ende. Im so genannten Neujahrsauf-
ruf an die politischen Leiter bringt Robert Ley den Irrsinn der
NS-Politik auf die Formel: »Die Partei ist Deutschland, Adolf
Hitler ist die Partei, und Deutschland ist Adolf Hitler.« In seiner
letzten Rundfunkansprache, die am 31. Januar aus der Reichskanzlei übertragen wird, bekräftigt Hitler seinen »unabänder-
lichen Willen, in diesem Kampf der Errettung unseres Volkes vor
dem grauenhaftesten Schicksal aller Zeiten vor nichts zurückzu-
schrecken«.

Der Wahnsinn dieser menschenverachtenden Durchhalte-
parolen soll bald deutlich werden. Am Dreikönigstag des Jahres
1945 fragt der britische Premierminister Winston Churchill bei
Stalin an, wann mit der sowjetischen Winteroffensive zu rechnen
sei, die Westfront müsse entlastet werden. Stalin sagt den Vorstoß
seiner Truppen für einen Zeitpunkt »nicht später als in der zweiten Januarhälfte« zu. Der sowjetische Machthaber hält Wort. Am
12. Januar beginnt die Rote Armee eine Großoffensive, die in den
Ostgebieten eine Massenflucht auslöst. Die Russen rücken schnell
vor. Binnen weniger Tage erreichen sie das Gebiet zwischen der
Memel und den Karpaten, nach zwei Wochen sind sie in Ober-
schlesien und an der Oder. Am 23. Januar beginnen die Transporte
von Flüchtlingen, Soldaten und Verwundeten aus Ostpreußen
und den Häfen der Danziger Bucht nach Schleswig-Holstein und
Dänemark. In den nächsten Wochen werden rund zwei Millionen Menschen evakuiert. Rund 14 000 kommen bei den Seetrans-
porten ums Leben. Am 27. Januar 1945 erreichen und befreien
die sowjetischen Soldaten das Konzentrationslager Auschwitz.

Während im Osten die Offensive der Roten Armee beginnt, sind einzelne Städte im Westen bereits von den Alliierten befreit. In Aachen erscheint am 25. Januar 1945 die erste deutsche Zeitung der neu anbrechenden Ära: Die *Aachener Nachrichten* sind das erste Presseerzeugnis der deutschen Nachkriegsgeschichte. Ihr Chefredakteur wird der wegen einer Diphterieerkrankung vorzeitig in die Heimat entlassene Otto Pesch. Er erinnert sich später noch sehr genau an die kuriose Gründungsgeschichte: Der Spionageabwehrdienst der Briten »durchleuchtet« den jungen Mann gründlich, bevor ihm der erste offizielle Nachkriegs-Presseausweis übergeben wird: »Sofort wurde mit der Arbeit begonnen. Eine Probenummer wurde gedruckt und nach Paris, Washington und London geschickt. Als von dort grünes Licht gegeben wurde, erschien die erste Nummer. Sie war in kurzer Zeit vergriffen, so sehr hungerte die Bevölkerung nach Informationen.«[7]

Nur fünf Tage nachdem die Aachener die sehnlich erwarteten Zeitungen in Empfang nehmen können, wird in Berlin am 30. Januar 1945, dem 12. Jahrestag der nationalsozialistischen Machtergreifung, der Film *Kolberg* uraufgeführt, der die Verteidigung dieser pommerschen Festung im Preußisch-Französischen Krieg von 1806/07 glorifiziert. Der Film erhält das Prädikat »Film der Nation«. Nach langer Zeit die ersten ernst zu nehmenden Informationen in Aachen – in Berlin tobt indessen immer noch die Parolenschlacht des »ProMi«, wie die Berliner den Propagandaminister Joseph Goebbels nennen. *Kolberg* ist einer der vielen Versuche, den Durchhaltewillen der Deutschen zu stärken – angesichts der realen Lage eine irrsinnige, den brutalen »Endkampf« glorifizierende und letztlich groteske Geschichte.

Im Februar erreichen die wahnwitzigen Verteidigungsmaßnahmen der NS-Führung einen neuen Höhepunkt: Durch einen Erlass von Reichsleiter und Hitler-Stellvertreter Martin Bormann werden Frauen und Mädchen zum Hilfsdienst für die letzten Bataillone, den so genannten »Volkssturm«, aufgerufen. Reichsjustizminister Thierack gibt die Errichtung von Standgerichten in den »Reichsverteidigungsbezirken« bekannt. Nur wenige Tage zuvor, am 3. Februar 1945, sterben bei einem schweren Luftangriff auf Berlin etwa 22 000 Menschen. Unter ihnen ist auch der ehemalige Staatssekretär im Justizministerium und der berüchtigte Vorsitzende des Volksgerichtshofes Roland Freisler, der maßgeblich dazu beigetragen hat, die Justiz in ein Terrorinstrument der NS-Herrschaft zu verwandeln.

Diese Aufgabe erfüllt die NS-Justiz bis zum Schluss. In Berlin-Plötzensee werden am 2. Februar Widerstandskämpfer hingerichtet. Unter Ihnen Carl Friedrich Goerdeler, der den militärischen Widerstand organisiert hatte, und Pater Alfred Delp, dessen Münchener Wohnung ein Treffpunkt des »Kreisauer Kreises« war.

Vom 4. bis 11. Februar stellen die »großen Drei« (Winston Churchill, Franklin D. Roosevelt und Josef Stalin) auf der Konferenz von Jalta allen Völkern das Recht auf freie Selbstbestimmung und die Bildung pluralistisch-demokratischer Regierungen in Aussicht. Hier wird auch die Aufteilung Deutschlands in vier Besatzungszonen festgelegt. Man einigt sich auf Reparationsforderungen, die Bildung eines Leitungsgremiums (des Sicherheitsrats), den Eintritt der UdSSR in den Pazifikkrieg, die Bildung einer provisorischen polnischen Regierung, den Verlauf der polnisch-sowjetischen Grenze und eine »Kompensationsregelung«, die Polen am grünen Tisch neu aufteilt. Die polnische Exilregierung in London protestiert und wertet die Beschlüsse als »fünfte Teilung« ihres Landes.

Im März erzielen die alliierten Truppen im Westen einen Durchbruch und überschreiten am 7. des Monats bei Remagen den Rhein. Während im Westen die Befreiung unter schweren Kämpfen voranschreitet und am 21. März in Aachen entsprechend den Vorschriften des amerikanischen Oberbefehlshabers Eisenhower der Freie Deutsche Gewerkschaftsbund gegründet wird, ruft Kreisleiter Wagner zur Verteidigung der »Festung Königsberg« mit den Worten auf: »Kämpft wie Indianer und schlagt euch wie Löwen! Seid listig! Schießt bis zur letzten Patrone und

kämpft bis zum letzten Kolbenschlag! Wer nicht kämpfen will
und abhaut, wird umgelegt!« Der April beginnt für die NS-Führung mit einer aus ihrer Sicht
hoffnungsvollen Botschaft. Die Nachricht, dass der amerikani-
sche Präsident Roosevelt gestorben ist, löst in Hitlers Umgebung
Euphorie aus. Goebbels glaubt fest daran, dass sich nun dadurch
das Schicksal wenden wird: »Das Haupt der feindlichen Ver-
schwörung ist vom Schicksal zerschmettert worden«, notiert er
triumphierend. Doch das sind Wahnvorstellungen. Defätismus
und Kabale beherrschen zunehmend das Bild in den Führungs-
zirkeln des Reichs. Einige haben sich einen realistischeren Blick
auf die Lage bewahrt. Wegen »Verrats« entlässt Hitler am 23. April
Reichsmarschall Hermann Göring, der beim »Führer« angefragt
hat, ob er angesichts der schweren Lage, in der sich Hitler in Berlin befinde, nicht »die Gesamtführung des Reiches« übernehmen
sollte. Hitler sieht darin den Versuch Görings, Kapitulationsver-
handlungen mit den Alliierten aufzunehmen, und setzt ihn kurzerhand ab.

Aber nicht nur von Göring sieht sich Hitler bedroht, sondern
auch von Heinrich Himmler, dem Reichsführer-SS, der bereits
im Februar 1945, ohne Hitler davon zu informieren, Hillel
Storch, den Vertreter des Jüdischen Weltkongresses in Stock-
holm kontaktiert hat, um über die Verschonung der Juden zu
verhandeln. Am 20. April reist der jüdische Kaufmann Norbert
Masur mit falschen Papieren in einer Sondermaschine der SS
nach Berlin und übergibt Himmler eine Liste mit den geforder-
ten Freilassungen von Juden und anderen Häftlingen. Himmler kann sie aber nicht mehr durchsetzen und muss das von
der Roten Armee umzingelte Berlin verlassen. Er erkennt, dass
ihn nur das Oberkommando der Alliierten unterstützen kann
und wendet sich nach Rücksprache mit Göring an den schwedischen Unterhändler und Vizepräsidenten des Roten Kreuzes,
an den Grafen Folke Bernadotte. Dieser verlangt die Freilassung
von 20000 Häftlingen, darunter 5000 Juden und ein Treffen

Himmlers mit den Engländern. Am 23. April trifft sich Himmler zu einer geheimen Unterredung mit den Westalliierten im Rheinland, bietet die Kapitulation der gesamten Westfront an und fordert im Gegenzug westliche Unterstützung beim Kampf gegen die Sowjetunion.

Das surreale Stück, als das die Bunkerwelt der letzten Kriegswochen erscheint, findet einen neuen Höhepunkt am 29. April, als Hitler erst seine langjährige Lebensgefährtin Eva Braun heiratet, bevor er, nach Bekanntwerden von Himmlers Gesprächen mit den Alliierten, in seinem »politischen Testament« den Ausschluss Görings und Himmlers aus der NSDAP und aus allen Staatsämtern formuliert und Großadmiral Dönitz zum »Reichspräsidenten und Obersten Befehlshaber der Wehrmacht« ernennt.

Da haben sich, vier Tage zuvor, am 25. April 1945, längst russische und amerikanische Truppen in der Nähe des sächsischen Torgau an der Elbe getroffen. Bis zum Kriegsende sind es nur noch wenige Tage. Am 30. April erfährt Hitler bei der Mittagsbesprechung im Bunker, dass die Russen nur wenige hundert Meter entfernt am Potsdamer Platz und an der Weidendammer Brücke stehen. Gegen 15.30 Uhr begeht er zusammen mit seiner Frau Selbstmord.

Dann geht alles relativ schnell. Am 2. Mai stürmen Rotarmisten die Reichskanzlei. Das berühmte, einige Tage nach Ende der Kampfhandlungen nachgestellte Foto der sowjetischen Soldaten, welche die Rote Fahne auf der Kuppel des Reichstags hissen, symbolisiert wie wohl kein zweites den Sieg der Alliierten, der mit der Kapitulationserklärung besiegelt wird.

Dabei wird am 8. Mai andernorts noch gekämpft. Zwar ist Deutschland im späten Frühjahr 1945 bereits zu 95 Prozent von Briten, Russen und Amerikanern besetzt, in Flensburg versucht aber die provisorische Reichsregierung unter Karl Dönitz in einem bizarren Ringen, das Deutsche Reich als Staatsgebilde zu retten. Erst am Mittwoch, dem 23. Mai 1945, umstellen britische Einheiten die Marineanlagen von Flensburg-Mürwik, und erst jetzt ist der deutsche Feind endgültig besiegt. Oder, wie es das amerikanische Magazin *Time* ausdrückt:»Das Deutsche Reich starb an einem sonnigen Morgen des 23. Mai in der Nähe des Ostseehafens Flensburg.«

»Wir kommen als ein siegreiches Heer, jedoch nicht als Unterdrücker«, heißt es in der ersten Proklamation von General Dwight D. Eisenhower, dem Oberbefehlshaber der Alliierten Streitkräfte.

»Wir werden den deutschen Militarismus vernichten, die NSDAP beseitigen und die grausamen, harten und ungerechten Rechtssätze und Einrichtungen, die von der NSDAP geschaffen worden sind, endgültig beseitigen«, lautet das Versprechen, das für die vielen aktiven Unterstützer des NS-Regimes jedoch eine Drohung ist.

Das Erleben des Kriegsendes

Hinter den Stichworten und Ereignissen jener Zeit stehen unzählige persönliche Erlebnisse und Erfahrungen. Die deutsche Wehrmacht hat durch ihren Angriff auf Polen am 1. September 1939 einen schrecklichen Krieg ausgelöst, der sich auf beinahe ganz Europa und bis Nordafrika ausgeweitet hat. Nun spielen sich gewissermaßen»unterhalb« der»großen Geschichte« tagtäglich die Dramen eines bitteren Nachkriegsalltags ab.

Bei allem Leid, das damit verbunden war, bringt das Kriegsende aber zuallererst doch die Befreiung von einem mörderischen Regime. Das betrifft alle, spürbar wird es aber vor allem für diejenigen, die unter der nationalsozialistischen Verfolgung gelitten haben.

Für Rolf Abrahamson, der die Befreiung des Konzentrationslagers Theresienstadt durch die Rote Armee am 8. Mai 1945 als jüdischer Häftling erlebte, bedeutet das Kriegsende den Weg in die Freiheit:»Das wichtigste war, nach Deutschland zu kommen und meinen Bruder und Vater wiederzufinden«, erinnert er sich.

Dafür reist er mehrere Wochen zu Fuß quer durch Deutschland. Nur manchmal werden er und sein Begleiter von Soldaten in ihren Jeeps mitgenommen. Für die vielen Verfolgten der national-sozialistischen Gewaltherrschaft – Juden, Sinti und Roma, Sozial-demokraten, Kommunisten und Homosexuelle – bedeutet das Ende des Krieges auch das Ende ihres persönlichen Martyriums und den Beginn einer sichereren Zukunft.

Aber auch für die meisten Bewohner der deutschen Städte hört nun eine Schreckenszeit auf. Besonders heftig hat es in den letz-ten Kriegswochen die Reichshauptstadt Berlin getroffen. Bombenangriffe bei Tag und Nacht und der Straßenkampf der letzten Tage mit seinen katastrophalen Auswirkungen haben große Teile vor allem der Stadtmitte in Trümmern versinken lassen. Ein auf-merksamer Chronist der Ereignisse in der größten Stadt des Reichs ist Karl Deutmann. Akribisch hat er in seinem Tagebuch jeden Luftangriff vermerkt, Zahlen notiert und Beobachtungen aufgezeichnet. Das ist seine Art, mit dem Schrecken der Zeit umzugehen. Für den Februar 1945 findet sich folgender Eintrag:

Tagesangriff von 10.30 bis 12.40 Uhr. Die feindlichen Bom-berverbände flogen von Südwesten und Süden kommend bei klarem Himmel und sonnigem Wetter die Reichshauptstadt an. Wir sahen die weißen Kondensstreifen am blauen Him-mel in großer Höhe und konnten geschlossene Verbände beobachten, die der Stadtmitte zuflogen. Und dann hörten wir hinter den meterdicken Wänden des Bunkers über eine Stunde lang nichts als das furchtbare Donnergrollen fallen-der Bombenteppiche bei flackerndem, zeitweise fast erlö-schendem Licht, wenn ein Kabel getroffen war. Es war ein anderthalbstündiger Mord bei sonnigem Vorfrühlingswetter und blauem Himmel, der 18 000 bis 20 000 Menschen das Leben kostete. Als wir den Bunker verließen, war die Sonne verschwunden, der Himmel bewölkt. Aus zahllosen kleinen und großen Brandherden gespeist, hing über der gesamten

Innenstadt ein gewaltiges Meer aus Qualm, aus welchem sich zwei große Gipfel mit silbernen Rändern wie ein drohendes Gebirge in den Himmel schoben. In den Straßen der Stadt war es an diesem Tage um die Mittagszeit Nacht. Der Südwesten Berlins, die Innenstadt, Dahlem und andere Stellen wurden von den Teppichen furchtbar getroffen. Um den Spittelmarkt herum und am Moritzplatz sind ganze Straßen mit den Menschen bis auf Häuserreste verschwunden. In der Neuenburgerstraße in der Nähe vom Halleschen Tor wurde die Berufsschule für Mädchen getroffen, wo in dem Keller hunderte von Mädchen Schutz gesucht hatten. Später standen die Eltern vor den zerrissenen, vom Luftdruck verstümmelten und entkleideten Leichen und erkannten ihre Töchter nicht mehr.

Während einige Bewohner der Städte beim Herannahen der alliierten Truppen weiße Fahnen hissen, Bürgermeister zum Teil Vernunft walten lassen und »ihre« Stadt kampflos übergeben, verteidigen an anderer Stelle Fanatiker und von einer willkürlich agierenden Wehrmachtsjustiz in Schach gehaltene Soldaten Straßen und Häuserzüge bis zur letzten Sekunde. In Berlin wütet der von Adolf Hitler propagierte »Endkampf« bis zum Schluss.

Einige hundert Kilometer von der Hauptstadt entfernt, in den von der Roten Armee auf ihrem Weg Richtung Berlin eroberten Gebieten, haben die meisten Deutschen Wochen zuvor die Flucht vorbereitet oder bereits angetreten. Unter chaotischen Bedingungen ziehen die Flüchtlingstrecks nach Westen. Wie diese gefahrvollen Wanderungen ausgehen, und wo die Menschen schließlich eine neue Bleibe finden werden, ist ungewiss. Wer nicht wegziehen will, der wird nicht selten in sowjetische Arbeitslager gebracht. Eine junge Königsbergerin, die ihre Heimat nicht verlassen hat, muss – von den Sowjets aufgegriffen – zusammen mit ihrer jüngeren Schwester auf einer Sowchose schwere landwirtschaftliche Arbeit verrichten. Dort lebt sie dann jahrelang zusammen mit ungefähr vierzig weiteren Frauen und einigen Männern. Auch wenn die beiden Schwestern und ihre Schicksalsgenossen weitgehend »normal« behandelt werden, ist diese Sowchose ihrer Aussage nach wie ein Lager angelegt, das nicht allein verlassen werden darf. Bei harter Arbeit gibt es nur kümmerliche Verpflegung. Immerhin ergeht es ihr besser als der einen Schwester. Da die junge Frau Russisch spricht, hat sie sich »hocharbeiten« und bald Übersetzer- und Buchhalteraufgaben übernehmen können, während ihre Schwester viele Jahre schwere Feldarbeit hat verrichten müssen.

Unter besonderen Vorzeichen steht das Kriegsende auch für die Soldaten der Wehrmacht. Schätzungen zufolge haben rund 350 000 bis 400 000 Wehrmachtsoldaten desertiert oder sich »freiwillig gefangen nehmen« lassen. Vermutlich sind etwa 30 000 Todesurteile durch die Wehrmachtsjustiz gefällt worden, von denen etwa 23 000 zur Vollstreckung gekommen sind. Standgerichte und SS-Sondereinheiten bringen »Fahnenflüchtige« kurzerhand um, das Denunziantentum blüht. Wie soll man sich verhalten? Viele wollen, koste es, was es wolle, der russischen Gefangenschaft entgehen und fliehen nach Westen:

Ja, wir waren in Berlin noch stationiert und haben uns dann durchgeschlagen zur Elbe hin. Wir wollten rüber über die Elbe zum Amerikaner. Wir haben den ganzen Weg in drei oder vier Tagen zurückgelegt. Hauptsächlich nachts. Und sind dann wirklich oben bei Wittenberge an der Elbe angekommen. Hier hatten wir noch die letzte Station zum Übernachten gehabt in einem Wäldchen. Und ringsum hatten wir Posten aufgestellt, die uns absicherten. Wir standen ja voll noch unter Waffen. Wir waren ca. 600 Leute. Am späten Nachmittag fielen auf einmal plötzlich Schüsse. Und wir wussten gar nicht, was los war. Dann kam die Nachricht, es würden auch zwei Fahrzeuge beschossen von den Russen. Und da hat unser Hauptmann gesagt: ›Also Leute, wenn es soweit ist, dann entweder oder. Raus hier und weiter oder warten, was da kommt.‹ Es dauerte keine … na, ich möchte sagen: halbe, Dreiviertelstunde. Da war der Wald vollkommen umstellt, und wir gingen in die Gefangenschaft. Der Hauptmann hat sich dann noch selbst gerichtet.

Das Kriegsende kommt also nicht nur für die einen früher als für die anderen. Es bildet zugleich auch den Anfang für ganz unterschiedliche Folgegeschichten. Es ist wichtig, sich bewusst zu machen, dass es ein eindeutiges Kriegsende so nicht gegeben hat. Denn »als der Krieg zu Ende war«, gab es ganz unterschiedliche Ausgangspositionen für die ersten Begegnungen mit den Alliierten und für die Neuanfänge, über die im Folgenden berichtet wird. Besonders bedrückend ist die Lage für jene Deutschen, die vor der heranrückenden Roten Armee fliehen oder vertrieben werden.

Flucht und Vertreibung

Die Geschichte von der Flucht und Vertreibung der Deutschen aus dem Osten ist eine Geschichte von Opfern. Sie ist auch eine Geschichte von Furcht und Strapazen, Misshandlungen und Tod und im günstigsten Fall knappem Entkommen. Diese Opfergeschichte hat ihre Berechtigung, doch darf man dabei die Ursachen von Flucht und Vertreibung nicht vergessen. Dazu zählen zuerst der Überfall der Wehrmacht auf Polen im September 1939, der Angriff auf die Sowjetunion am 22. Juni 1941 und der brutale Krieg an der Ostfront mit Millionen von Toten auf beiden Seiten. Hinzu kommt eine rücksichtslose Plünderung der vom NS-Regime besetzten Gebiete. Bis zum Sommer 1944 sind etwa 90 Milliarden Reichsmark an »realen Leistungen« aus dem gesamten Besatzungsraum ins »Reich« transferiert worden. Nur die seit 1943 praktizierte Politik der »verbrannten Erde« hat eine noch effektivere Umlenkung ausländischer Werte verhindert – an ihre

Stelle ist die planvolle Zerstörung lebenswichtiger Infrastrukturen getreten. Ein dunkles Kapitel der deutschen Kriegführung betrifft außerdem eine besondere Form der Ausbeutung, die Deportation von Zwangsarbeitern, von denen die meisten aus Osteuropa und Russland stammen.[8]

Für die Kriegführung im Osten hatte die Wehrmacht aufgrund eines Befehls des Oberbefehlshabers des Heeres weitgehend freie Hand, wenn es um Strafaktionen gegen die Zivilbevölkerung ging: »Angriffe jeder Art von Landeseinwohnern gegen die Wehrmacht sind mit der Waffe sofort und unnachsichtlich mit den äußersten Mitteln niederzuschlagen. [...] Gegen Ortschaften, aus denen hinterlistige und heimtückische Angriffe irgendwelcher Art erfolgt sind, sind unverzüglich [...] kollektive Gewaltmaßnahmen durchzuführen, falls die Umstände eine rasche Feststellung einzelner Täter nicht erwarten lassen. Es ist ein Gebot der Selbsterhaltung und Pflicht aller Kommandeure, gegen feige Überfälle einer verblendeten Bevölkerung mit eiserner Strenge ohne jede Verzögerung vorzugehen.«[9]

Während der Krieg im Westen sich im Großen und Ganzen an die Regeln des Kriegsrechts hielt, wurden diese im Osten von Anfang an umgangen. Die Massaker der Einsatzgruppen der Sicherheitspolizei und des Sicherheitsdienstes (SD) – Einheiten, die hinter der vorrückenden Wehrmacht für den Einsatz im Russlandfeldzug aufgestellt wurden, um in den zu erobernden Ostgebieten vor allem politische Gegner sowie alle als »rassisch minderwertig« klassifizierte Menschen zu ermorden –, die massenhaften Erschießungen von Gefangenen »auf der Flucht« und die Unmenschlichkeiten des Partisanenkriegs gehören zu jenen Gewaltexzessen, an denen deutsche Soldaten teilweise beteiligt waren. Vor dem Hintergrund der Diskussion darüber, dass die Wehrmacht stärker in die Verbrechen involviert war, als bisweilen zugegeben wird, muss zumindest festgehalten werden, dass sie erst die Voraussetzungen für die folgenden Vernichtungsmaßnahmen geschaffen hat, indem sie den Krieg in den

Osten getragen und dem Terror die Tür geöffnet hat. Dazu gehört auch das Schicksal jener unbekannten Zahl von Frauen und Mädchen, die zur »Frontbetreuung« in die Soldatenbordelle an der Ostfront gezwungen und dort vergewaltigt wurden.

Der so genannte »Kommissarbefehl«, den das Oberkommando bereits am 6. Juni 1941 vor der Invasion der Sowjetunion erlassen hat und der die Anweisung enthält, Politkommissare der sowjetischen Armee nicht als Kriegsgefangene zu behandeln, sondern sie ohne Verfahren zu erschießen, belegt, dass brutales Vorgehen für die Kriegführung von oberster Stelle und von vornherein eingeplant war. »Im Kampf gegen den Bolschewismus«, heißt es in den einleitenden Sätzen, »ist mit einem Verhalten des Feindes nach den Grundsätzen der Menschlichkeit oder des Völkerrechts nicht zu rechnen. Insbesondere ist von den politischen Kommissaren [...] eine hasserfüllte, grausame und unmenschliche Behandlung unserer Gefangenen zu erwarten.« Deshalb seien »Schonung und völkerrechtliche Rücksichtnahme diesen Elementen gegenüber falsch«. Der Befehl ist eindeutig: Die Kommissare »sind daher, wenn im Kampf oder Widerstand ergriffen, grundsätzlich sofort mit der Waffe zu erledigen«.[10]

Die Liquidierung von »slawischen Untermenschen« und »mongolischen Horden« – das sind Parolen, die von oberster Stelle vorgegeben, aber von einfachen Soldaten willig befolgt werden. Wehrmachtssoldaten machen sich nicht nur in großer Zahl mitschuldig an der menschenverachtenden Behandlung sowjetischer Kriegsgefangener, durch die bis zum Kriegsende etwa 3,3 Millionen an Erschöpfung, Krankheiten oder durch Erschießungen ums Leben kommen. Sie arbeiten zum Teil auch mit den erwähnten Einsatzgruppen zusammen, die vor allem die nationalsozialistische Vernichtungspolitik gegen die Juden exekutieren. Wer sich daran beteiligt, leistet einen nicht unmaßgeblichen Beitrag zum Holocaust.

Die Folgen dieser Brutalisierung des Krieges im Osten sind nicht nur für die Soldaten der Roten Armee, sondern auch für die Zivilbevölkerung verhängnisvoll. Der Krieg trifft auf beiden Seiten Unschuldige. Viele Deutsche, die im Frühjahr 1945 vor den rachsüchtigen Soldaten der Roten Armee nach Westen flüchten, sind keine begeisterten Nazis und haben sich nie unmittelbar an Verbrechen beteiligt. Aber sie sind Teil jener Nation, die den verheerendsten Krieg der Geschichte begonnen hat.

Die Flucht und Vertreibung von etwa zwölf Millionen Deutschen aus Ost- und Westpreußen, Pommern, Schlesien und dem Sudetenland ist ein Teil der wohl größten Wanderungsbewegung der neueren Geschichte.[11] Auf einem Weg mit unbekanntem Ziel befinden sich bei Kriegsende aber auch rund zehn Millionen so genannte Displaced Persons, das heißt vor allem ehemalige Zwangsarbeiter und Zwangsverschleppte der nationalsozialistischen Herrschaft, KZ-Häftlinge oder Kriegsgefangene, die vornehmlich aus osteuropäischen Staaten stammen und sich nach dem April 1945 in Deutschland aufhalten und eine Heimat suchen.

Zu ihnen gehört Lew Alexandrowitsch Netto, ein ehemaliger Kriegsgefangener, der mehrfach nur knapp dem Tod entronnen ist. Doch jetzt, unmittelbar vor Kriegsende, kann er sein Glück kaum fassen: Er ist frei, er hat überlebt. Doch was nun? Wohin soll er sich wenden? Er erinnert sich an den Tag seiner Befreiung wie folgt:

Eines schönen Tages standen wir morgens auf. Unsere deutschen Bewacher – das waren ältere Leute – waren weg. Was war da los? Als wir aus einem großen Schuppen herausgekommen waren, kamen amerikanische Jeeps angerast, in denen saßen Schwarze. Das habe ich praktisch zum ersten Mal gesehen. Uns wurde klar, dass das die amerikanische Armee ist und dass wir frei sind. Die erste Begegnung mit der amerikanischen Armee hatte auch so etwas wie Symbolcharakter. Ich habe gesehen, dass das Menschen und Soldaten sind, die eine Aufgabe erfüllen. Dabei ist jeder von ihnen ein Mensch und verhält sich menschlich gegenüber dem anderen.

Die Amerikaner warnen die sowjetischen Kriegsgefangenen davor, in die russische Zone zu gehen. Dort würden sie Arbeitslager oder Tod erwarten. Sich während des Kriegs lebendig in die Hände des Feindes begeben zu haben, schürt bei den stalinistischen Funktionären Misstrauen:

> Zu der Zeit gab es in Plauen eine breite Propaganda, dass die freien Kriegsgefangenen nicht in die Sowjetunion zurückkehren sollten. Dort wird man euch ohnehin nicht freundschaftlich empfangen. Das wussten wir auch selbst. Es gab einen allgemein bekannten Ausspruch von Stalin, dass wir keine Kriegsgefangenen, sondern nur Verräter wären.

Also irrt Lew Netto im März 1945 durch die amerikanische Zone, er sucht verzweifelt Arbeit, Brot und Unterkunft und landet schließlich auf einem Bauernhof. Zwei deutsche Frauen nehmen ihn in Dienst. Nicht nur als Arbeiter, sondern auch als »Mann im Hause«.

> Ich kann mich gut an die Familie und an das Haus erinnern, wo ich geblieben bin. Nicht als Tagelöhner, sondern freiwillig. Ich habe in der Landwirtschaft geholfen. Es war Frühling, ich musste Feldarbeiten verrichten, mich um das Holz kümmern. Alles, was man so in der Landwirtschaft braucht. Else war eine gute Hausfrau, ihr Mann ist gefallen. Sie hatte noch eine 16-jährige Tochter.
> Aber ich wollte nach Moskau. Ich musste zurück nach Moskau. Aber es gab da ein Problem, was für mich sehr kompliziert war und was ich klären musste. Meine Bäuerin sagte: »Leo«. Sie nannte mich nicht Lew, sondern Leo. ›Wohin willst du fahren? Bleib hier. Hier ist die Wirtschaft, das Haus. Wir haben alles, was man braucht. Ich habe hier eine 16-jährige Tochter und du bist 20. Bitte lebt zusammen.‹ Und mit diesem 16-jährigen Mädchen war ich – wie

soll man das sagen – sehr befreundet. Wie alle jungen Leute haben wir da herumgesponnen, ich habe mit ihr geflirtet. Sie hat mir sehr gut gefallen. Und dieses Angebot hat mich in eine zwiespältige Situation gebracht: Soll ich zurück nach Moskau oder wirklich hier in Deutschland bleiben?

Mir ist nie in den Sinn gekommen, auf Vater, Mutter und Bruder zu verzichten. Mit meinem Bruder bin ich zusammen aufgewachsen, er ist fünf Jahre jünger als ich. Ich habe mich um ihn gekümmert.

Als 18-Jähriger zog Lew Netto in den Krieg. Jetzt, fast genau drei Jahre später, will er endlich wieder zurück zu seiner Familie. Entgegen allen Warnungen.

Als die Amerikaner uns an die Linie gebracht haben und wir in die sowjetische Zone hinübergefahren sind, haben wir alle, die in den Autos saßen, gleich gemerkt, dass wir umsonst gekommen sind. Dass man uns hier nicht mit Küssen und Umarmungen erwartet, wie die Amerikaner uns empfangen hatten. Als wir die Linie überquert haben, stand dort ein Soldat. Er hat nur düster dreingeschaut und leise irgendetwas gesagt. Aus seinem Aussehen und aus seinem Gesicht ging hervor, dass er uns, wie soll man das sagen, nicht verflucht, sondern beschimpft. Das war ja klar. Schau mal, hier kommen die Verräter zurück.

An der russischen Grenze wird Lew Netto verhaftet. Er wird verhört, gefoltert und gezwungen, ein falsches Geständnis zu unterschreiben. Weil er den Deutschen und Amerikanern Sympathie entgegengebracht hat, ist er nun ein Hochverräter. Er wird verurteilt zu fünfundzwanzig Jahren Arbeitslager im sibirischen Norilsk.

Die Soldaten, die Netto in Gewahrsam nehmen, gehören zu jenen Truppen, die im Oktober 1944 auf ihrem Siegeszug gegen Westen die ersten ostpreußischen Ortschaften erreicht haben.

Fünf Jahre zuvor löste der Einmarsch der Wehrmacht eine ähnliche Wanderungsbewegung in die entgegengesetzte Richtung aus. Die Flucht der Deutschen im Winter 1944/45 bedeutet Leiden, Strapazen auf dem Treck und Übergriffe der Roten Armee – das alles haben Polen und Russen nur kurze Zeit zuvor ebenfalls durchmachen müssen. Die »völkische Flurbereinigung« der Nationalsozialisten hat darauf abgezielt, neuen »Lebensraum im Osten« zu schaffen. Dieser brutalen Umsiedlungspolitik, in deren Verlauf im Zuge der so genannten Ostkolonisation etwa 800 000 Deutsche in die neuen »eingegliederten« Ostgebiete gezogen sind, ist ein erheblicher Teil der polnischen Führungsschicht zum Opfer gefallen.

Die Flucht der deutschen Bevölkerung, die mit dem Vorrücken der Roten Armee einsetzt, hat einerseits die gleiche Ursache wie die der Polen und Russen zuvor – die nackte Angst ums Überleben. Hinzu kommt aber berechtigterweise die Angst vor der Rache jener Völker, die mit einem Vernichtungskrieg überzogen worden sind. Zu den ersten Flüchtlingen zählen »Volksdeutsche« aus den südosteuropäischen Staaten: aus Rumänien, Siebenbürgen und dem rumänischen Banat. Im Oktober werden Teile der deutschen Bevölkerung von Budapest evakuiert. Von den Ungarn-Deutschen werden sich insgesamt aber lediglich 10 bis 15 Prozent zur Flucht entschließen. Aus Jugoslawien, wo seit dem Januar 1944 ein blutiger Partisanenkrieg wütet, fliehen etwa 200 000 Menschen.

Der Hauptstrom setzt im Winter 1944/45 ein. Die Deutschen fliehen, jeder in eigener Verantwortung und auf eigene Faust, aus dem Baltikum und den Ostprovinzen des »Reichs«. Der Weg nach Westen ist überaus beschwerlich. Es ist Winter, das Vorwärtskommen ist außerordentlich schwierig. Und der Krieg geht ja weiter. Unter dem Beschuss durch Granaten und Tiefflieger kämpfen sich Millionen von Menschen voran. Einige Unbelehrbare glauben immer noch an den »Endsieg« und rücken nur etappenweise vor, um irgendwann, wenn das Schlachtenschicksal sich wendet, wieder in ihr Heimatdorf zurückkehren zu können.

Zu den bekanntesten Fluchtrouten gehört die über die Ostsee, nachdem der Landweg bereits abgeschnitten wurde. Seit Januar 1945 versuchen etwa zwei Millionen Deutsche, von der Danziger Bucht aus nach Kiel oder Dänemark überzusetzen. Die überfüllten Flüchtlingsboote aber sind Ziele für die Flugzeuge und in der Ostsee operierende U-Boote der Roten Armee. Am 30. Januar, auf den Tag genau zwölf Jahre nach der »Machtergreifung« der Nationalsozialisten, versenkt eines dieser Boote mit drei Torpedos die »Wilhelm Gustloff«. An Bord sind rund 10 000 Menschen. Über 9000 finden den Tod.

Doch selbst wer die Flucht überlebt – was hat er zu erwarten? Das nackte Leben ist gerettet, aber wie soll es weitergehen?

Im ständigen Ausnahmezustand

Zunächst geht es für die meisten Deutsche ums nackte Überleben. Das hängt vor allem mit den Folgen der Kriegszerstörungen zusammen, die ein Leben im ständigen Ausnahmezustand erzwingen. Die Banken sind vorerst geschlossen, Post und Rundfunk stillgelegt, viele Betriebe zerbombt oder geplündert. Der Eisenbahnverkehr ist fast völlig lahmgelegt.

Die Deutschen in den Großstädten sind wie gelähmt. Es kann kein Brot gebacken werden, weil die Mehlvorräte verbraucht, verbrannt oder geplündert sind. Es gibt keine Feuerung für die Backöfen, keinen Strom für Maschinen. Kaum ein Schuster hat noch Werkzeug, die Felder sind verwüstet. Und dort, wo die Landwirtschaft noch intakt ist, gibt es erst im Herbst wieder etwas zu ernten. 3 Millionen Russen, 1,5 Millionen Amerikaner, 1 Million Briten und 150 000 Franzosen sind zu diesem Zeitpunkt im Land.

Die deutsche Nation als solche ist infrage gestellt. Es gibt keine deutschen Fahnen mehr, die Symbole des »Reichs« sind verboten. Das zivile Leben organisieren die Besatzer mit Befehlen. Der Alltag bekommt nur langsam wieder eine Struktur, durch Erlasse und Proklamationen: Befehle zum Trümmerräumen auf den Straßen, Befehle zum Hissen der alliierten Fahnen, Ausgangssperren, Nachrichtensperren, Reiseverbote.

Bis gegen Ende des Jahres 1944 hatten die Deutschen auf Kosten des von ihnen besetzten Europa erstaunlich gut gelebt. Und auch als die Alliierten in den letzten Kriegswochen ins Innere des Reichs vorstoßen, finden sie zu ihrer Überraschung an vielen Orten gut gefüllte Vorratslager. Dieses unter den Bedingungen des Krieges immer noch als privilegiert zu bezeichnende Leben der »Herrenmenschen« ändert sich über Nacht, als die Lieferungen aus den besetzten Gebieten ausbleiben, die Vorratskammern zur Versorgung der Displaced Persons genutzt werden und die Eigenversorgung ins Stocken gerät.[12]

Als zumutbar gilt den Alliierten eine tägliche Mindestnorm von etwa 1550 Kalorien pro Kopf. Doch die Versorgungslage verschlechtert sich im Frühsommer 1945 beträchtlich, weil die Ernten ausbleiben. Die Kalorienmenge sinkt auf 1000, in manchen Gegenden auf nur noch 900 Kalorien pro Tag. Am Beispiel der britischen Besatzungszone lässt sich das Elend veranschaulichen: Im Durchschnitt stehen hier jeder Person etwa zwei Brotscheiben mit Margarine, eine Kelle Milchsuppe und zwei kleine Kartoffeln zur Verfügung. Ohne die amerikanischen und britischen Importe hätte die ohnehin bedrohliche Hungerkrise noch viel härtere Formen angenommen.

Die physische Schwächung vor allem der Stadtbewohner bewirkt, dass lange überwunden geglaubte ansteckende Krankheiten im deutschen Nachkriegsalltag zurückkehren: Diphtherie, Typhus und Tbc breiten sich bisweilen epidemisch aus. In der britischen Besatzungszone steigen die Krankheitsfälle im Vergleich zum Jahr 1939 beinahe auf das Doppelte an, in der amerikanischen Besatzungszone schnellen sie auf das Dreifache hoch.

Nicht in vollem Umfang quantifizierbar, aber nicht weniger einschneidend für das Leben im besetzten Deutschland wirkt sich ein dramatischer Werte- und Normenzerfall aus, der unter der NS-Diktatur und ihrer brutalen Kriegsherrschaft eingesetzt hat. Im Chaos der Nachkriegszeit findet diese Entwicklung einen günstigen Nährboden. Die Kriminalitätsraten steigen in allen Besatzungszonen an. Besonders hoch liegen sie in der britischen und der amerikanischen Zone. An erster Stelle stehen dort Diebstahlsdelikte, vor allem das Klauen von Nahrungsmitteln und Kohlen. Berühmt geworden ist die Rechtfertigung solcher »kleinen Eigentumsdelikte« durch den Kölner Erzbischof Frings, der die Leiden seiner von Gewissensqualen bedrängten Mitbürger lindern will, indem er solche Vergehen als lässliche Sünden bezeichnet. Die Kölner sprechen in der Folge nicht mehr von Diebstahl, sondern von »fringsen gehen«, wenn sie sich die dringend benötigten Dinge des täglichen Bedarfs »besorgen«.

Aber auch Raubmorde und Betrügereien nehmen im ständigen Ausnahmezustand der Nachkriegszeit zu. In Berlin steigt insbesondere die Zahl der von Jugendlichen begangenen Delikte sprunghaft an. Waren vor dem Krieg über 6500 Fälle von »einfachem Diebstahl« registriert, schnellt die Zahl 1948 auf über 74 000 Straftaten hoch. Die Zahl der »schweren Diebstähle« versechsfacht sich im selben Zeitraum.

Doch solche Indikatoren erfassen die Lebenswirklichkeit der Menschen nur partiell. Die Zeit ist geprägt von Sorgen: Der alltägliche Kampf um Lebensmittel und Unterkunft, um Brennmaterialien und warme Kleidung wird begleitet von den Sorgen um Angehörige, von denen die meisten nicht wissen, ob sie in Gefangenschaft geraten oder bereits tot sind.

In Deutschland soll jetzt aufgeräumt werden. Die Alliierten organisieren in den Großstädten Einsätze zum Wegräumen der Trümmer. Trümmerfrauen arbeiten für Lebensmittelmarken oder ein warmes Essen, alte Parteigenossen der NSDAP werden zum Arbeitseinsatz verpflichtet. Die Nahrungsverteilung liegt in den Händen der Besatzer. Auf neu eingerichteten Ämtern gibt es Marken für Butter, Milch und Brot; für alles gibt es Bezugsscheine. Es werden Passierscheine und Sonderausweise ausgestellt, größtenteils auf altem Papier, auf den nur wenig veränderten Formularen des Deutschen Reichs.

Man hilft sich selbst. Die Menschen in den Städten klauen Kohlen, ziehen über Land und »hamstern« (erwerben Nahrungsmittel durch Tausch mit Wertgegenständen) oder »stoppeln« (hacken Kartoffelfelder nach). In den städtischen Grünanlagen und Parks, die nicht mit Trümmern zugeschüttet sind, bauen die Menschen Kartoffeln, Möhren und Zwiebeln an.

Ein Beispiel unter vielen – Die Geschichte von August Heinz Limpe

August Heinz Limpe ist fünf Jahre alt, als der Krieg zu Ende ist. Er findet mit seinen Eltern Unterkunft im Keller eines total zerstörten Hauses mitten in der Trümmerwüste Dortmund. So wie seiner Familie geht es Millionen Menschen in den deutschen Großstädten: keine Wohnung, kein Geld, keine Arbeit, keine Habe mehr. An das Kriegsende kann sich Limpe noch gut erinnern:

Dann haben wir auf den Feldern geschlafen, wir haben in den Gräben geschlafen, und dann sind damals die amerikanischen Soldaten gekommen. Die standen auf einmal mit Maschinenpistolen vor uns. Die dachten, wir wären Polen, wegen Plündereien. Und als sie hörten, wir waren Deutsche, da haben sie uns sogar so zehn Kilometer mit dem LKW mitgenommen, weiter durften die auch nicht fahren, die hatten ja ihre Befehle. Mein Vater war sehr krank. Dem hat sie damals offenbar das Kreuz arg kaputt geschlagen, die Gestapo. Der ist angezeigt worden, angeblich hat der einen Engländer-Sender gehört. Und dann haben sie ihn geholt, und dann haben sie ihn wieder gebracht. Das war noch während des Krieges.

Als der kleine August an der Hand seiner Eltern nach Dortmund kommt, finden sie keine Unterkunft. Sie quartieren sich notdürftig im Keller eines zerstörten Haus ein:

> Das war wirklich nur ein Loch. Die Fenster waren zugeschüttet. Aber da konnte man dann von innen so den Schutt rausschieben, dann waren die frei. Vor die Kellerlöcher haben wir nur so Lappen gehangen. Da war ewig Zug. Und wir haben dann immer ganz in der Ecke geschlafen, damit wir nicht so viel Zug kriegten. Am schlimmsten war mein Vater dran. Der musste Arbeit nachweisen. Der musste sagen, ich habe Arbeit. Sonst hätten wir keine Zuzugsgenehmigung gekriegt. Dabei hatte er nur so einen Posten nachts auf der Baustelle. Hauptsache er saß da und kriegte vielleicht ein paar Reichsmark, ja. Aber wir hatten das Recht, wieder in Dortmund zu wohnen.

Dabei ist der Begriff »wohnen« sicher etwas hoch gegriffen:

> Wir haben so ungefähr anderthalb Jahre in dem Keller gehaust und immer wie die Heringe aneinandergelegen. Je näher umso besser.

Limpes Vater schleppt sich täglich zur Arbeit, um die Wohngenehmigung für die Familie nicht zu gefährden; die Mutter geht hamstern. Und auch August verdient etwas für den Familienunterhalt dazu. Überall in der Stadt sind Kinder unterwegs. An den Gleisen der Bahnhöfe beim Kohlenklau, auf dem Schwarzmarkt und in den Ruinen auf der Suche nach etwas Wertvollem.

> Blei haben wir damals geklaut, diese alten Abflüsse. Da gab's so einen Klüngel-Kerl. Der kam jede Woche mit seinem Pferdefuhrwerk vorbei. Der eine hat es ihm verkauft, der andere hat es ihm hinten vom Wagen wieder runtergenommen. Das hat funktioniert. Man durfte es nur nicht immer beim Gleichen

machen. Da gab es damals auch nicht viel für. Manchmal mussten wir abenteuerlich die Wände hochklettern, wo noch Spülsteine hingen. Früher waren da Bleirohre drunter. Oder wenn wir mal ein Stück Kupfer erhaschen konnten. Das war damals viel wert. War ja nichts mehr da. Und Metall wurde gesucht.

Trotz der Not erinnert sich August Limpe nicht ungern an die Zeit im besetzten Deutschland:

Es war aufregend. Das hört sich jetzt sehr dumm an. Aber ich sage, die Zeiten möchte ich gar nicht missen. Ich persönlich als Kind nicht.

Nach anderthalb Jahren Kellerloch gelingt es der Familie, endlich ein richtiges Zimmer zu ergattern. Aber das Schicksal schlägt gleich darauf wieder zu:

Von dem Moment an, als wir dann das Zimmer bekamen, hat mein Vater nur noch im Bett gelegen. Der konnte gar nicht mehr. Der war fertig, der war kaputt. Der lag da im Bett, ich saß vorne am Tisch. Und er beantwortete mir immer meine Fragen, wenn ich mal eine Schulaufgabe nicht wusste. Auf einmal kriegte ich keine Antwort mehr. Da bin ich hingegangen. Ich sagte: Papa. Weg war er. Tot. Der ist quasi beim Antworten gestorben.

Männer, Frauen und Familien in der Nachkriegszeit

Verletzte Männer, physisch und psychisch versehrte Ehemänner und Familienväter prägen die deutsche Nachkriegsgesellschaft. Dabei gehört Limpes Vater zur Gruppe der Opfer der nationalsozialistischen Gewaltherrschaft. Die meisten physisch und psychisch Versehrten stellt aber die Gruppe der von der Front kommenden Wehrmachtsoldaten. Sie kehren durch die brutalen Erlebnisse des Krieges verändert in eine ebenso veränderte Heimat zurück. »Wenn man über unsere Landstraßen geht«, notiert der Schriftsteller Ernst Jünger im Winter 1945, »kann man Gestalten begegnen, wie man sie nie gesehen hat. Es sind die Heimkehrer mit ihrer Aura von allerletztem Leid. Ihnen ist alles zugefügt, was uns von Menschen zugefügt, und alles geraubt, was uns von Menschen geraubt werden kann.«[13]

Zwar gilt insbesondere das Jahr 1948 als Jahr der Heimkehrer. Doch bereits ab 1945 und über das Jahr 1948 hinaus strömen deutsche Soldaten aus allen Himmelsrichtungen zurück ins geschrumpfte »Reichsgebiet«. Sie verkörpern am eindrücklichsten die Auswirkungen des totalen Krieges und der Niederlage. Für die Heimkehrer selbst beginnt mit der Rückkehr eine oftmals verstörende und ungewisse Zukunft. Niemand hat das ergreifender beschrieben als Wolfgang Borchert, einer der bekanntesten Autoren der so genannten Trümmerliteratur, in seinem berühmten Stück *Draußen vor der Tür*. Über die Erfahrung der Einsamkeit bei den heimkehrenden Soldaten, wie sie Borchert geschildert hat, schreibt der Theaterkritiker Friedrich Luft:

Ein Mann kommt nach Deutschland. Und da erlebt er einen ganz tollen Film. Er muss sich während der Vorstellung mehrmals in den Arm kneifen, denn er weiß nicht, ob er wacht oder träumt. Aber dann sieht er, dass es rechts und links neben ihm noch mehr Leute gibt, die alle dasselbe erleben. Und er denkt, dass es dann doch wohl die Wahrheit sein muss. Ja, und als er dann am Schluss mit leerem Magen und kalten Füßen wieder auf der Straße steht, merkt er, dass es eigentlich nur ein ganz alltäglicher Film war. [...] Von einem Mann, der nach Deutschland kommt, einer von denen. Einer von denen, die nach Hause kommen und die dann doch nicht nach Hause kommen, weil für sie kein Zuhause mehr da ist. Und ihr Zuhause ist dann draußen vor der Tür. Ihr Deutschland ist draußen, nachts im Regen, auf der Straße. Das ist ihr Deutschland.[14]

Alles hat sich für die Heimkehrer verändert, seit sie als Soldaten an die Front gerufen wurden. Dazu gehört auch, dass die einst klare Rollenverteilung von Männern und Frauen längst nicht mehr existiert. Frauen haben während des Krieges die Arbeit von Männern in der Kriegswirtschaft geleistet. Es waren Frauen, die den »Laden« an der »Heimatfront« zusammengehalten haben. In Westdeutschland wird bald der Status quo der Vorkriegszeit annähernd wieder erreicht werden und das Bild von der treu sorgenden Hausfrau und Mutter am Herd wieder Geltung beanspruchen können. Doch der Weg dahin ist aus guten Gründen umstritten. Stärker als in Westdeutschland ist in der DDR die Erfahrung, die Frauen während des Nationalsozialismus in den Betrieben gemacht haben, auch die Vorläufergeschichte einer weitreichenden Integration von Frauen ins Berufsleben.[15] Doch auch dort verläuft es nicht ohne Konflikte und einen mehr oder weniger verordneten Wandel der Einstellung der Geschlechter. Die Geschlechterrollen im besetzten Deutschland sind zweifellos im Umbruch begriffen.

Am Ende des Krieges gibt es wegen der hohen Verluste unter den Soldaten nicht nur einen deutlichen Frauenüberschuss in Höhe von etwa sieben Millionen. Auch die Selbst- und Fremdbilder verändern sich. Gedemütigte Männer, die den Krieg verloren und im Kampf »versagt« haben, treffen auf ihre Ehefrauen, Mütter, Schwestern und Freundinnen, deren Erlebnisse nicht weniger schrecklich waren. Viele verschweigen die Vergewaltigungen durch alliierte Soldaten, treiben aus Sorge vor den Reaktionen der Männer die ungewollten Kinder ab. Zumindest äußerlich intakte Familienverhältnisse sind eine Möglichkeit, mit den Schwierigkeiten der Zeit fertigzuwerden. Doch der Krieg hat die etablierte Familienordnung und vor allem die traditionelle Rolle des männlichen Familienoberhaupts geschwächt. Die Scheidungsraten schnellen in die Höhe. Wer über das Erlebte nicht reden kann, hat sich nicht mehr viel zu sagen. Wie kann man einfach so weitermachen, nach allem, was passiert ist?

Historiker sprechen in diesem Zusammenhang von einer Desintegration des privaten Zusammenhalts der Familien. Der einzige Grund, eine bedrückende Verbindung nicht zu lösen, sind für viele die Kinder. Aber auch das Verhältnis vor allem der Väter zu ihren Kindern, die sie meistens kaum richtig kennen, ist in der Krise. Problematisch erscheint Beobachtern die »Vaterlosigkeit« als weitverbreitetes Phänomen.

Neben den physischen Verletzungen, neben Mangelernährung und Verwundung sind es vor allem die psychischen Belastungen, die das alltägliche Miteinander eher zu einem Nebeneinander oder sogar zum »Kampf der Geschlechter« werden lassen. Konzentrationsschwäche, Müdigkeit, Schlaflosigkeit, Verfolgungs- oder auch Todesangst sind die psychischen Folgen des Krieges. Bald finden die Deutschen für solche Belastungen einen Namen: psychische Dystrophie. Damit kann man das Nichtfunktionieren infolge der Kriegserlebnisse gewissermaßen bannen – oder zumindest auf einen Begriff bringen, hinter dem das erlebte Grauen einigermaßen verborgen bleibt.

Der Umgang mit den körperlichen und sozialen Folgen des Krieges wird die deutsche Gesellschaft noch lange über den Sommer 1945 hinaus beschäftigen. Verdrängung ist eine Strategie. Verdrängen, um weitermachen zu können, wird zur weitverbreiteten Haltung in einer Zeit, deren Zukunftshorizont für viele kaum mehr als die nächsten vierundzwanzig Stunden umfasst.

Doch eine ganze Reihe von Problemen lässt sich nicht einfach wegschieben. Dazu gehört die Frage nach der Versorgung, nach einer Unterkunft und einem Mindestmaß an persönlicher Sicherheit in jenen Tagen, Wochen und Monaten, als die Alliierten das Land allmählich besetzen und die Kontrolle über den Alltag in Deutschland übernehmen. Begegnungen mit den »neuen Herren« bleiben unter diesen Umständen lange Zeit angstvoll erwartete Situationen der Unsicherheit.

Kontaktaufnahme mit den Siegern

Die ersten Begegnungen der Deutschen mit den Soldaten der Alliierten verlaufen höchst unterschiedlich. Neben den besonderen Umständen der jeweiligen Situation, in der man sich begegnet, spielen die Erwartungen der Beteiligten eine entscheidende Rolle. Was die Deutschen von den Siegern und die Sieger umgekehrt von den Deutschen erwarten, hat zum Teil eine lange Vorgeschichte.

Viele der jungen amerikanischen Soldaten haben keine oder nur vage Vorstellungen davon, was sie in Deutschland erwartet. Die meisten sind nicht nur zum ersten Mal in Europa, sondern auch überhaupt so lange und so weit weg von zu Hause. Der Krieg in Europa – das ist eine Angelegenheit, die für viele bis zur deutschen Kriegserklärung im November 1941 eher abstrakt war.

Für Engländer, Franzosen und Russen liegt der Fall anders. Nicht nur, dass sowohl in Großbritannien als auch in Frankreich die Erinnerung an den Ersten Weltkrieg und an die kriegerischen Deutschen noch sehr präsent ist. In der unmittelbar zurückliegenden Kriegszeit haben deutsche Truppen Frankreich besetzt, England mit Luftangriffen überzogen und den Krieg mit all seinen Gräueln direkt in die Heimatländer der neuen Besatzungssoldaten getragen. Das gilt in noch viel stärkerem Maße für die Sowjetunion. Der Terror der deutschen Armeen im Osten ist vielen Soldaten der Roten Armee nicht nur vom Hörensagen bekannt, sie haben ihn vielfach unmittelbar selbst erlebt.

Solche Erfahrungen wirken noch nach, als die Deutschen unter veränderten Vorzeichen auf die Soldaten der alliierten Armeen treffen. Der einzige Ort, an dem die Bewohner einer Stadt Bekanntschaft mit Angehörigen aller vier Siegermächte machen können, ist Berlin.

Am 5. Juni 1945 treffen die Oberbefehlshaber der Besatzungstruppen (Eisenhower, Montgomery, Lattre de Tassigny und Schukow) in Berlin zusammen, um in Anbetracht der Niederlage Deutschlands in einer feierlichen Zeremonie die Deklaration zu unterzeichnen, mit welcher der »Alliierte Kontrollrat« zur obersten Regierungsgewalt in Deutschland gemacht wird. Um den Sieg und den Beginn einer neuen Zeitrechnung deutlich sichtbar zu machen, ergeht an die Berliner der Befehl, die Stadt mit Fahnen der Alliierten zu schmücken.

Wie dieser Vorgang bei der Bevölkerung angekommen ist, hat eine Berlinerin in ihrem Tagebuch festgehalten:

Über Mittag lag ich auf dem Balkon der Dachwohnung in der Sonne. Dabei schaute ich geradewegs in die Fenster gegenüber. Eine Frau trat dort die Nähmaschine und steppte rote und blaue Streifen aneinander. Schnitt dann aus einem weißen Lappen Kreise heraus, zackte die Kreise zu Sternen. Stars and Stripes. Das soll eine amerikanische Flagge werden. Auf der Treppe hat mich die Grindige schon gefragt, wie viel Sterne die amerikanische Flagge haben müsste. Ich wusste nicht genau, ob 49 oder 50. Eine mühselige Flagge für deutsche Handnäherinnen. Wie einfach dagegen die russische Flagge: Man braucht nur von den alten Hakenkreuzfahnen, die sich in jedem unverbombten Haushalt finden, das weiß-schwarze Hakenkreuzmotiv abzutrennen; auf das Rot gilt es dann, in Gelb Hammer und Sichel und Stern aufzunähen. Ich sah rührend krumme Hämmerlein und verbogene Sicheln. Am besten gelingt die Trikolore; denn auch die Franzosen sind Sieger: Einfach blau und weiß und rot, drei Streifen senkrecht aneinandergesteppt, und fertig. […] Die Witwe hat für Hammer, Sichel, Sowjetstern eine alte gelbe Bluse geopfert. Nach ihrem Lexikon ist auch der britische Union Jack zusammengefummelt worden. […] So was ist auch nur in diesem Lande möglich. Ein Befehl erging – ich weiß nicht, woher –, dass mit den Fahnen der vier Sieger zu flaggen sei. Und siehe da, die deutsche Hausfrau zauberte aus dem Beinahe-Nichts diese Fahnen.

Mit ironischer Distanz notiert die Beobachterin die Eilfertigkeit, mit der dem Befehl der neuen Machthaber sofort Folge geleistet wird. Ein wenig hämisch klingen auch die Bemerkungen, mit denen der schnelle Austausch von der Hakenkreuzfahne zur Sowjetflagge geschildert wird.

Doch die Berlinerinnen und Berliner nähen nicht nur Fahnen für die Sieger. Sie gehen bald ganz selbstverständlich auch im Alltag ständig mit ihnen um. In einem Brief vom 21. August 1946 entwickelt die in Charlottenburg lebende Gerda Pfundt eine eigen Typologie der neuen Machthaber:

> Ein weiteres Merkmal im Nachkriegsberlin sind die alliierten Soldaten. Mit einigen Ausnahmen stören sie uns gar nicht. Wir haben uns an sie gewöhnt, und aus dem Straßenbild sind sie kaum mehr wegzudenken. Die Engländer sind – wie man das bei ihrer Art nicht anders erwartet – zurückhaltend, höflich, korrekt. Die ewig Kaugummi kauenden Amerikaner sind schon etwas geräuschvoller, aber harmlos dabei bis auf Ausnahmen, die man dann »Russen mit Bügelfalten« nennt. Von den Franzosen weiß ich nichts, weil ich sie noch nicht erlebt, aber je kaum gesehen habe. Man sagt aber, dass sie auch friedlich sind. Und die Russen? Ja – das sind eben die Russen. Die muss man erlebt haben. Ich habe jedenfalls immer weiche Knie und stecke meine Uhr und mein Armband in die Handtasche, wenn mir welche begegnen. Man kann nie wissen.[16]

Solche Typologien sind jedoch kaum etwas wert, wenn die Begegnungen mit den Soldaten der alliierten Armeen anders verlaufen als erwartet. Der spätere *Zeit*-Redakteur Richard Tüngel erinnert sich nicht ganz so positiv an seine erste Begegnung mit den von Gerda Pfundt als »zurückhaltend, höflich und korrekt« beschriebenen britischen Besatzern:

Mein erster Engländer, den ich nach der Übergabe Hamburgs, Anfang Mai 1945, traf, war ein junger Mann von den »Desert Rats«, an dessen Haltung man sofort die gute Herkunft erkennen konnte. Er sah aus wie ein Gentleman aus dem Bilderbuch. Wir standen, mein Gastgeber Robert Lachmann und ich, an der Gartenpforte, und mein Engländer sagte zu mir im besten Oxford-Englisch: »Geben Sie mir Ihre Armbanduhr!« Und dann, zu meinem Freund gewandt: »Sie haben keine?« – »Nein.« – »Dann bringen Sie mir alle Fotoapparate und Ferngläser, die Sie im Haus haben.« Wir produzierten ein vierzig Jahre altes Opernglas, das er verächtlich ablehnte. Dann ging er weiter, das nächste Haus abzugrasen.

Völlig unklar ist für die Deutschen in der Regel, wie solche Zusammentreffen mit den Siegern ausgehen werden. Besonders gefürchtet sind die Russen.

Die ersten Begegnungen mit Soldaten der Roten Armee

Der »erste Russe« – das ist für die meisten Deutschen im Osten ein vor allem angstvoll erwartetes Aufeinandertreffen. Was wird passieren, wenn die Rotarmisten tatsächlich ins Dorf oder ins Viertel kommen? Werden sie Rache nehmen wollen? Einem selber oder der Familie etwas antun? Gar jemanden vergewaltigen oder töten? Diese Angst ist zum einen durch die nationalsozialistische Propaganda beschworen worden, die die heranrückenden sowjetischen Armeen als »mongolische Horden« dargestellt hat, die keinen Stein auf dem anderen lassen, überall brandschatzen und alles zerstören, was ihnen in die Finger kommt. Der *Völkische Beobachter* meldet in den letzten Kriegstagen: »Siebzigjährige Greisin geschändet. Ordensschwester vierundzwanzigmal vergewaltigt.« Zum anderen mischen sich diese Propagandabilder mit umlaufenden Gerüchten über tatsächliche Schandtaten, die von den Soldaten in den bereits unter ihre Vorherrschaft gebrachten Gebieten verübt worden sind.

Doch nicht nur die Deutschen haben Angst. Wladimir Natanowitsch Gelfand, ein Leutnant der sowjetischen Armee, führt Tagebuch, während er sich mit seiner Einheit langsam nach Berlin vorkämpft. In den drei Jahren zwischen 1942 und 1945, die er an der Front ist, im Lazarett liegt oder an Schulungen teilnimmt, füllt Gelfand Hefte, Blöcke und lose Zettel mit Einträgen. Es kümmert ihn nicht, dass er damit gegen die Zensurbestimmungen der Armee verstößt.

Die Angst, die Gelfand schildert, ist zunächst die Angst der Soldaten. Am 14. Januar 1945 notiert er:

> 4.40 Uhr morgens. Draußen herrscht noch undurchdringliche Finsternis, und der Fritz setzt uns mit wütenden Angriffen zu. Das Herz schlägt bis zum Hals, und die Gedanken finden keine Ruhe. Es ist die Hölle: Ringsum donnern die Geschosse, heulen, pfeifen und bellen, und du sitzt da, zwischen Leben und Tod, und kannst nur warten, wie das Schicksal, das ja schon einige Male in dein Leben eingegriffen hat, entscheiden wird.

Nur wenige Monate später hat sich alles verändert. Nach dem Sieg und der Kapitulation der Deutschen beginnt ein anderes Leben für Gelfand. In Berlin angekommen, hält er seine Eindrücke von der teils schon besetzten Stadt fest:

> Die Straßen von Berlin sind laut und belebt. Die Deutschen tragen alle weiße Armbinden. Sie fürchten sich nicht vor uns und spazieren auf den Straßen, wo es nur geht. Es passiert viel, so mächtige und eindrucksvolle Erlebnisse, dass man sie nur schwer mit Worten wiedergeben kann. [...] Gerade war ich in der U-Bahn. Sehr interessant!

Langsam normalisiert sich für Gelfand das Leben, wenn man darunter versteht, dass er die Kriegsangst hinter sich lassen kann. In anderer Hinsicht ist sein Leben alles andere als normal. Er selbst beschreibt es als ein Abenteuer. Am 3. Juni notiert er:

> Heute bin ich im Regiment. In letzter Zeit habe ich eine Menge Abenteuer erlebt, habe viel Neues gesehen, bin aber zum Müßiggänger und Schürzenjäger geworden. [...] Ein in jeder Hinsicht passendes Mädchen habe ich bislang nicht gefunden.

Als Abenteuer erleben die Soldaten der Roten Armee vor allem die Kontakte mit unbekanntem Reichtum (Luxuswaren, vor allem Uhren, Kameras und Schmuck werden bald zur Beute beziehungsweise zur Schwarzhandelsware) und mit fremden Menschen. Diese Beute- und Trophäenmentalität der Soldaten hat fürchterliche Folgen. Es kommt zu Massenvergewaltigungen, Misshandlungen, Erschießungen und Diebstählen. Die Entfesselung der Gewalt durch den Krieg und das Rachegefühl lassen den dünnen Firnis der Zivilisation reißen. Zwar kommt es auch in den anderen Besatzungszonen zu Gewalttaten durch Besatzer, aber die Zahlen zeigen, dass es in der sowjetischen Zone am schlimmsten zugeht.

Dabei ist die Angst vor Gewalttaten auf deutscher Seite nur ein Aspekt. Eine alleinstehende junge Berlinerin notiert in den letzten Kriegstagen:

> Heute Morgen beim Bäcker ging das Gerede: »Wenn die kommen, holen sie alles Essbare aus den Häusern. Die geben uns nichts. In Schlesien laufen sie schon in die Wälder und graben nach Wurzeln. Die Kinder verrecken. Die Alten fressen Gras wie die Tiere.« Wie sollte man sich unter diesen Umständen verhalten? Was konnte man tun?

Mechthild Ewers ist neunzehn Jahre alt, als der Krieg zu Ende geht. Ihre Geschichte ist nur eine von vielen. Sie stammt aus Potsdam. Dort herrscht in den letzten Kriegstagen Weltuntergangsstimmung. Bei einem schweren Bombenangriff sterben in der Nacht vom 14. auf den 15. April rund 5000 Menschen. Der Endkampf um die »Reichshauptstadt« Berlin tobt. Die ganze Stadt ist ein Schlachtfeld. Wenige, fanatische Nazis glauben noch immer an einen »Endsieg« und liefern sich mit der Roten Armee erbitterte Straßen- und Häuserkämpfe.

Die meisten Deutschen beten, dass es vorübergehen möge. Mechthild Ewers flieht wie viele, so sie es denn können, aus der Stadt. Die junge Frau – noch im letzten Kriegsmonat heiratet sie einen jungen Fähnrich der Kriegsmarine – geht nach Hiddensee. Ob sie ihren Mann je wiedersehen wird, weiß sie nicht. Mechthild und ihr Mann sind damit keine Ausnahme. Die so genannten Kriegsehen gehören zum Partnerschaftsalltag während des Zweiten Weltkriegs. Einige versprechen sich davon Vergünstigungen, andere wollen ihre Verbindung dokumentiert wissen. Und wieder andere wollen wahrscheinlich beides. Mehr als sechzig Jahre später erinnert sich Mechthild Ewers:

> Wir schrieben uns seit Herbst 1942 Briefe. So wie man damals Briefe an Soldaten als Feldpostbriefe schickte. Die so genannte Hochzeitsnacht, die ja nun auch irgendwie so überfrachtet ist, die hatten wir ja schon einmal vorweg probiert. Das wusste meine Mutter zwar nicht, aber das war so. Was das eigentlich bedeutete, sich zu verheiraten und dann unter diesen Zeitumständen, wo man ja überhaupt nicht absehen konnte, wie geht der Krieg zu Ende? Vielleicht war das so ein Gefühl, an ein Weiterlebenwollen, an irgendeine Vorstellung von Zukunfthaben festzuhalten, wo es eben nicht mehr um Krieg und Sterben und Bomben und Töten und Morden und so etwas ging. Anders kann ich es nicht beschreiben.

Die Eheleute planen, sich nach Kriegsende auf Hiddensee wiederzutreffen. Als die junge Frau auf der Insel eintrifft, herrscht hier friedliche Stille. Aber von der Rachsucht der Rotarmisten, von Vergewaltigungen und Grausamkeit hat Mechthild Ewers viel gehört. Umso größer ist ihre Überraschung, als ausgerechnet die Russen ihr ihren Mann wiederbringen. In einem LKW der Roten Armee landet der Marinesoldat auf Hiddensee.

> Zu meiner größten Überraschung sprang mein Mann von diesem Lastwagen. Also irgendwie war ich, war's völlig unerwartet. Wir sind aufeinander zugerannt, sind uns in die Arme gefallen, waren völlig verdattert und guckten diese Russen an, und das war ein solcher Moment, dass mir überhaupt alles, alles erst mal total durcheinander war!

Mechthild Ewers läuft auf ihren Mann zu, umarmt ihn und die Russen um sie herum stören die beiden nicht in ihrem Glück. Die Geschichte ihres unverhofften Wiedersehens lässt die Angst vor der Begegnung mit den russischen Siegern für einen Moment verschwinden. Wie es zu dieser Wendung der Geschichte hat kommen können, erfährt die junge Frau aus der Erzählung ihres Mannes, dessen Einheit sich aufgelöst hat, nachdem allen klar geworden ist, dass der Krieg bald beendet sein wird und ein Weiterkämpfen sinnlos ist. Der Fähnrich macht sich daraufhin sofort auf den Weg zu seiner Frau und trifft unterwegs auf eine Einheit sowjetischer Soldaten. Da er diesen hilft, einen Kutter zu organisieren, mit dem sie zur Insel Hiddensee übersetzen können, gelingt es ihm, gemeinsam mit ihnen die Insel zu erreichen.

Was in den folgenden Tagen passiert, erleben viele Deutsche auch an anderen Orten des ehemaligen »Reichs«:

> Wir wurden sehr frühmorgens wach, weil wir Schießen hörten. Und wir dachten: Was ist denn jetzt los? Ist jetzt hier doch irgendwo, sind hier auch ein paar verrückte Deutsche,

die vielleicht versuchen … Nein, das waren Salutschüsse. Der Krieg war zu Ende. Wir konnten es erst gar nicht begreifen. Dann wurde ein Hammel an einem riesigen Spieß gebraten, den halben Tag lang. Und am Nachmittag wurden wir eingeladen zum Essen. Ich saß also mit diesen Vertretern der Roten Armee in diesem Dorfgasthaus, was auch noch über ein sehr verstimmtes Klavier verfügte, und es wurde von diesem Braten aufgetragen und irgendwas, Kartoffeln und Brot dazu gekocht. Und es wurde sehr viel Wodka angeboten, der natürlich für unsere Mägen und auch nicht so das Wahre war. Und unsere russischen Besatzer wurden immer lauter und immer herzlicher und aber auch in einer Art und Weise, auf Deutsch gesagt, besoffen, dass sie dann schon doch wieder ein bisschen einem zu nahe kamen. Und einer saß am Klavier und spielte abwechselnd irgendwelche traurigen und irgendwelche heldischen Lieder. Und dann wurde dazu gesungen, und es zog sich bis in den späten Abend, und wir meinten, wir wollten jetzt mal lieber gehen. Doch wir sollten bleiben. Also da waren wir ein bisschen bange, aber irgendwie muss es sich dann beruhigt haben, und dann am nächsten Tag war es ausgestanden, und die russischen Soldaten schliefen ihren Rausch aus. Meistens bei offenen Zimmertüren. Ich weiß noch genau, dass ich da durch ging und in so ein Zimmer mit diesem Doppelbett reinguckte, und da lagen sie zu dritt oder zu viert, aber quer über die Betten. Und da dachte ich noch: Du meine Güte, diese Holzränder, die müssen doch drücken, die armen Jungs.

Mechthild Ewers und ihr Mann schwanken zwischen Zu- und Misstrauen. Doch die positiven Erlebnisse mit den »neuen Herren« scheinen sich zunächst ungebrochen fortzusetzen. Da ihr Mann den Sowjets geholfen hat, das Boot zu finden, mit dem sie nach Hiddensee übergesetzt sind, bekommt er einen lebenswichtigen Vermerk in sein Soldbuch.

Es gab die Belohnung. Er hatte ja erst mal sein Soldbuch bei der Gefangenschaft da hergeben müssen. Und nach einigen Tagen kriegte er es dann wieder ausgehändigt. Und da war ein Eintrag reingeschrieben worden, den er zwar nicht nachvollziehen konnte, aber der Dolmetscher übersetzte ihm das und setzte einen Stempel drunter und sagte ihm, da steht drin, dass dieser Soldat der Roten Armee geholfen hätte. Und hiermit entlassen wäre. Und er war damit natürlich sehr zufrieden und steckte sich das ein.

Solchermaßen gewappnet, machen sich die jungen Eheleute auf den Weg nach Süden. Was kann ihnen jetzt schon noch passieren?

Plötzlich kamen wir an eine Kontrollsperre der Roten Armee. Wir wurden aufgehalten, mussten uns ausweisen, und mein Mann war nun ganz glücklich und zeigte sofort auf den Eintrag im Soldbuch. Und da stand nun so ein großer, etwas bärbeißiger Offizier vor uns. Er guckte sich das an, guckte uns an, riss diese Seite heraus und sagte nur: Ich, Kommandant. Und damit war es erledigt.

Was folgt, ist die Gefangenschaft:

Am Stadtrand war so ein Areal eingezäunt mit so bauzaunähnlichen Dingen mit Stacheldraht versehen und am Tor eine Truppe und Zeichen von der Roten Armee. Und in diesem Areal, was so groß war wie vielleicht ein halbes Fußballfeld, waren schon eine Menge deutsche Kriegsgefangene. Und wie er sich umdrehte, wurde er nachdrücklich und grob aufgefordert, weiterzugehen. Und dann stand ich da. Das war dann erst mal das Ende, ja. Ich habe ihn dann noch einmal gesehen, am nächsten Tag, als ich noch mal am Zaun war, mich da so rumgeschlichen habe, wo keine Posten gingen, und gefragt und gerufen habe. Und da waren auch welche von den Gefangenen, die sagten: Ja, wir rufen's weiter oder so. Da haben wir uns einmal noch kurz gesehen, aber schon in dem Moment, als er am Zaun dran war, wir haben dann so durch den Zaun durchgegriffen, uns noch einmal angefasst, da hat er mir schon gesagt: Es kommen bestimmt gleich Posten, und wir sollen heute noch verladen werden. Und da wurde ich wieder weggejagt, und das Verladen habe ich nicht vor meinen Augen erlebt, aber am Abend habe ich gesehen, dass das Areal leer war.

Karl-Heinz Ewers ist jetzt einer von etwa elf Millionen deutschen Wehrmachtsoldaten, die in Kriegsgefangenschaft geraten. Seine Frau befürchtet das Schlimmste:

Da hatte ich so Traumbilder von diesen Bildern der deutschen Wochenschau, die uns ja jahrelang gezeigt worden waren, was das für Tiere sind diese russischen Untermenschen. Aber das war eine Zeit, da habe ich das so nicht mehr geglaubt, da war mir schon klar, dass das gequälte und verhungerte und geängstigte und heruntergekommene Menschen, aber letztendlich doch Menschen sind. Und das mischte sich dann so mit den Bildern, dass mein Mann jetzt in dieser Situation ist.

Wie Frau Ewers stehen die meisten besiegten Deutschen noch unter dem Eindruck der NS-Propaganda, haben panische Angst vor den »bolschewistischen Untermenschen«, vor marodierenden »Mongolen« und kaltblütigen »Kosaken«. Tatsächlich kommt es zu schlimmen Szenen. Soldaten der Roten Armee ermorden, plündern und vergewaltigen beim Vorrücken auf Berlin und auch in den Monaten nach Kriegsende.[17] Viele nehmen Rache, viele haben das grausame Wüten der deutschen Soldaten erlebt, haben Eltern, Geschwister, Kinder verloren. Rund zwanzig Millionen Bürger der Sowjetunion haben während des Zweiten Weltkriegs ihr Leben verloren. Das Land hat damit unter allen beteiligten Staaten die weitaus meisten Opfer zu beklagen. In der Hasspropaganda des Krieges durfte der deutsche Feind keine menschlichen Züge haben. Auf beiden Seiten zählt das Menschenleben eines Feindes wenig.

Neben den Russen fürchten die Deutschen vor allem die Begegnungen mit Soldaten der französischen Armee. Die Franzosen wollen Deutschland am liebsten für immer zerteilen und unschädlich machen. Sie versuchen, ihre neue, westlich des Rheins gelegene Zone, auf eigene Art an Frankreich zu binden. Schließlich sind sie die einzigen Besatzer, die eine direkte Grenze mit den Besetzten teilen.

Margret Drees, die das Kriegsende als kleines Mädchen in einem Dorf im Hunsrück erlebt, schildert ihre erste Begegnung mit den Franzosen besonders eindrücklich. Am Anfang steht auch hier angstvolles Erwarten. Warum sollten die Franzosen besser sein als die Russen? Schließlich sollen sie ja der Erbfeind sein, wie Margret Drees erfährt:

Eines Tages waren Franzosen im Dorf, und das sprach sich ja im Dorf wie ein Lauffeuer rum, und wir Kinder auf die Straße und haben uns das angeschaut. Die sahen anders aus als die Amerikaner, waren etwas kleiner, hatten an ihren Hosenbeinen große Taschen, die ausgestopft waren mit irgendwelchen Dingen, die uns interessiert hätten.

Und dann kam der Bürgermeister mit so einigen Franzosen die Straße entlang, und als er mich sah, dann hat er gesagt: »Ach komm mal her, die suchen jemand, der ihnen die Wäsche wäscht. Da habe ich an deine Mutter gedacht. Bring sie mal zu deiner Mutter. Die sprechen allerdings kein Wort Deutsch.«

Meine Mutter, die hat natürlich einen Mordsschrecken bekommen, als ich da mit einigen Franzosen ins Haus reinkam und erklärt hab, dass sie die Wäsche gewaschen haben wollen. Mein Vater war vermisst in Russland, und da komme ich plötzlich mit fremden Soldaten ins Haus. Da haben die Frauen Angst bekommen, die Großmutter und meine Mutter. Von der Großmutter wusste ich ja, dass sie nicht sehr gut auf Frankreich zu sprechen war, weil ihr Mann im Ersten Weltkrieg in den letzten Kriegstagen noch in Frankreich verwundet wurde und dann in Trier im Lazarett starb.

Fragen drängen sich den verängstigten Frauen auf: »Was wollen die? Wollen die irgendetwas holen?« Es war bekannt, dass die Franzosen Möbel und Vieh requirieren wollen. Und wir hatten ja ein paar Hühner, und wir hatten ein Schwein – da war ja ein bisschen etwas zu holen. Jedenfalls haben sie erst mal einen Schrecken bekommen.

Dann habe ich erzählt, dass der Bürgermeister gesagt hat, dass sie ihre Wäsche gewaschen haben wollen, und als die Franzosen den Eindruck hatten, dass meine Mutter das verstanden hatte, fingen sie sofort an, sich in der Küche auszuziehen. Und da sagte meine Mutter: »Wie? Was? Doch nicht jetzt gleich?« Aber sie zogen sich immer weiter aus, bis sie in der Unterwäsche dastanden. Dann haben sie ihre Taschen entleert und die Sachen alle auf die Fensterbank gelegt. Wir Kinder haben uns immer gefragt: »Was wird da drin sein in den Taschen, was schleppen die da mit? Ob da Schokolade drin ist?«

Die Dinge werden erst bedrohlich, als es wegen der Sprachbarriere zu Missverständnissen kommt:

Meine Mutter und meine Großmutter konnten sich ja schön in Deutsch unterhalten. Die waren ja sicher, die Franzosen verstehen kein Wort davon. Auf einmal sagte die Großmutter: »Also wenn mir früher jemand erzählt hätte, dass bei mir mal Franzosen in Unterwäsche sitzen …« Und wie das Wort Franzosen gefallen ist, da wurden die alle hellhörig und haben ganz entsetzt die beiden Frauen angeguckt. Was wurde da geredet? Sofort kam Misstrauen auf. Doch meine Großmutter, schlagfertig wie sie war, hat dann die Situation gerettet und hat gesagt: »Ich spreche nur ein Wort auf Französisch, und das heißt *parapluie*.« »Ah, *parapluie*«, haben die Franzosen gesagt, und die Großmutter wiederholte: »*parapluie*, Regenschirm«. Das haben die Franzosen wiederholt: »Regenschirm«. Und da war die Spannung wieder gebrochen. Und die Franzosen haben gelacht.

Nachdem ihre Wäsche gewaschen ist, ziehen die Franzosen schließlich ab. Vorher stopfen sie sich ihre »Schätze« wieder in die Taschen: Messer, Kompass, Schokolade. Zurück bleiben die erleichterten Frauen – und ein trauriges Mädchen:

Ich hatte bis dahin noch nie Schokolade essen dürfen. Und die Kinder haben dann immer davon geschwärmt, wie gut die geschmeckt hat. Und ich wusste es immer nur aus Erzählungen.

Wie solche Begegnungen ausgehen, ist nicht vorauszusehen. Nicht immer laufen sie so glimpflich ab.

Unabhängig von diesen »kleinen« Begegnungssituationen setzen die Alliierten ihre politischen Planungen fort. Was soll mit Deutschland und den Deutschen geschehen? Bereits auf der Konferenz von Teheran, der ersten Konferenz der drei Hauptalliierten im Zweiten Weltkrieg – Großbritannien, USA und Sowjetunion –, die vom 28. November bis zum 1. Dezember 1943 stattgefunden hat, ist über die weitere Vorgehensweise auf dem europäischen Kriegsschauplatz im Jahr 1944 und für die Zeit nach dem eventuellen Sieg der Alliierten über Hitler-Deutschland beraten worden. Die Konferenz von Jalta vom Februar 1945 hat dann die Aufteilung Europas nach dem bevorstehenden Ende des Krieges geregelt. Wie die Konferenz von Teheran lassen aber auch die

Ergebnisse von Jalta viel Auslegungsspielraum offen. Nur über die bedingungslose Kapitulation und Entnazifizierung sowie über die Entmilitarisierung Deutschlands sind sich die Vertreter der Großmächte von vornherein einig. Die definitiven Absprachen über die Abtretung der deutschen Ostgebiete und damit auch über die Vertreibung von Millionen von Menschen folgen erst später auf der Potsdamer Konferenz, die zu einem wichtigen Meilenstein der alliierten Deutschlandpolitik wird.

Weichenstellungen und Konflikte – Die »großen Drei« in Potsdam

Nach der bedingungslosen Kapitulation der deutschen Streitkräfte am 8. Mai und der Verhaftung der geschäftsführenden Reichsregierung unter Dönitz und von Krosigk am 23. Mai geben die Siegermächte am Dienstag, dem 5. Juni 1945, die so genannte Berliner Deklaration ab. Nachdem sie die Besatzungszonen festgelegt und einen Alliierten Kontrollrat eingesetzt haben, übernehmen sie offiziell die Regierungsgewalt in Deutschland: die Sowjets in Mitteldeutschland zwischen Elbe und Oder/Neiße; die Amerikaner in Bayern, Baden-Württemberg, Hessen, später auch Bremen und Bremerhaven; die Briten in Niedersachsen, Nordrhein-Westfalen und Schleswig-Holstein; die Franzosen verhandeln über das Saarland und die Rheinprovinzen.

Während in den Straßen Berlins das Nachkriegschaos herrscht, Menschen obdachlos herumvagabundieren, nach Angehörigen suchen und das alltägliche Überleben organisieren, treffen sich nur wenige Kilometer entfernt die Staatschefs der drei großen Siegermächte zu einer Konferenz in Potsdam. »Terminal« (Endstation) lautet ihr vielsagender Codename. Denn so wichtig die hier getroffenen Entscheidungen für die weitere Entwicklung der Besatzungszonen auch sein werden – die Konferenz markiert zugleich den Anfang vom Ende der großen Kriegskoalition.[18]

Eine gemeinsame Deutschlandpolitik zu formulieren – und das ist das Ziel – fällt den Alliierten außerordentlich schwer. Das fängt schon damit an, dass der britische Premier Winston Churchill die Frage aufwirft, was »Deutschland« denn zum gegenwärtigen Zeitpunkt eigentlich bedeute, worüber man also überhaupt spreche. Sein Gegenüber, der sowjetische Staatschef Josef Stalin, hat darauf eine nur scheinbar einfache Antwort: »Deutschland ist ein Land, das keine Regierung hat, das keine fixierten Grenzen hat [...] es ist in Besatzungszonen zerteilt. Und nun definieren Sie, was Deutschland ist! Es ist ein zerschlagenes Land.« Das bedeutet: Was Deutschland einmal war und was es in Zukunft sein wird – darüber wird hier in Potsdam entschieden. Die Karten liegen auf dem Tisch, das Spiel kann beginnen. Und als der amerikanische Präsident Harry S. Truman auf der Frage beharrt, von welchem Territorium man spreche, wird deutlich, was für lebensbestimmende Fragen hier verhandelt werden. Denn Stalin antwortet: »Lassen Sie uns die Westgrenzen Polens festlegen, und dann wird die deutsche Frage klarer werden.«[19]

Einfach ist das nicht. Denn jeder Mitspieler im großen Poker um die Neuaufteilung Deutschlands hat eigene Vorstellungen – nicht nur über die Spielregeln, sondern auch über die Zukunft des besiegten Landes. Das gegenseitige Misstrauen unter den Siegern ist bereits während des Krieges gewachsen. Stalin hat stets einen Separatfrieden der deutschen Führung mit den Westmächten befürchtet, die westlichen Alliierten haben hingegen die Ausdehnung des sowjetischen Machtbereichs in Osteuropa mit Sorge verfolgt. Churchill spricht in diesem Zusammenhang von jenem »Eisernen Vorhang«, der Europa zu teilen beginnt: der kommunistische Osten auf der einen, die westlichen Demokratien auf der anderen Seite.

Vom 17. Juli bis zum 2. August tagen die Delegationen im Potsdamer Schloss Cecilienhof, um über die Neuordnung Deutschlands und Europas zu beraten. Ursprüngliche Planungen sahen Berlin als Tagungsort vor. Ein symbolischer Akt. Doch auf der

Suche nach geeigneten Räumlichkeiten sind die Organisatoren schließlich in die Vororte ausgewichen. Die Delegationen wohnen in der feinen Babelsberger Villenkolonie, die Tagung selber findet auf der anderen Havelseite im ehemaligen Kronprinzenpalais statt, dem letzten Schlossbau der Hohenzollern. Kaiser Wilhelm II. hat Cecilienhof während des Ersten Weltkriegs für seinen ältesten Sohn, Kronprinz Wilhelm, erbauen lassen. Die Zeit der Monarchie ist bereits Geschichte, die Zeit der Diktatur gerade zu Ende gegangen. Ein irgendwie passend-unpassender Ort. In den Mauern einer vergangenen Zeit beraten die Sieger über Deutschlands Zukunft.

Die Atmosphäre ist sehr angespannt. Gastgeber ist, weil das Treffen in der sowjetischen Besatzungszone stattfindet, der stets in einer weißen Paradeuniform auftretende Herrscher über Osteuropa. Stalin hat die Absicht, die unter großen Verlusten errungene Vorherrschaft der Sowjets im Osten des Kontinents um keinen Preis antasten zu lassen. Sein Gegenspieler, der neue amerikanische Präsident Harry S. Truman, der dem im April verstorbenen Franklin D. Roosevelt nachgefolgt ist, hat eine achttägige Atlantikreise hinter sich, als er in Potsdam eintrifft. Die Amerikaner warten gespannt auf wichtige Nachrichten. Genau einen Tag vor Beginn der Konferenz ist es soweit: Am 16. Juli erreicht Truman die Nachricht, dass es eigentlich nur noch eine Supermacht auf dem Planeten gibt.»Babies satisfactorily born«, heißt es in einem Telegramm aus der Heimat. Amerikanischen Wissenschaftlern ist es gelungen, die erste Atombombe zu zünden. Eine folgenreiche Entwicklung, verschiebt sie doch die Arithmetik der Macht zugunsten der USA. Sofort beginnen die Vorbereitungen für den Einsatz der neuen Superwaffe gegen den immer noch kämpfenden Feind, die ehemals mit Deutschland verbündete »Achsenmacht« Japan.

Der Dritte im Bunde, Winston S. Churchill, hat einen harten Wahlkampf hinter sich. Als Ende Juli 1945 die Stimmen in Großbritannien ausgezählt sind, steht fest, dass seine Konservativen eine herbe Niederlage erlitten haben. Dementsprechend muss Churchill seinen Platz am Konferenztisch am 28. Juli räumen. Für ihn nimmt nun sein Nachfolger Clement R. Attlee am Ringen um die Nachkriegsordnung in Europa teil. Damit ist der Initiator der Konferenz vor ihrem Abschluss schon nicht mehr dabei. Denn es ist Churchill gewesen, der am 6. Mai ein erneutes Treffen vorschlug, weil die Differenzen zwischen den Verbündeten der »Anti-Hitler-Koalition« nach der Konferenz von Jalta zunahmen. Insbesondere Stalins Weigerung, in Polen freie Wahlen zuzulassen, ist für Churchill ein schwerwiegendes Problem. Dahinter steht von Anfang an mehr: Churchill erkennt, dass angesichts der Machtfülle der Sowjets auf dem Kontinent eine neue Spaltung drohen kann. Der britische Regierungschef sieht bereits die Vorboten des Kalten Krieges und will ausloten, welche Zukunft das Bündnis der Alliierten überhaupt noch haben kann.

Die Franzosen sind gar nicht erst eingeladen worden. Die »großen Drei« betrachten sie als Sieger von geringerem Rang. Da hilft aller Protest des neuen provisorischen Staatschefs Charles de Gaulle nichts – die Zukunft Deutschlands wird zumindest vorerst ohne die Franzosen verhandelt.

Obwohl das Zweckbündnis der Alliierten brüchig geworden ist, kann man sich bereits am zweiten Sitzungstag auf wesentliche Leitlinien der Nachkriegspolitik im Umgang mit Deutschland einigen. Sie sind bekannt geworden als die »4 Ds«: Demilitarisierung, Denazifizierung, Demokratisierung und Dezentralisierung. So einleuchtend das im ersten Moment klingen mag, letztlich bleibt die Festlegung auf die »4 Ds« ein Formelkompromiss, da jeder etwa unter »Demokratisierung« etwas ganz anderes verstehen kann. Doch die Konferenz ist deswegen kein vollkommener Fehlschlag. Deutschland wird entwaffnet, sein Kriegspotenzial zerstört. Deutschland soll entnazifiziert, die Kriegsverbrecher sollen hart bestraft und die Deutschen umerzogen werden. Auch wenn die Umsetzung dieser Zielvorgaben in der Zukunft häufig an pragmatischen oder ideologischen Zwängen scheitern wird. Wichtige Grundlagen für das weitere Vorgehen sind damit abgesteckt.

Der Soziologe Alexander Galkin, der damals als Offizier in einer Propagandaabteilung der sowjetischen Armee tätig war, schätzt die Ergebnisse der Konferenz im Nachhinein als nicht optimal, aber wegweisend ein:

> Die Sache ist, dass dieses Dokument widersprüchlich ist. Einige Sachen wurden dort deklariert, die aber unrealisierbar waren. Und widersprüchlich war es deswegen, weil es unterschiedliche Positionen der großen Mächte im Bezug auf Deutschland widerspiegelte. Zweitens mangelte es bei allen, inklusiv der Sowjetunion, an strategischem Denken, das auf ein paar Jahrzehnte hin orientiert ist. Sie sind im Jahre 1945 stecken geblieben. Deswegen war es schon nach einem halben Jahr oder nach einem Jahr immer weniger erfüllt. Andererseits hatte es auch eine positive Seite. Denn es war ein Kompromiss, der Einzige, zu dem Zeitpunkt mögliche, zwischen den großen Siegermächten.

Das unmittelbare Ergebnis der Konferenz ist eine vorläufige Stabilisierung des Status quo. Die militärische Ausdehnung der sowjetischen Einflusssphäre wird in Potsdam politisch bestätigt. Doch »unterhalb« dieser großen Entscheidungen über die Aufteilung Deutschlands und des Kontinents in politisch-militärische Einflusssphären haben die getroffenen Entscheidungen auch für den Alltag der Deutschen große Bedeutung. Entnazifizierung und Demokratisierung – damit sind politische Weichenstellungen formuliert, die das Leben im besetzten Deutschland über Jahre hinaus prägen sollen.

Deutschland ist nun endgültig in vier Besatzungszonen aufgeteilt. Und wie schon zu Kriegszeiten beschlossen, teilen die vier Alliierten auch Berlin, das die Sowjets bisher allein besetzt gehalten haben, unter sich auf. Großberlin wird »Sondergebiet« mit einer eigenen alliierten Kommandantur. Damit die Russen der Teilung Berlins auch tatsächlich zustimmen, bieten die Amerikaner Stalin große Teile Thüringens zum Tausch an, die Briten ganz West-Mecklenburg und das westliche Sachsen-Anhalt. In Thüringen, im Rheinland und auch in Mecklenburg kommt es im Sommer 1945 dadurch noch einmal zu einer neuen Besetzung, zu einem Besatzerwechsel. Gleichzeitig marschieren die Franzosen in das Saarland, den Hunsrück und Rheinhessen ein, das die Amerikaner vereinbarungsgemäß räumen.

Der heiße Nachkriegssommer neigt sich seinem Ende zu. Am 2. September 1945 kapituliert die letzte »Achsenmacht«, Japan, nach dem zweifachen Atombombenabwurf der Amerikaner. Damit ist der Zweite Weltkrieg endgültig vorbei.

In Berlin, der ehemaligen Hauptstadt des »Tausendjährigen Reiches« residieren nun die neuen Herren. Die Militärregierungen der Alliierten halten Paraden ab. Immer wieder. Siegesparaden.

Alles in Trümmern?
Abbau und Wiederaufbau der Wirtschaft

Tauschpartner. Der Schwarzmarkt war nicht nur ein Ort für anachronistisch anmutende Tauschgeschäfte. Hier trafen viele Deutsche erstmals auch unter friedlichen Umständen mit den ehemaligen Feinden zusammen.

Die gefüllten Regale nach der Währungsreform – ein deutscher »Erinnerungsort«. Konsum, so sagen viele Historiker, Konsum und wirtschaftliche Prosperität haben die Stabilität der Bundesrepublik und – wenn auch abgeschwächt – der DDR überhaupt erst möglich gemacht. Die Legitimität des Staates gestützt durch die Wohlfahrt seiner Bürger. Da ist gewiss etwas dran. Den Deutschen sollte es auf beiden Seiten der bald sich bildenden Grenze relativ rasch gelingen, ökonomisch wieder aufzusteigen. Das »Wirtschaftswunder«, die »Fresswelle« – den Deutschen ging es kurz nach dem Krieg besser als je zuvor. Doch die gefüllten Regale bedeuteten noch nicht, dass jedem schnell alles zur Verfügung stand.

Dass die Deutschen ihre Nachkriegsgeschichte häufig primär als ökonomische Erfolgsgeschichte betrachten, hat auch etwas mit den Erfahrungen der Zeit davor zu tun. Denn die Erleichterung über den Aufstieg war auch eine Erleichterung darüber, dass man nicht mehr den abenteuerlichen und elenden Bedingungen der Rationierungswirtschaft ausgesetzt war. Ein Symbol sowohl für die Abenteuerlichkeit als auch für das Elend der Zeit damals nach dem Krieg war der Schwarzmarkt.

Die Abbildung zeigt eine Gruppe deutscher Frauen und Männer, die sich um einen im Jeep sitzenden amerikanischen Offizier scharen und Waren anbieten. Die Heiterkeit der Situation ist die eine Seite der Medaille. Im Vergleich mit den Kriegstagen waren solche alltäglichen Handelsbegegnungen ein kaum zu beschreibender Fortschritt. Handel brachte Frieden? Oder: Nur wer im Frieden lebte, konnte auch Handel treiben? So ließ sich das sehen. Aber viele Beobachter sahen vor allem den ungleichen Tausch und die ungleiche Marktmacht der Beteiligten. Wertgegenstände – im Bild kann man deutlich eine Kamera als Tauschgegenstand erkennen – gegen Zigaretten und Lebensmittel. Das Wertvolle gegen Dinge, die schnell verpufft oder verbraucht waren. Deutlicher konnten die Unterschiede zwischen den Besatzern und den Besetzten nicht zutage treten.

Vor dem Wiederaufstieg der deutschen Wirtschaft und bevor dieser Wiederaufstieg die einzelnen Verbraucher überhaupt erreichte, standen für viele Hunger, Kälte und die Ungewissheit über das Morgen.

Eine der entscheidenden Fragen, auf die die Deutschen bei Kriegsende Antworten verlangen, ist die nach der wirtschaftlichen Absicherung ihrer Existenz. Woher kommen Nahrung, Brennmaterial und ein Dach über dem Kopf? Wird man wieder Arbeit finden, sich selbst und die Familie ernähren können?[1]

Die Ausgangsbedingungen, das wird auch den Alliierten schnell klar, sind denkbar schlecht. Zum Beispiel Hamburg: Bei Kriegsende übernehmen die britischen Besatzer die seit Kriegsbeginn etablierten Strukturen des Reichsernährungsministeriums und beginnen, den herrschenden Mangel zu verwalten. Das bedeutet konkret, dass im Sommer 1945 ein »Normalverbraucher« gerade einmal 1206 Kalorien täglich zugeteilt bekommt. Und die Lage verschlechtert sich wegen der sinkenden Ernteerträge weiter.

Ernteerträge in der amerikanischen und britischen Besatzungszone, der Bizone (in 1000t)[2]

	1935–38	1945	1946	1947	1948	1949
Roggen	2689	1492	1679	1827	2477	3027
Weizen	2186	1303	1328	1038	1701	2147
Kartoffeln	16052	12298	11207	12815	21448	18956

Vor allem die nach dem Katastrophenjahr 1945 nochmals zurückgehende Weizenernte illustriert den negativen Ausnahmecharakter des Jahres 1947, als nach einem überaus strengen Winter die Ernten sehr schlecht ausfallen.

Der Flüchtlingszuzug und die mangelhaften Transportmöglichkeiten verschärfen die Probleme. Eine Folge ist, dass sich die Säuglingssterblichkeit verdreifacht.

Die Frauen tragen die Hauptlast der Versorgungsarbeit. Zu Fuß machen sich viele auf den Weg ins Umland: Die »Hamsterfahrten« genannten Versorgungsausflüge sind häufig eigentlich »Hamstermärsche«. »Schulspeisungen« und Notrezepte sollen das Leben vor allem für die Kinder erträglicher machen. Aus Weißkohl und Kartoffeln fabrizieren die Hamburgerinnen »falsche Bratwürste«. »Kippensammler« und Bettler gehören zum Straßenbild.

Aber vom deutschen Nachkriegselend zu erzählen, darf nicht davon ablenken, dass die Lasten des Krieges fast ganz Europa treffen. Viel zu häufig versperrt eine halb teilnahmsvolle, halb voyeuristische Nabelschau auf unsere »harten Jahre« den Blick für jene gravierenden Folgen, die der von Deutschland begonnene Zweite Weltkrieg für die Nachbarn bedeutete. Das gilt vor allem auch für die ökonomischen Schäden.

Die unmittelbaren Auswirkungen sind verheerend. In sechs Kriegsjahren sind große Teile Europas verwüstet worden. Mehrere Millionen Tote sind zu beklagen. Durch die Bombenangriffe wurden vor allem die großen Industriestädte getroffen, Millionen sind noch immer obdachlos. Die Zerstörung von Infrastrukturen wie Eisenbahnlinien oder Brücken unterbricht für längere Zeit den Transport von wichtigen Rohstoffen. In Deutschland sind etwa 40 Prozent der Verkehrsanlagen unbrauchbar, in anderen Ländern sieht es kaum anders aus. Immerhin erreicht die Industrieproduktion Ende 1946 in Belgien, den Niederlanden und Frankreich etwa 85 Prozent des Vorkriegsstandes. Doch zum Beispiel in Italien liegt die Quote nur bei 60 Prozent. In Deutschland stagniert sie bei etwa 36 Prozent des Standes von 1936. Das lähmt auch die anderen Volkswirtschaften. Die Versorgung mit Material gerät ins Stocken, Fabriken sind vollständig ruiniert oder nicht betriebsfähig, es fehlt an Arbeitskräften – das alles führt zu zeitweiligen Produktionsausfällen, ohne dass die Nachfrage darunter leiden würde. Selbst in den Siegerstaaten wie etwa in Großbritannien geht die Rationierungswirtschaft weiter. Die Kriminalitätsraten steigen. Der zeitgleiche Wiederaufbau von zerstörten Gebäuden, Industrieanlagen und Transporteinrichtungen stellt die Volkswirtschaften vor große Probleme.

Nicht nur in Deutschland, auch in Polen, Belgien, Frankreich oder den Niederlanden stehen die Menschen unter diesen Bedingungen vor den gleichen Alltagsproblemen. So ist der in Deutschland so genannte Hungerwinter ein gemeineuropäisches Problem. An Kohle und anderen Brennstoffen fehlt es nicht nur in Berlin, Hamburg oder Dresden. Auch die inflationären Tendenzen der nationalen Währungen bereiten Sorge. Das andauernde Ungleichgewicht zwischen Angebot und Nachfrage ist eine Folge der Kriegswirtschaft und der massenhaften Vernichtung von Werten im Krieg. Die Preise steigen, offen oder auf dem Schwarzmarkt. Betroffen sind viele, nicht nur die Deutschen.

Die nationalen Budgets werden strapaziert, Schulden aufgetürmt, um die Wiederaufbauprogramme zu finanzieren. Doch wo keine Arbeitskräfte vorhanden sind, hilft das beste Aufbauprogramm wenig. Manchen Ländern fehlt es gerade in jenen Sektoren an Arbeitern, die für den Wiederaufbau am dringendsten benötigt werden. Unter diesen Umständen kommt es zu grenzüberschreitenden Tauschgeschäften. So liefern Belgien und Frankreich Kohle nach Italien im Austausch für italienische Facharbeiter. Eine Welle von Arbeitsmigrationen erfasst den Kontinent. Zwischen 1946 und 1955 gehen über 500 000 Italiener ins westeuropäische Ausland, um Arbeit anzunehmen. Doch die anhaltende Armut in Europa führt zu sozialen Unruhen, die mageren Löhne sind Anlass für Streiks – vor allem in Frankreich und Italien. Dort – wie auch in Großbritannien – stehen die Menschen vor Jahren der Knappheit. Der Wiederaufbau muss durch staatliche Mittel angeschoben werden, denn die Industrialisierung ist in Frankreich im 19. Jahrhundert ins Stocken geraten und hat sich seitdem nur zögernd durchgesetzt. Die Modernisierungsprogramme, die der Politiker Jean Monnet 1946/47 für die französische Wirtschaft und 1948 für die überseeischen Gebiete Frankreichs aufstellt und die nach ihm benannt werden (»Monnet-Pläne«) sind ein Beispiel für die staatlich gelenkte mittelfristige Finanz- und Investitionsplanung, die mit der kommunistischen Planwirtschaft nichts gemein hat. Sie konzentriert sich auf jene Bereiche, in denen besondere Engpässe bestehen und die für Wiederaufbau und Modernisierung vorrangig sind: Kohle, Elektrizität, Stahl, Zement, Verkehr und landwirtschaftliche Maschinen. Doch die Staatsinvestitionen in den Aufbau der Industrie gehen zu Lasten der Konsumgüterproduktion – der Mangel bleibt an der Tagesordnung.[3]

Kriegsschäden, Hunger und Schwarzmärkte – Die Lage in Deutschland

Wie sieht die Bilanz für Deutschland aus? Das Ergebnis der ruinösen Kriegswirtschaft des nationalsozialistischen Regimes und seiner wahnwitzigen Endkampfstrategie, die einen aussichtslosen Kampf bis zur letzten Patrone fortführte, ist verheerend. Am Ende stehen extrem hohe Kriegsverluste und Folgekosten. Das Jahr 1945 markiert deshalb nicht nur aus politischer und moralischer Sicht einen Tiefpunkt in der deutschen Geschichte. Es bedeutet auch mit Blick auf die wirtschaftliche und soziale Lage einen tiefen Einschnitt.

Zu den Kosten, die der Krieg verursacht hat, gehört zunächst einmal die katastrophale Lage der Staatsfinanzen. Seit dem Beginn des Krieges am 1. September 1939 hat das Dritte Reich eine Neuverschuldung von 339 Milliarden Reichsmark aufgehäuft. Berücksichtigt man zudem Außenstände wie Steuergutscheine und andere rückständige Zahlungen, beträgt der Schuldenberg mindestens 452 Milliarden Reichsmark. Eine ruinöse Situation der Staatsfinanzen! Doch die ökonomischen Lasten erschöpfen sich nicht darin. Deutschland hat am Ende des Krieges mit einer Unzahl von Problemen zu kämpfen, die alle auch einen wirtschaftlichen Effekt haben – in der Regel einen negativen.

Dazu zählt, was Historiker eine demografische Bilanz nennen.[4] Es fällt schwer, das Leid in Zahlen zu fassen. Aber die Opferzahlen sind wichtig, weil sie zeigen, welchen tiefen Einschnitt der Krieg für die Gesellschaft insgesamt bedeutet. Die Bilanz fällt verheerend aus, nimmt sich aber im Vergleich etwa mit den absoluten Opferzahlen auf sowjetischer Seite immer noch bescheiden aus. Von den insgesamt 18,2 Millionen deutschen Männern, die zum Militär eingezogen worden sind, kehren 5,3 Millionen nie in ihre Heimat zurück. Die Todesrate pro Jahrgang liegt bei bis zu 40 Prozent.

Jeder zweite gefallene Soldat ist an der Ostfront gestorben, wo in den ersten drei Kriegsjahren täglich 2000 Wehrmachtsoldaten ums Leben gekommen sind. Ab dem Sommer 1944 hat sich diese Zahl erheblich erhöht. Fortan fallen jeden Tag im Schnitt 5000 Männer. Als die Heeresgruppe Mitte und Südukraine aufgerieben wird, finden allein 400000 Soldaten den Tod.

Der von Deutschland begonnene Krieg war von Anbeginn an ein Wahnsinn. Doch – mit Blick auf die deutschen Verluste – macht vor allem eine Zahl den verbrecherischen Charakter der nationalsozialistischen Kriegführung deutlich. Seit dem gescheiterten Attentat auf Hitler im Juli 1944 finden in etwa noch einmal so viele Soldaten einen sinnlosen Tod im Kampf um die »Weltherrschaft« wie in der gesamten Zeit seit Kriegsbeginn. Die letzten zehn Monate sehen noch einmal genauso viele Tote auf deutscher Seite wie die vorangegangenen knappen fünf Jahre. Nicht auszudenken, wie viele Leben ein geglückter Umsturz hätte retten können.

Zur demografischen Bilanz gehört auch, was man einen zeitweisen Verlust nennen könnte. Dazu gehören die 11 Millionen überlebenden Wehrmachtsoldaten, die bis zum Mai 1945 in Gefangenschaft geraten. Knapp die Hälfte von ihnen wird zwar schnell entlassen, doch im September 1945 sind immer noch etwa 6,5 Millionen im Gewahrsam der westlichen Alliierten (USA 3,7 Millionen, Großbritannien 2,3 Millionen, Frankreich 450000 Menschen). Die meisten von ihnen kommen bis Ende 1946 aus amerikanischer und britischer Gefangenschaft frei. Anders ergeht es vor allem deutschen Soldaten, die in französischen Gewahrsam geraten. Nicht nur, dass sie zum Teil zur Fremdenlegion »gepresst« werden. Etwa 100 000 müssen überdies jahrelang Zwangsarbeit in Bergwerken leisten. Auch im amerikanisch besetzten Teil Deutschlands kommt es vereinzelt zu gravierenden Missständen. Traurige Berühmtheit erlangen etwa die unmittelbar nach dem Ende der Gefechte provisorisch angelegten Gefangenenlager in den Rheinwiesen, wo deutsche Soldaten wochenlang im Regen ohne ausreichende Verpflegung ausharren müssen. Es kommt zu einem Massensterben.

Der Krieg hat aber nicht nur verheerende demografische Folgen. Schwere Verluste hat auch die deutsche Wirtschaft erlitten. Die Zerstörungen betreffen etwa 20 Prozent der deutschen Industrie, und die Leistung liegt etwa ein Drittel unter dem Vorkriegsniveau des Jahres 1939. In der Landwirtschaft sinkt die Produktion um rund 10 Prozent. Auslandsguthaben und Patente im Wert von jeweils etwa 12 Milliarden Reichsmark sind verloren. In der sowjetischen Besatzungszone (SBZ) bzw. der DDR werden etwa 30 Prozent der industriellen Kapazitäten (gemessen am Jahr 1944) in der Folgezeit durch die Demontagen der Sowjets vernichtet werden. Das wird sich einschneidender auswirken als die unmittelbaren Kriegsschäden.

Für die Menschen im besetzten Deutschland steht die Versorgungsfrage an erster Stelle. Wo soll man etwas zu essen herbekommen? Als die Alliierten im Frühjahr das Land besetzen, betrachten sie die Deutschen zwar als Feinde, doch außer Frage steht für alle Besatzer, dass sie dazu verpflichtet sind, die Versorgung mit dem Lebensnotwendigen zu gewährleisten – auch wenn dies unter den Umständen des Sommers mit seinen schlechten Ernten und Engpässen in jedem Bereich oftmals ein mühsames und unbefriedigendes Unterfangen ist. Im Mai 1945 zum Beispiel legt die Stadtverwaltung von Berlin auf Geheiß des sowjetischen Kommandanten, Generaloberst Bersarin, eine kümmerliche tägliche Ration fest.

Lebensmittelrationen pro Person und Tag in Berlin (13. Mai 1945)[5]

Stufe	Brot	Nährmittel	Fleisch	Fett	Zucker	Kartoffeln
1	600 g	80 g	100 g	30 g	25 g	
2	500 g	60 g	65 g	15 g	20 g	einheitlich
3	400 g	40 g	40 g	10 g	–	400 g
4	300 g	30 g	20 g	20 g	25 g	
5	300 g	30 g	20 g	7 g	15 g	

1 = Schwerarbeiter und Arbeiter in gesundheitsschädlichen Betrieben

2 = andere Arbeiter

3 = Angestellte

4 = Kinder

5 = nicht berufstätige Familienangehörige und übrige Bevölkerung

Die »Frage des Brotes und des Mehles und der Kartoffeln« wird zu einer »Frage von erster politischer Wichtigkeit« (Kurt Schumacher). Die Sicherung der materiellen Existenz ist zum Kern allen Denkens und Handelns geworden. Alles andere tritt dagegen in den Hintergrund. Das ist den Besatzern wohl bewusst. Dennoch geben sie sich alle Mühe, die Menschen nicht vergessen zu lassen, dass die Deutschen selbst an der Misere schuld sind. Zudem sehen sie nicht ein, warum der Lebensstandard in Deutschland höher liegen sollte, als in den vom Krieg ebenfalls in Mitleidenschaft gezogenen Nachbarländern. Diese Maßgabe und die praktischen Versorgungsprobleme führen dazu, dass der Lebensstandard wenigstens für einige Zeit nicht mehr als 60 Prozent des Vorkriegsstandards erreichen wird.

Zu einem großen Hindernis beim Wiederaufbau von Industrie und Landwirtschaft entwickelt sich das Auseinanderdriften der Besatzungszonen. Die Abschottung führt dazu, dass sich die Zonen jeweils aus eigener Kraft ernähren müssen – eine katastrophale Situation vor allem für die weniger agrarisch geprägten westlichen Besatzungsgebiete. Fast alle Bereiche der Wirtschaft sind von Desorganisation und Zerfall gezeichnet. Hinzu kommen der anhaltende Flüchtlingsstrom und die demografischen Verschiebungen zwischen Stadt und Land. Die Organisation des Wirtschaftslebens versinkt im Chaos.

Zwar ist Hunger in den späten vierziger Jahren kein rein deutsches Problem, doch der Abstieg ist in Deutschland besonders groß. Vom Spitzenplatz in der Versorgung, den das Deutsche Reich vor dem Krieg innehatte und den es durch die rücksichtslose Ausbeutung der besetzten Länder behaupten konnte, fällt das Land durch die Kriegseinwirkungen auf ein ungekannt niedriges Niveau zurück. Insgesamt sinkt der Versorgungsgrad auf rund die Hälfte der Vorkriegszeit. Ein dramatischer Vorgang – zumal zu den quantitativen Einbußen eine erhebliche qualitative Verschlechterung kommt. Der tägliche Eiweißgehalt der Nahrung sinkt von 85 auf 34 Gramm, die Fettversorgung geht teilweise auf ein Zehntel des Vorkriegsniveaus zurück.

Die sozialen Trennlinien in der »Hungergesellschaft« verschieben sich. Statt Angehöriger eines Berufsstandes oder einer sozialen Klasse ist man jetzt entweder »Selbstversorger« (ca. 14 Prozent der Bevölkerung), »Normalverbraucher« (ca. 30 Prozent) oder man gehört zu einer jener Gruppen, die Zulagen bekommen. Dazu zählen »Schwer- und Schwerstarbeiter«, Mütter, Kinder und Jugendliche. Diese – zum Teil politisch aufgeladenen – Klassifizierungen sorgen für Unmut, befördern das, was als »Vergleichsmentalität« bezeichnet wird. Das argwöhnische Beäugen anderer und im Gefolge davon eine große Anzahl von Denunziationen gehören seit dem Krieg zur Tagesordnung. Eine »prophylaktische« Politik der Herrschaftssicherung hatte die nationalsozialistischen Entscheidungsträger in Politik und Justiz einen umfassenden Katalog neuer Straftatbestände formulieren lassen, die etwa die Umgehung der Rationierungsvorschriften als »Kriegswirtschaftsverbrechen« brandmarken. Die schwammigen Definitionen von alldem, was als »volksschädlich« gilt, laden zum gegenseitigen Bespitzeln und Anschwärzen geradezu ein. Dieser

Trend setzt sich fort, weil die Verordnungen in Kraft bleiben und keiner so recht sagen kann, was eigentlich erlaubt ist und was nicht. Angesichts des Elends verschwinden mitunter die Maßstäbe, wird Solidarität, obwohl immer wieder etwa in der Nachbarschaft erfahren, zunehmend zu einer leeren Worthülse.

Die Versorgungskrise – Ursachen, Verlauf und Reaktionen

Die Gründe für das Versorgungselend sind vielfältig. Vor dem Krieg lag der Eigenversorgungsanteil des Dritten Reichs bei 80 Prozent. Nach 1945 produziert die Landwirtschaft nur noch rund ein Drittel des normalen bzw. die Hälfte des eingeschränkten Bedarfs. Die wichtigste Ursache hierfür liegt im Verlust der landwirtschaftlichen Überschussgebiete im Osten. Hinzu kommen der massenhafte Zuzug von Flüchtlingen, Zerstörungen im Agrarsektor, eine in sich zum Teil widersprüchliche, bis 1947 anhaltende restriktive Politik der Alliierten, die Abschottung der Zonen, die den Warenaustausch verhindert, und eine weltweite Knappheit.

Die erste Reaktion der Alliierten besteht darum neben Sofortmaßnahmen zur unmittelbaren Aufrechterhaltung der Versorgung darin, auf eine nationale Lösung zu setzen und das Land möglichst wieder in den Stand zu setzen, sich selbst zu versorgen. Diese Politik mündet in ein Dilemma. Denn der Hunger muss – im Frühjahr 1946 werden auch in den westlichen Zonen die Rationen um rund ein Drittel gekürzt – über kurz oder lang den politischen wie den ökonomischen Aufbau hemmen. Wer hungert, ist weder leistungsfähig noch leistungswillig.

Den Westmächten wird überdies klar, dass das Problem kein rein deutsches, sondern ein europäisches ist: ohne ausreichende Ernährung keine Kohleproduktion im Ruhrgebiet, ohne Kohleproduktion weder die Möglichkeit erweiterter Nahrungsmittelimporte noch eine Stabilisierung der Agrarproduktion – so lautet die einfache Gleichung.

Die Ernährungsfrage gewinnt eine politische Dimension. Denn angesichts des heraufziehenden Kalten Krieges sehen Briten und Amerikaner die Notwendigkeit, sowohl Westdeutschland als auch Westeuropa stabilisieren zu müssen, um ihre Einflusssphäre gegen den Sowjetkommunismus verteidigen zu können.

Mit der Gründung der so genannten Bizone am 2. Dezember 1946, dem wirtschaftlichen Zusammenschluss von amerikanischer und britischer Besatzungszone, werden die Weichen neu gestellt. Es wird aber dauern, bis sich Erfolge einstellen. Als im Frühjahr 1947 massive Hungerunruhen in der britischen Zone beginnen, bestätigt dies die amerikanischen Planer in dem Vorhaben, auch Westdeutschland in ihre Konzeptionen für ein gemeinsames westeuropäisches Wiederaufbauprogramm einzubinden.

Die Lösung der Nahrungsmittelkrise kommt letztlich von außen. Die Importhilfen der Amerikaner schnellen – nach ersten Nothilfen – vor allem ab Inkrafttreten der Währungsreform nach oben. Seit dem Winter 1948/49 machen amerikanische Importe rund die Hälfte der in den Westzonen verzehrten Nahrungsmittel aus. Hinzu kommen Dünger und Futtermittel, die eine Steigerung der Agrarproduktion ermöglichen. Ohne diese Hilfe wären viele Deutsche schlicht verhungert.

In der sowjetischen Besatzungszone kommen ideologische Vorgaben dem Wiederaufbau in die Quere. Die Kommunistische Partei Deutschlands (KPD), die im April 1946 nach der Vereinigung mit der Ost-SPD zur Sozialistischen Einheitspartei Deutschlands (SED) wird, und die »Sowjetische Militäradministration in Deutschland« (SMAD) wollen die Gesellschaft grundlegend verändern, ihr den Geist des Nationalsozialismus austreiben und den Sozialismus durchsetzen. Einer pragmatischen, auf unmittelbare Bedürfnisse Rücksicht nehmenden Ernährungspolitik steht das im Weg.

Bereits im Befehl Nr. 124 »über die Beschlagnahme und provisorische Übernahme einiger Eigentumskategorien in Deutschland« vom 30. Oktober 1945 mischen sich pragmatische und gesellschaftspolitische Positionen. Darin befiehlt der Oberbefehlshaber der sowjetischen Truppen, Marschall Schukow:

> Um den Raub und anderen Missbrauch des Eigentums, das früher dem Hitlerstaat, den Militärbehörden [etc.] gehört hat, zu verhindern sowie um dieses Eigentum am rationellsten für die Bedürfnisse der örtlichen Bevölkerung und der Besatzungstruppen auszunutzen, befehle ich: I. Das Eigentum, das sich auf dem von den Truppen der Roten Armee besetzten Territorium Deutschlands befindet und [...] dem Staat [...], den Amtsleitern der Nationalsozialistischen Partei [...], den deutschen Militärbehörden [...], den von dem Sowjetischen Militärkommando aufgelösten Gesellschaften, Klubs und Vereinigungen [...] gehört, als beschlagnahmt zu erklären.[6]

Dieser Befehl aus der unmittelbaren Nachkriegszeit kennzeichnet eine Politik der Hilfestellung, die nur zum Teil ideologischen Prämissen folgt. Sie ist in erster Linie eine Politik der Notwendigkeiten angesichts des Elends. Die russischen Besatzer setzen sofort nach Kriegsende alles daran, die Versorgung der Bevölkerung sicherzustellen. Sie kümmern sich um die Seuchenbekämpfung, sorgen für die Säuberung der Straßen und versorgen die Not leidende Bevölkerung in der Anfangszeit auch aus ihren eigenen Armeebeständen. Nach der Einschätzung von Osmar White, einem amerikanischen Kriegsberichterstatter, profitieren sie dabei von den Erfahrungen, die sie mit ihren eigenen zerstörten Städten haben machen müssen. White kommt deshalb zu dem Schluss:

> Alles in allem glaube ich, dass die Sowjets in jenen ersten Tagen mehr für die Bevölkerung [...] getan haben, als die Anglo-Amerikaner überhaupt hätten tun können.[7]

Doch die Prioritäten der sowjetischen Wirtschaftspolitik für Deutschland ändern sich bald. In den Vordergrund rücken die Bodenreform, die eine Enteignung großagrarischen Besitzes vorsieht, und eine entschiedene Entnazifizierung. So wird mit dem Argument, »Neubürgern«, also Flüchtlingen, unter die Arme greifen zu wollen, die Enteignung des ostelbischen Landadels betrieben. »Junkerland in Bauernhand«, lautet die Parole.

In der »Verordnung der Provinz Sachsen über die Bodenreform« vom 3. September 1945 heißt es:

> Die demokratische Bodenreform ist eine unaufschiebbare nationale, wirtschaftliche und soziale Notwendigkeit. Die Bodenreform muss die Liquidierung des feudal-junkerlichen Großgrundbesitzes gewährleisten und der Herrschaft der Junker und Großgrundbesitzer im Dorf ein Ende bereiten, weil diese Herrschaft immer eine Bastion der Reaktion und des Faschismus in unserem Lande darstellte und eine der Hauptquellen der Aggression und der Eroberungskriege gegen andere Länder war. Durch die Bodenreform soll der jahrhundertealte Traum der landlosen und landarmen Bauern von der Übergabe des Großgrundbesitzes in ihre Hände erfüllt werden. Somit ist die Bodenreform die wichtigste Voraussetzung der demokratischen Umgestaltung und des wirtschaftlichen Aufstiegs unseres Landes.[8]

Insgesamt werden 770 000 Hektar Land den Besitzer wechseln – angesichts der drängenden Probleme eine zusätzliche Erschwernis im Produktionsablauf. Hinzu kommt, dass die Ausgangsbedingungen im Osten insgesamt schlechter sind. Ein Problem, das durch die massiven Demontagen und Reparationen noch verschärft wird.

Das sind – in groben Zügen – die Entwicklungslinien der Versorgungssituation im besetzten Deutschland. Doch was bedeutet das alles für die Menschen? Musste man angesichts dieser

Umstände nicht verzweifeln? In der Tat gehört das Schlagwort von der »Apathie« der Zeitgenossen zum Repertoire von Reportagen über die Nachkriegsjahre. Doch es ging auch anders.

Ein ganz privater Wiederaufbau: Die Geschichte von Elsbeth Zumsteg

»Das Allerwichtigste, was man damals brauchte, waren ja Schuhe«, erinnert sich Elsbeth Zumsteg. Das ist gewissermaßen ihre »Geschäftsidee« im Sommer 1945. »Und jeden Sommer gibt's Mais, und im Herbst wird der Mais geerntet. Bei den Bauern habe ich gefragt ob ich kommen dürfe, um die Maisblätter zu ernten. Und da haben die gesagt: natürlich gerne. Diese Maisblätter! Das ist das Grundmaterial, mit dem man Schuhe machen kann!«

Resignation angesichts der trostlosen Lage – das kennt Elsbeth Zumsteg nicht. Sie setzt alles daran, ihre Lage zu verbessern. Und sei es eben, indem man ein neues Geschäftsfeld findet. Der Anfang ist mühsam: »Ich sehe noch heute, wie wir da in der Herbstsonne saßen und die Maiskolben geschält haben.«

Die Kunstlehrerin Elsbeth Zumsteg kehrt nach dem Krieg in ihre Heimatstadt Ulm zurück. Ihr Ehemann ist kurz vor Kriegsende gefallen, ihre beiden Brüder ebenfalls. Den Schuldienst darf sie noch nicht wieder aufnehmen, weil sie von den Besatzern als Mitläuferin eingestuft worden ist. Aber es gibt endlos viel zu tun. Sie will sich nützlich machen. Deshalb sucht sie eine Marktlücke – und findet sie in der Schuhproduktion. Keine schlechte Wahl, wie sich herausstellen wird. Kleidung jeder Art ist Mangelware und daher begehrt. Bereits während des Kriegs waren Bekleidungsartikel auf dem Schwarzmarkt gesucht. Ein Volk, das kaum noch die Gelegenheit hat, Verkehrsmittel zu benutzen, ist ohnehin ständig zu Fuß unterwegs. Die Nachfrage müsste also gesichert sein. Aber wie sieht es mit dem Transport der Rohstoffe aus?

Die gefüllten Säcke mussten von dem Dorf an den Neckar gebracht werden. Also haben wir die vielen Säcke auf ein Kuhfuhrwerk aufgeladen und am Ufer in einen Kahn umgeladen.

In Heimarbeit flechten arbeitslose Frauen dann in einer improvisierten Werkstatt zehn Meter lange Zöpfe aus Maisstroh. Die langen Schnüre werden zu Absätzen, Sohlen und Schäften verarbeitet. Alles läuft reibungslos. Die ersten Bestellungen liegen vor.

Wir haben ein Paar Musterschuhe gemacht, und es hat sich herumgesprochen: Da kann man vielleicht Schuhe bekommen. Die Leute sind in Scharen zu uns gekommen. Oft mit Kindern. Bei den Kindern hat man sogar Maß genommen. Die mussten mit den Füßchen auf das Papier, und dann hat man die Schuhgröße gewusst und hat die Schuhe danach machen können. Es war keinerlei Werbung nötig. Im Gegenteil, es hat sich herumgesprochen, und wir konnten die große Nachfrage eigentlich kaum befriedigen. Am Schluss hat sich herausgestellt, dass es über 3000 Paar waren, die wir so angefertigt haben. Ja, über 3000 Paar!

Zwei Jahre lang produziert Elsbeth Zumsteg mit bis zu vierzig Frauen Schuhe am laufenden Band. Die Ulmer Kunstlehrerin entwickelt sich zur Business-Frau, wie sie selbst sagt. Eine Erfolgsgeschichte ein Jahr nach Kriegsende!

Das Business hat mir mehr und mehr Spaß gemacht. Ich habe gedacht, das ist eine Herausforderung. Fast hätte ich gesagt, eine Challenge. Also, jedenfalls hat mir das Spaß gemacht, und es hat mich sehr befriedigt und auch gefordert. Ich war also so streng beschäftigt, dass ich von dem Elend, das ja auch immer noch überall präsent war, dass ich davon Abstand gefunden habe.

Überall in Deutschland versuchen Menschen, behelfsweise Nütz-
liches oder Lebensnotwendiges herzustellen. Aus den Stahlresten
und Blechen der Trümmerwelt bauen Klempner und Schlosser
kleine Öfen und Herde. Die Findigkeit ist groß. Aus den Westwall-
Bunkern sind Granatkartuschen zu holen, die sich, flach geklopft,
als Dachziegel verwenden lassen. Granathülsen eignen sich auch
als Blumenvasen und, falls groß genug, als Milchkannen, sofern
es Milch gibt. Weggeworfene Stahlhelme, die überall herumliegen,
versehen mit einem Stiel, ergeben große Schöpfkellen (z. B. zum
Füttern von Schweinen). Wehrmachtskleidung wird umgenäht
und umgefärbt. Aus Fahnen werden Tischtücher, Vorhänge und
Schürzen.

Auch bei der Fleischversorgung weiß man sich zu helfen: Hühner werden auf Dachböden, auf Balkonen, in Kellern und sogar
in Kleiderschränken gehalten. Ferkel sind ein beliebtes Zahlungs-
mittel und werden über die Zonengrenzen hinweg geschmuggelt.

In Deutschland scheint eine ökonomische Stunde Null zu herrschen. Der geregelte Kreislauf von Waren und Geld steht still. Es
gibt nichts zu kaufen. Die Mechanismen von Handel, Verteilung,
Versorgung funktionieren nicht mehr. Aber der Schein trügt. An
die Stelle des Einkaufens tritt der Tausch. Das alles hat bereits
während des Kriegs angefangen, denn in den Großstädten haben
sich seit dem letzten Kriegsjahr immer häufiger öffentliche Treff-
punkte gebildet. Unterbrochen nur von den Kampfhandlungen,
von Bombenangriffen und Alarmsignalen hat dort die Geschichte
eines der faszinierendsten Phänomene der Nachkriegszeit begonnen: des Schwarzmarkts.

Schieber und Schwarzmärkte

Der Schwarzmarkt ist ein Faszinosum. Die Bilder von Hunderten
und Tausenden von Menschen, die in Grüppchen zusammen-
stehen und Waren miteinander tauschen, veranschaulichen, wie

sehr sich das Leben von der gewohnten Welt des Konsums, von Warenhäusern und Einkaufsläden entfernt hat. Einkaufen – das geht nicht mehr im besetzten Deutschland. Wer etwas haben will, was es nicht auf Marken gibt, der muss es sich »organisieren«. Siegfried Lenz wird in seiner Erzählung »Lehmanns Erzählungen oder So schön war mein Markt. Aus den Bekenntnissen eines Schwarzhändlers« Eindrücke verarbeiten, die er selber im Nachkriegshamburg gemacht hat:

Die Sonne schien. Die Straße war still, ohne Verkehr. Nirgendwo ein Stand, eine Marktbude; nur Männer und Frauen, die – und das mutete einen Fremden zunächst rätselhaft an – auf und ab schlenderten, gelassen nach außen hin, wenn auch eine versteckte Wachsamkeit in ihren Gesichtern lag. Sie gingen vorbei, ohne einander anzusehen, mit vorgegebener Gleichgültigkeit. Niemand schien in Eile. Auch ich ging die stille Straße hinab, schlendernd wie die anderen. War das der Markt, den ich erträumt hatte? Wo war das Geheimnis, wo der Vorteil? Und wie erfolgte der Handel? Aufmerksam ging ich weiter, und dann, ja, dann merkte ich es: ich hörte die Vorübergehenden leise sprechen, es klang wie Selbstgespräche, so daß ich an Kinder denken mußte, die, wenn man sie zum Einkaufen schickt, unaufhörlich wiederholen, was sie mitbringen sollen: einen Liter Milch, einen Liter Milch… Auch die Leute, die sich hier gelassen aneinander vorbeischoben, wiederholten unaufhörlich denselben Spruch, als fürchteten sie, sie könnten ihr Stichwort vergessen. Ich hörte genau hin, hörte Stimmen, die im Vorbeigehen ehrgeizlos »Brotmarken« oder »Nähgarn« flüsterten, hörte eine Frau, die mit gesenktem Blick nur ein einziges Wort sagte: »Marinaden, Marinaden«, ein Greis murmelte: »Bettzeug«, ein rotgesichtiges Mädchen: »Amis«. Jede Stimme empfahl ehrgeizlos etwas anderes: Schuhe, Fischwurst, Stopfnadeln […], Uhren, Schinken, Kaffee und Eipulver. […] Ich empfand, während ich leise »Sahnelöffel, Sahnelöffel« zu flüstern begann, die tiefere Bedeutung dieses Vorgangs: die Nachfrage übertraf das Angebot bei weitem, der Mangel triumphierte, bestimmte den Kurs, und die Zeitgenossen bewiesen, daß sie dem Mangel gewachsen waren. Eine Revision der alten Werte hatte stattgefunden, die Not setzte den Preis fest. […] Der unmittelbare Bedarf hatte den Vorrang. Die Bezahlung wurde von gegenwärtigem, nicht von zukünftigem Verlangen bestimmt, und was besonders zu Ehren kam, war die uralte Praxis der ersten Märkte – der Tausch.[9]

Der Schwarzmarkt ist für viele ein Abenteuer. Er ist auch ein Ort der urbanen Geselligkeit nach der Bunkerzeit des Krieges. Hier trifft man – gestört nur durch die regelmäßig und bald recht routiniert ablaufenden Razzien der Polizei – Bekannte und Stammkunden, lernt neue Menschen kennen und bummelt über den Platz. Doch das ist nur die eine Seite, die vor allem in den fiktionalen Geschichten über den Schwarzmarkt präsent ist. Eine andere, ebenfalls vielfach filmisch und literarisch aufbereitete, ist die vom illegalen Tauschhandel als Ort der Kriminalität und der Prostitution. Dafür stehen Filme wie Billy Wilders *A Foreign Affair*, in dem Marlene Dietrich ihren berühmten »Black Market Song« singt. Küsse gegen Kaugummi, lautet ihr Angebot. Das vielleicht berühmteste Beispiel ist *Der Dritte Mann*, jene in Wien spielende Geschichte von Graham Greene um den Drogenschieber Harry Lime.

Für die Menschen ist – anders als in diesen schillernden Geschichten – der Schwarzmarkt vor allem eine verstörend-bittere Realität. Ihre grundlegenden Bedürfnisse – die große Nachfrage nach Butter, Brot, Eiern, Schuhen, Milch, Zucker, Kaffee, Fleisch – erschaffen eine Schattenwirtschaft ungekannten Ausmaßes, die auch die soziale Schieflage der neuen Wirtschaftsordnung abbildet. Viele werden unter diesen Bedingungen im besetzten Deutschland zu Kriminellen, weil sie keinen anderen Ausweg wissen.

Es etabliert sich ein illegaler Markt für die Ärmsten der Armen. In den »grauen Mietskasernenstraßen« der Städte, so schildert es eine zeitgenössische Reportage in der Berliner Zeitung *Telegraf*, habe sich ein eigener kleiner Markt für Angehörige der Unterschicht entwickelt:

> Hier, wo Not und Sorge zu Hause sind, ist raunend und wispernd im auf- und abwogenden Korso der Schwarze Markt der Armen entstanden. Unentwegt fluktuiert ein steter Strom von Menschen die Straße hinauf, die Straße herunter [...]. Eine schwangere Frau, ein kleines, halbnacktes Kind auf dem Arm, zwei magere Geschöpfchen an den Rock gepresst, murmelt mit monotoner Inständigkeit »Milchpulver!« Aber niemand kauft es. Sie haben hier alle Kinder und verkaufen selber Milchpulver. [...] Viele alte Leute gehen mit ihrem letzten Brot von der dritten Dekade. Ein junger Mensch auf Krücken, ein Brot im Jackett humpelt auf und ab. »Ich hab' aber bloß n' Koppkissen für«, flüstert eine Frau. »Bargeld lacht«, sagt der Mann. Niemand will das Kopfkissen. Die Frau weint. Sie hat seit Tagen kein Brot.[10]

Aber nicht nur Alte und alleinstehende Frauen begeben sich aus Not in die Illegalität. »Ehrbare Bürger« verkaufen das, was der Krieg übrig gelassen hat – seien es nun Porzellanteller, Schmuckstücke oder ganze Bibliotheken. Wer erwischt wird, muss mit einer Verurteilung rechnen. Nicht wenige kommen sogar in Haft, wie eine junge Hamburgerin, die mit vierzig britischen Zigaretten erwischt wird. Einundzwanzig Tage muss sie dafür im Gefängnis absitzen. Die Behörden, obwohl mit der Bekämpfung der um sich greifenden Kriminalität hoffnungslos überfordert, greifen in Einzelfällen hart durch.

Aber was ist die Alternative? Vor die Wahl zwischen rechtskonformem Verhalten und Hunger gestellt, werfen viele Menschen ihre alten Moralvorstellungen über Bord. Juristen werden diesen einschneidenden, bis heute kaum aufgearbeiteten psychologischen Vorgang jener Jahre später als prekäre »Grenzmoral« bezeichnen. »Dass wir in unserer Not zu plündern anfangen, ist wohl verständlich und entschuldbar«, meint eine Zeitzeugin dazu.

Über den Schwarzmarkt als Ort von Not und Enttäuschung berichtet Annemarie Gentzsch:

> Wir waren eine große Familie. Sieben Personen. Fünf Kinder. Ich hab noch vier jüngere Brüder. Und es war mit dem Essen sehr, sehr schlecht. Alle hatten immer Hunger. Denn die Lebensmittelkarten, die reichten nicht. Also was es darauf gab, war gerade so zum Überleben. Und meine Mutter, die jagte sich ab, um irgendwo etwas zu bekommen. Da kam sie eines Tages nach Hause und brachte die Nachricht mit, dass in Leipzig ein so genannter schwarzer Markt existierte. Da dachte sie, da könnten wir ja auch mal hinfahren und unser Glück versuchen.
>
> Sie hatte also einiges Geld gespart, obwohl das bei uns sehr knapp in der Familie war. Und sie hatte auch ein paar Zuckermarken abgezweigt. Zucker war nicht so wichtig wie Brot. Wir hatten gehört, dass man das dort irgendwie tauschen könnte. Gegen Brot. Ja, und da haben wir uns eines Tages, es war 1947, an einem sehr kalten Wintertag im Januar, auf den Weg gemacht. Meine Mutter und ich. Ich war sechzehn damals.

Schon bevor der Markt erreicht ist, beginnt das Abenteuer. Allein die Fahrt nach Leipzig wird für die Jugendlichen zu einem unvergesslichen Erlebnis:

> Ja, und da sind wir auf den Bahnhof. Die Menschen strömten natürlich, und wir hatten Angst, ob wir überhaupt noch einen Platz bekamen. Aber wir hatten Glück. Meine Mutter kriegte

sogar einen Sitzplatz. Ja und dann sagte sie zu mir: »O Gott, o Gott, o Gott! Ob das gut gehen wird? Ob das gut gehen wird? Ich hab ja so schreckliche Angst.«

Dann stiegen wir in Leipzig aus. Und gingen einfach mit der Masse der Menschen mit. Und wie wir raus kamen aus dem Bahnhof, da sahen wir schon: Die Menschen liefen alle in eine Richtung. Oje, dachte ich. Soll das der Schwarzmarkt sein? Aber dort sollen wir jetzt mitmachen und da hinein? Vielleicht nimmt uns jemand einfach etwas weg? Wie mag das dort zugehen, und wie sollen wir das machen? Können wir da jemanden ansprechen? Oder spricht uns jemand an? Wir wussten gar nicht, wie wir uns dort verhalten sollten. Und sind dann einfach auf gut Glück mitgegangen und sind dort wie Spaziergänger umhergelaufen. Erst mal haben wir gehört, was alles da auf uns zukam. Nämlich: die Geräusche, das Flüstern. Eine Stille lag über dem ganzen Platz. Trotz der vielen Menschen. Weil alles flüsterte und wisperte, und keiner laut sprach. Da flüsterte uns jemand ins Ohr: »Seife?« Oder jemand anders sagte: »Braucht ihr Kaffee?«

Schließlich werden Annemarie Gentzsch und ihre Mutter von einem etwa zwölfjährigen Jungen angesprochen, der ihnen verspricht, Brot besorgen zu können. Sie müssten ihm nur nach Hause folgen, dort werde seine Mutter ihnen Brot anbieten.

Er führte uns noch ein Stück weiter zu einer Passage. Da gibt es ja viele in Leipzig. Aber diese Passage, die war dunkel und düster. Und er führte uns dort in einen Hof hinein. Also mir wurde schon etwas komisch. Hier sollten der Junge und die Mutter wohnen? Na ja, also er zeigte uns auf den dritten Stock oben irgendwo. Und: »Dort oben wohnen wir. Geben Sie mir das Geld und die Zuckermarken. Meine Mutter wird Ihnen dann Brotmarken geben. Ich muss da erst mal rauf.«

Es kam, wie es kommen musste. Natürlich wohnte dort niemand, der Junge war verschwunden. Die Aufregung war umsonst gewesen, das ganze Gesparte verloren.

Meine Mutter tat mir am meisten leid. Ihr liefen gleich die Tränen. »Oje«, sagt sie. »Womit soll ich jetzt die Familie satt kriegen?« Wir wanderten langsam zurück. Was sollten wir sonst tun? Wir hatten nichts mehr zum Tauschen. Wir mussten uns in den Zug setzen und bedrückt wieder nach Hause fahren.

Der Schwarzmarkt ist Überlebensinstrument und verhängnisvolles Schicksal zugleich. Wenige werden reich, viele werden betrogen. Er eignet sich deshalb auch als Sinnbild der Zeit, als Ort eines schwer erträglichen Chaos, in dem sich wenige auf Kosten aller anderen zurechtfinden.

Zudem stellt er »normale« soziale Beziehungen auf den Kopf. Besonders empören sich Beobachter über das Treiben von Jugendlichen auf dem illegalen Markt. Die Wissenschaftlerin Hilde Thurnwald, die 1948 eine Arbeit über »Gegenwartsprobleme Berliner Familien« veröffentlicht, schildert einige besonders krasse Beispiele:

In diesem Zusammenhang sei erneut auf den nicht nur Schulkinder, sondern öfter auch Lehrer fesselnden Schwarzhandel hingewiesen. Gelegentlich führt er Lehrer und Schüler zusammen und untergräbt die Achtung der Klasse vor der Persönlichkeit des Lehrers. Dass der Schwarzhandel auch innerhalb des Schullebens unter den Kindern aller Altersstufen eine bedeutende Rolle spielt, in erster Linie in den Knabenschulen, ist bekannt. [...] Die jeder regelmäßigen Arbeit abgeneigten Jugendlichen finden wir in erster Linie als die bekannten jugendlichen »Schieber«, überwiegend 18- bis 20-Jährige, die in bestimmten Gegenden und in bestimmten Lokalen meistens mit ihren Mädchen zusammen herumsitzen und vom Morgen bis zum Abend Zigaretten, Alkohol und andere Genussmittel verhandeln. Viele dieser Jugendlichen betreiben solche Geschäfte in Übereinstimmung mit ihren Familien oder in Arbeitsgemeinschaft mit Vätern, Müttern und Geschwistern.[11]

Der »Schieber« ist die Negativfigur schlechthin. Nur er kann die Preise des illegalen Gewerbes bezahlen. Ein Pfund Butter kostet auf dem Schwarzmarkt erst 50, dann 60, 70, 80 Reichsmark. Wer sonst kann das aufbringen?

Die sozialen Verwerfungen der Zeit lösen Empörung aus. Was ist jetzt noch gerecht? Was bedeuten Solidarität und Nächstenliebe in einer Zeit, da der Mensch dem Menschen wieder ein Wolf zu werden droht, wie Beobachter meinen? Fragen nach einer angemessenen Moral für die deutsche Krisengesellschaft mit ihrem wirtschaftlichen Chaos durchziehen die zeitgenössische Berichterstattung.

Eine Moral für den Ausnahmezustand?

Das Elend in Deutschland, die Versorgungskrise und die Armut gehören zu den wichtigsten Themen der Zeit. Neben praktischen Vorschlägen, wie aus dem Tief herauszufinden sei, wenden sich viele der Frage zu, wie die Menschen sich gegenseitig helfen könnten. Statt wirtschaftspolitischer Debatten geht es hier um eine »Moral für den Ausnahmezustand«. Am 29. November 1946 erscheint in der *Süddeutschen Zeitung* ein Artikel mit der Überschrift »Der Berg des Elends«. Darin schildert der Reporter:

Als die allerersten Betroffenen des Bombenkrieges aus den Kellern ihrer zertrümmerten Häuser hervorkrochen, wurden sie von einer Welle von Mitgefühl und Hilfsbereitschaft empfangen. Waren sie doch Menschen mit einer Art von

Seltenheitswert, interessante erste Vertreter einer neuen Gattung von Lebewesen, die dieses an negativen Schöpfungen so reiche Jahrhundert als »Ausgebombte« bezeichnete. Dann aber stieg ihre Zahl ins Riesenhafte, und die Herzen ihrer Mitmenschen verhärteten sich, einem Naturgesetz folgend, gemäß dem das Mitgefühl proportional zum Anwachsen der Not nachlässt, weil die Kraft des Mitleidens ganz einfach an Ziffern, die ins Unermessliche gehen, scheitert. Zehn Arme – gut! Da öffnet man Taschen und Kleiderschränke. Abermillionen Arme – da hört das Vorstellungsvermögen des Durchschnittsbürgers auf.

In einer Liste des bayerischen Staatskommissars für das Flüchtlingswesen wird mit dürren Ziffern gesagt, dass 1946 in Bayern 470 000 Menschen, die aus ihrer Heimat vertrieben wurden, keine Matratze besitzen und 850 000 keine Wolldecke. 500 000 Flüchtlinge haben weder ein Bett noch einen Strohsack, 700 000 besitzen kein Paar gebrauchsfertige Schuhe. 1 Million nennt nicht einen einzigen Teller ihr eigen und 1½ Millionen nicht eine einzige Kaffeetasse. 20 000 Familien brauchen einen Ofen, 150 000 Männer und 480 000 Frauen und Mädchen haben keine Unterwäsche. 285 000 Kindern fehlt es an den allernotwendigsten Kleidungsstücken. Was die Statistik nicht sagt, ist, dass es beispielsweise in Nürnberg einen Bunker gibt, in dem Hunderte von Männern, Frauen und Kindern seit über einem Jahr hausen, von denen ein Großteil nur bei warmem, trockenem Wetter ans Tageslicht gehen kann.

»Wir sind gute Christen«, sagen [viele Beobachter], »jeder Christ aber bejaht das Privateigentum als Voraussetzung eines gesunden Familienlebens.« Und manche blicken mit scheelen Augen auf den Sozialismus, in dem sie nichts anderes als eine Weltanschauung erblicken, die das Privateigentum irgendwie bedroht. Das ist ebenso bequem wie falsch. Denn [es war noch] nie so notwendig, dass sich Christentum und Sozialismus die Hand reichen wie heute.[12]

Der Artikel verdeutlicht, wie eng Alltagserfahrung und welt-anschauliche beziehungsweise wirtschaftspolitische Konzepte nun verschränkt werden. Die umfassende Krise der Wirtschaft ist auch eine Krise der Gesellschaft und ihrer ökonomischen Verhaltensregeln. Die Sehnsucht nach einer die Gegensätze über-brückenden Perspektive, nach Regeln und »geordneten Verhält-nissen« ist allenthalben spürbar. Doch die ökonomische Krise wird noch lange anhalten.

Sieger und Verlierer – Ungleiche Partner im Wettstreit um die Marktmacht

Es ist wieder der Schwarzhandel, der als Krisenindikator dient. Auf den illegalen Märkten wird sichtbar, was bislang einigermaßen gut verborgen geblieben ist. Die Menschen misstrauen ihrer Wäh-rung, der Reichsmark, immer mehr. Das Verhältnis stimmt nicht. Einem extrem knappen Warenangebot steht eine sinnlose Menge an Scheinen gegenüber – die ersten Anzeichen einer Inflation.

»Keiner wollte was verkaufen für dieses entwertete Geld«, erinnert sich Alexander Galkin, Presseoffizier bei der Sowjet-ischen Militäradministration, der SMAD, »überall blühten die Tauschgeschäfte auf. In Berlin überall. Überall in den Fenstern der Geschäfte standen Kochtöpfe, alte Schuhe, Fahrräder und alles Mögliche. Das war alles nicht zum Verkauf, sondern zum Tausch. Schilder waren da: Kochtopf 5 Liter auszutauschen für ein Fahrrad oder so was Ähnliches oder für eine Jacke. Wir, die sowjetischen Offiziere, wir brauchten das nicht.«

Schon seit 1936 haben die Nazis eine inflationäre Geldvermeh-rung betrieben. Sie druckten einfach das Geld, das sie benötigten. Sie veruntreuten Rentenversicherungsmilliarden, um Kriegskos-ten zu decken. Die Folgen blieben während der Kriegsjahre durch Lohn- und Preisstopps verborgen. Jetzt aber wird der Ruin der deutschen Währung allmählich sichtbar: Den 300 Milliarden

Reichsmark, die sich im Umlauf befinden, steht kaum ein Warenangebot gegenüber.

Und die Verlierer dieses ökonomischen Chaos – diejenigen, die über keine Marktmacht verfügen, weil ihnen gar nichts oder nur wenig geblieben ist, was sie verscherbeln könnten – reagieren ablehnend bis empört auf das Treiben der Krisengewinnler.

Ein moralischer Strang der zeitgenössischen Debatten verurteilt vor allem deutsche Ordnungshüter und Polizisten, die ihrer Rolle nicht gerecht werden und den schmutzigen Schwarzhandelsgeschäften nur zusehen oder sich sogar daran beteiligen. Aber auch deutsche Frauen und Mädchen rücken in den Fokus der Öffentlichkeit. Ihnen wird vorgeworfen, sich für ein paar Zigaretten zu verkaufen. Schwarzhandel und Prostitution – das ist in den Augen vieler Beobachter ein und dasselbe.

Besonders verwerflich ist für sie der Handel von deutschen Frauen mit den alliierten Besatzungssoldaten. Und in der Tat spielen die Sieger eine große Rolle bei den Tauschgeschäften – allerdings nicht nur, wenn Frauen als Tauschpartner auftreten.

Karl Deutmann schildert in seinem Tagebuch eine entsprechende Szene aus Berlin:

> Wir besuchten die »Schwarze Börse« am Brandenburger Tor. Hier wird von amerikanischen u. russischen Soldaten alles gekauft und verkauft, was es an Uhren, Kleidungsstücken, Ringen, Juwelen, Stiefeln, Ferngläsern, Fotoapparaten, Rasiermessern, Pelzmänteln, Strümpfen und seidener Damenwäsche noch gibt. Viele Amerikaner u. Engländer kaufen nur Uhren und Schmuck. Die Russen kaufen aber Kleidung für ihre Frauen und geben außer dem Kaufpreis noch Lebensmittel wie Butter, Wurst, Speck, Zucker und Brot. [...] Ein russischer Offizier saß in einem Auto, hielt ein Messer in der Hand, und vor ihm stand ein Behälter mit Butter. Eine Dolmetscherin saß ihm gegenüber, reichte ihm die Uhren zur Prüfung zu und vermittelte den Deutschen die Kilo- oder Pfundzahl

an Butter od. Speck od. Büchsenfleisch. Für Goldsachen gab es Fettigkeiten; Schuhe usw. wurden in bar bezahlt.[13]

Deutmanns Beobachtung verweist auf das Machtgefälle zwischen den ungleichen Partnern. Insbesondere das Anreichen von Waren, die der sowjetische Soldat dann einer Prüfung unterzieht, verdeutlicht eindrücklich, wer in dieser Tauschsituation die größere Marktmacht hat. Das Bild eines einzelnen alliierten Soldaten, umringt von einer Traube deutscher tauschwilliger Schwarzhändler, veranschaulicht tagtäglich die ökonomische Potenz der Sieger.

Zu den Nutznießern des Schwarzmarkts gehören natürlich auch die Amerikaner. Denn die Hauptwährung der Schattenwirtschaft sind amerikanische Zigaretten – Lucky Strike, Camel, PallMall. Millionen von Wertgegenständen wie Schmuck, Fotoapparate oder Uhren wandern über die Zwischenware Zigaretten in amerikanischen Besitz. Für Zigaretten wiederum bekommt man auf dem Schwarzmarkt Butter, Brot, Schokolade und Milch.

Die Deutschen verbrauchen oft ihr gesamtes Geld für die illegale Nahrungsbeschaffung. Zusätzlich müssen sie letzte Wertgegenstände einlösen, um sich und ihren Familien das Überleben zu sichern. Mancher Besatzer wird durch den Schwarzmarkt in kurzer Zeit sehr reich und führt ein Leben wie im Paradies.

Lew Malinowski, damals Mitarbeiter der Propaganda-Abteilung der Roten Armee, beschreibt die Stellung der amerikanischen Soldaten im alltäglichen Wirtschaftsleben im besetzten Deutschland wie folgt:

Die Amerikaner sind, wie bekannt, ein sehr geschäftstüchtiges Volk. Die Möglichkeiten des schwarzen Markts waren grenzenlos, und sie nützten diese Möglichkeiten im vollen Maße aus. Am dritten Tag bin ich zum Schwarzmarkt gegangen, um zu erfahren, wie der Berliner Schwarzmarkt ist. Der befand sich neben dem Reichstag. Der war riesengroß, und da waren alle, Deutsche, Amerikaner, Engländer, russische

Offiziere. Das war eine schöne Attraktion, eine große Schar von Menschen. So, ich ging mal, ich war in Uniform, in Offiziersuniform, und mir entgegen fährt ein Jeep. Darin sitzt ein amerikanischer Leutnant, und auf seiner Hand sind zwanzig Uhren. Er hebt seine Hand hoch und bietet die Uhren an. Die Amerikaner haben herausgefunden, dass die Uhren bei Russen sehr populär sind. Dann schlägt er vor: »Hey, Ivan möchtest du eine Uhr?«»Nein, ich brauche keine«, und zeige ihm meine.»Na, dann kaufe den Jeep.« Und ich sage: »Entschuldige, aber wie wirst du das deinem Vorstand erklären?« Und er sagte: »Ich sage, dass ich eine Panne hatte.«»So, bitte schön, ich kann dir den Jeep verkaufen.« Also, man konnte dort alles Mögliche kaufen.

In einem Beitrag der Zeitung *Telegraf* vom August 1948 wird das Machtgefälle zwischen Deutschen und Amerikanern in Form eines modernen Märchens geschildert. Den Aufhänger bildet die damals weitverbreitete Praxis des Aufsammelns von Zigarettenresten. Unter der Überschrift »Das Mädchen mit den ›Ami-Kippen‹« erzählt der Journalist die Geschichte eines vierjährigen Mädchens, das beim Kippenaufsammeln von »einem großen, breitschultrigen, weißhaarigen Mann mit gutmütigem Gesicht« beobachtet wird. Dieser »bückt sich zu der Kleinen und stellt nach langen Schwierigkeiten – er spricht kein Deutsch, das kleine Mädchen versteht natürlich kein Englisch – fest, dass die zwölf von dem kleinen Mädchen gesammelten Zigarettenreste gegen Lebensmittel eingetauscht werden sollten.« Wie sich herausstellt, handelt es sich bei dem Mann um Mr Warbington, einen amerikanischen Farmer, der hart arbeitet, selber eine Enkeltochter hat und von dem Schicksal des Mädchens so berührt ist, dass er auf eigene Faust Hilfssendungen aus den USA nach Deutschland organisieren will.

Dabei geht er – wie der Beitrag nicht müde wird zu betonen – äußerst findig vor, schlägt die besten Konditionen bei amerikanischen Produzenten heraus und achtet darauf, dass er zu möglichst billigen Preisen so viele Waren wie nur möglich nach Berlin schicken kann. Wenn er von seiner Aktion erzählt und berichtet, wie geschickt er bei seinen Verhandlungen in den USA vorgeht, dann »lacht Mr Warbington dröhnend«.[14]

Hier wird das Machtgefälle zwischen amerikanischer und deutscher Seite in der positiven Umkehrung umso deutlicher. Die Hilfeleistung des selbstbewusst auftretenden amerikanischen Farmers wird für den deutschen Leser unproblematisch, weil sie im Rückgriff auf das Thema Familie geschildert wird. Gleichwohl behält der Gönner mit seinem »dröhnenden Lachen« etwas Verstörendes, das an die Machtverteilung im amerikanisch-deutschen Verhältnis erinnert und nur über die familiäre Metapher vom »guten Onkel« eingefangen werden kann.

Die Besatzer üben sich in einer Art privater Reparation von kaum überschaubarem Umfang. Deutsche Gemälde, Klaviere, Kommoden und Wertgegenstände finden sich noch heute in Wohnzimmern von Kansas bis Kamtschatka. Der Schwarzmarkt bringt den Besatzern Vorteile und Überfluss. Manche leben wie die Maden im Speck.

Ein Amerikaner in Wallburg: Die Geschichte von Mickey Dorsey

Sergeant Mickey Dorsey hat sich mit der 2. Airborne Division durch das letzte Kriegsjahr gekämpft und genießt nun, als Manager des Proviantlagers seiner Truppe in Wallburg, das süße Leben eines amerikanischen Besatzungssoldaten fernab der großen Konflikte. Schnell hat ihn auch die Familie seiner neuen deutschen Freundin, Maria Geiger, in ihr Herz geschlossen. Wer Mickey Dorsey zum Freund hat, dem geht es besser als den anderen. Er selbst äußert sich über die Vorteile, die sich ihm geboten haben:

Die Leute lernten mich kennen und sagten schnell »Guten Tag, Mickey«. Alle nannten mich Mickey. Das war schon eine Zeit. Um ganz ehrlich zu sein, ich konnte die Straße entlanggehen, ein gut aussehendes Mädchen sehen und sagen: »Ich habe Schokolade, ich habe Nylonstrümpfe.« Das war alles, was man brauchte. Dann konnte man mit dem Mädchen gehen. Und, wie gesagt, jeder Junge, selbst in der Zeit des Fraternisierungsverbots hatte ein Mädchen und unterhielt sich mit den Deutschen. Und natürlich im Alter von neunzehn Jahren hat man Frauen im Kopf. Und wir hatten eben *viel* Schokolade und so … Ich war in toller Form. Es war großartig. Nun, ich denke, es hätte nicht viel besser sein können. Wirklich. Was könnte ein junger Soldat noch mehr wollen, wenn er ein Auto hat, ein Pferd, was er jederzeit reiten kann. Er bekommt alles aus dem Kasino wegen seiner Arbeit. Er hat Zigaretten und Kugelschreiber. Er hat reichlich Zeit, um in die Schweiz zu fahren und den ganzen Tag mit dem Pferd zu reiten. Außer dem Geld, was man nach Hause schickte, dachte man damals nicht so viel darüber nach, viel Geld anzuhäufen. Ich tat es und schickte das Geld nach Hause. Wenn ich nach Hause komme, würde ich mir ein neues Auto oder ein Flugzeug oder so etwas kaufen. Was ich dann auch tat. Ich kaufte ein Auto und ein Flugzeug. Das war also wirklich ein wunderbares Leben.

Mickey Dorsey merkt schnell: Die Deutschen sind anders als die Amerikaner und vor allem anders, als die Kriegspropaganda ihm suggeriert hat. Die ersten Begegnungen zwischen den Amerikanern und der deutschen Zivilbevölkerung sind prägend. Die kriegsmüde Bevölkerung leistet, nachdem die Sinnlosigkeit des Krieges erkennbar geworden ist, den Truppen keinen nennenswerten Widerstand mehr. Die Gräuelpropaganda der Nazis verfängt nicht mehr. Zwar kommt es gelegentlich auch bei Begegnungen mit den amerikanischen Soldaten zu Konflikten und Gewalttaten. Auch die Sieger nähern sich überaus vorsichtig. Hinter jeder freundlichen Begrüßung kann eine Falle stecken. Die Militärführung hat die Parole »Do not fraternize« ausgegeben.

Die ersten Erfahrungen sind ambivalent. Es herrscht Misstrauen. Auch kommt es zu Übergriffen und Vergewaltigungen. Alles in allem aber verläuft das Aufeinandertreffen der Deutschen mit den Amerikanern besser als erwartet – und zwar auf beiden Seiten. Mickey Dorsey meint dazu:

> Ich vergaß jede Feindseligkeit gegenüber den Deutschen. Seitdem ich die Zeit dort verbrachte mit Maria und ihrer Familie und vielen anderen Deutschen begegnete, ist es dazu gekommen, dass ich Deutschland und die Deutschen mag.

Das Fraternisierungsverbot, aus Sicherheitsgründen verhängt, löst sich im Besatzungsalltag einfach auf. Die »Non-Fraternization«-Bestimmungen der Alliierten haben jeglichen Kontakt der Soldaten zur Zivilbevölkerung – auch zu Kindern – unter Strafe gestellt. Weder dürfen die Soldaten den Deutschen die Hand geben, noch private Gespräche führen – geschweige denn die Wohnungen von Deutschen betreten.

Diese Verbote stehen aber in Widerspruch zu den Bedürfnissen auf beiden Seiten. Irgendwann schert man sich einfach nicht mehr darum. Ein Berater von General Eisenhower, jetzt Oberbefehlshaber der amerikanischen Besatzungstruppen, drückt es so aus: »Amerikanische Soldaten haben Kinder gern, ihre Haltung hat die Bevölkerung stets berührt und für uns gewonnen, selbst wo anfänglich eine gewisse Kälte herrschte. Durch die Kinder kommen die Soldaten mit den Eltern in Berührung, und es entwickeln sich freundliche Beziehungen.«[15]

Aber so aufregend, voller Partys und Frauen ihr Leben auch ist, die Besatzer kümmern sich auch um die Deutschen, besonders um die Jugend. Die Amerikaner rufen in aller Eile Basketballmannschaften ins Leben, die Russen gründen 1946 die »Freie Deutsche Jugend« (FDJ), einen ideologisch motivierten Verband, der die Jugendlichen in den Marxismus-Leninismus einführen und zu »klassenbewussten Sozialisten« erziehen soll, damit sie zur Entwicklung der Gesellschaft in der SBZ beitragen. Die Schweiz holt deutsche Kinder zur Kur in die Alpen. Hilfsorganisationen wie das Deutsche Rote Kreuz, die Heilsarmee und die Quäker engagieren sich mit Kleidungs- und Nahrungsspenden. Das Schwedische Rote Kreuz beginnt im Ruhrgebiet flächendeckend eine Kinderspeisung zu organisieren, die so genannte Schweden-speise.

Zur Linderung der ärgsten Nachkriegsnot gründen die Amerikaner im Frühjahr 1946 die private Hilfsorganisation CARE (Cooperative for American Remittances to Europe). CARE kauft überzählige Rationenpakete der US-Army auf und verschickt sie als CARE-Pakete an Privatpersonen in Deutschland und in andere vom Krieg verwüstete europäische Länder. Die einzelnen Pakete müssen vorher von Spendern für zehn Dollar erworben werden. Am 14. August 1946 trifft das erste CARE-Paket bei einer Berliner Familie ein.

Bis zum Januar 1947 werden rund fünf Millionen Pakete verschickt. Im März 1947 enthält ein solches Paket, das in Hamburg eintrifft, zum Beispiel:

CARE-Paket-Inhalt im März 1947[16]

340 g	Frühstücksfleisch
1	engl. Pfd. Leberkäse
1	engl. Pfd. geschmortes Rindfleisch
2	engl. Pfd. Zucker
2	engl. Pfd. Pflanzenfett
7	engl. Pfd. Mehl
2	engl. Pfd. Trockenobst
2	engl. Pfd. Schokolade
1	engl. Pfd. Kaffee
½	engl. Pfund Trockenei
170 g	Seife

Deutschland ist ein Entwicklungsland. Hilfsorganisationen und Armeestäbe haben das Sagen: Es wird verteilt, verplant, verwaltet. Doch die Konzepte sind nicht immer ausgereift. Erst langsam schälen sich – auch unter den Vorzeichen der beginnenden Blockbildung – in sich stimmige und auf lange Dauer angelegte wirtschaftspolitische Planungen heraus.

Zwischen Markt und Plan – Wirtschaftspolitik und Nachkriegsordnung

Zentrale Planwirtschaft, Abkehr vom Kapitalismus – so scheint die Zukunft Deutschlands, wenn nicht sogar ganz Westeuropas auszusehen. Sozialismus statt Krieg und Ausbeutung. Für die Sowjets eine ganz klare Sache: Nach dem Imperialismus kommt der Sozialismus, gefolgt vom Kommunismus, als neue, bessere Form der Gesellschaft.

Auch für die Briten sind Planwirtschaft, Staatsbetriebe und eine sozialistische Zukunft für Deutschland naheliegend. Schließlich regiert in London seit der Niederlage Churchills eine Arbeiterpartei. Auch in den Westzonen favorisieren KPD und SPD, aber auch Teile der CDU planwirtschaftliche Konzepte. In dem von der nordrhein-westfälischen CDU am 3. Februar 1947 im Gymnasium St. Michael in Ahlen beschlossenen Wirtschafts- und Sozialprogramm, das als »Ahlener Programm« in die Geschichte eingegangen ist, heißt es, dass Inhalt und Ziel einer sozialen und wirtschaftlichen Neuordnung nicht mehr »das kapitalistische Gewinn- und Machtstreben«, sondern nur das Wohlergehen des Volkes sein könne. »Durch eine gemeinschaftliche Ordnung soll das deutsche Volk eine Wirtschafts- und Sozialverfassung erhalten, die dem Recht und der Würde des Menschen entspricht, dem geistigen und materiellen Aufbau unseres Volkes dient und den inneren und äußeren Frieden sichert.«

In allen Besatzungszonen wird im Frühjahr 1947 eine Bodenreform geplant. Das gemeinsame Vorgehen in dieser Frage verwundert angesichts der bislang bereits aufgetretenen Differenzen, etwa bei der Reparations- und Demontagepolitik. Ziel aller ist die Zerschlagung des Großgrundbesitzes als Wurzel der Ungerechtigkeit, des Militarismus und des Faschismus. Die Bodenreform, so meinen die Besatzer, könnte einen Beitrag zur Demilitarisierung und zur Demokratisierung des Landes leisten.

In der sowjetischen Besatzungszone läuft die Bodenreform schon seit September 1945 auf Hochtouren. Danach sollen alle landwirtschaftlichen Betriebe von NS- und Kriegsverbrechern sowie von Grundeigentümern, die über 100 Hektar landwirtschaftliches Eigentum besitzen, entschädigungslos enteignet, das Land in Parzellen aufgeteilt und an die so genannten Neubauern verteilt werden, wobei es sich größtenteils um Umgesiedelte aus den ehemaligen deutschen Ostgebieten handelt.

Das konfiszierte Land kommt zusammen mit staatlichem Grundbesitz in einen Bodenfonds. Auch die anderen Provinzialund Landesverwaltungen der SBZ erlassen nach diesem Vorbild zwischen dem 5. und 10. September 1945 ähnliche Verordnungen. Das Land der enteigneten Großgrundbesitzer wird unter den bisher landlosen oder landarmen Bauern aufgeteilt.

Auch die Amerikaner planen eine Bodenreform in ihrer Zone. Aber trotz aller Gesetze kommt die Reform nicht voran. Nur in der SBZ, dem agrarisch geprägten Mitteldeutschland, beginnt eine tief greifende Umwälzung der Besitzverhältnisse. Denn nur hier gibt es noch Großgrundbesitz, der sich in wenigen Händen konzentriert. Und nur hier arbeiten Kommunisten, Antifaschisten und SMAD Hand in Hand in ihrem Hass auf die »preußischen Junker«, die ihnen als Kriegstreiber und Nazis gelten. Auf dem Land spielen sich Tragödien ab: Selbstmorde, Verzweiflung bei den Besitzenden, Trauer bei Gutsangestellten, und die Neusiedler als Nutznießer der Bodenreform werden von den Eingesessenen mit Argwohn und Misstrauen bedacht.

Durch Bodenreform und Zonengrenze ist jetzt die Kornkammer Deutschlands (Brandenburg, Sachsen, Mecklenburg-Vorpommern) von den hungrigen Ballungsgebieten wie beispielsweise dem Ruhrgebiet abgeschnitten. Hektisch vereinbaren die Alliierten Tauschgeschäfte: Stahl aus Duisburg gegen Weizen aus der Magdeburger Börde. Letztlich haben die mit unterschiedlicher Intensität verfolgten Bodenreformen vor allem zweierlei erreicht: Sie haben die alte preußische Gutsherrschaft verdrängt, zugleich aber auch die Teilung des Landes vertieft. Im Westen dagegen bleiben traditionelle agrarische Strukturen erhalten. Als ein weiteres Hemmnis der Politik der Alliierten beim Wiederaufbau der Wirtschaft erweisen sich dann die Reparationen und Demontagen.

Reparationen und Demontagen

Über Reparationen haben die Alliierten bereits früh gesprochen. Das Deutsche Reich ist noch nicht besiegt, da sind wesentliche Vorentscheidungen, aber auch Konfliktfelder bereits erkennbar. Bei der Konferenz von Teheran, im November 1943, wird die Westverschiebung Polens besprochen. Ein Teil Ostpolens an die Sowjetunion, Entschädigung der Polen durch eine Verschiebung der polnisch-deutschen Grenze nach Westen – so die Idee, die auch in die Tat umgesetzt werden wird. Auf Jalta dann wird im Februar 1945 die Aufteilung des Landes in Besatzungszonen festgelegt, auch wenn hier die Franzosen noch außen vor bleiben und nur von drei Zonen die Rede ist.

Doch zu einem Dauerthema mit Spaltpotenzial entwickelt sich vor allem die Reparationsfrage. Die Sowjets bestehen auf fixen Summen, die Amerikaner bevorzugen prozentuale Quoten. Das hat seine Ursachen in dem langen und letztlich wenig erfolgreichen Ringen um die Reparationen der Deutschen nach dem Ersten Weltkrieg. Auf amerikanischer Seite hat sich seitdem die Einsicht durchgesetzt, dass zu hohe Reparationsforderungen höchstwahrscheinlich schädlich, im besten Fall sinnlos sind, weil die Verflechtung der internationalen Wirtschaft einen einfachen Transfer von Werten erschwert und nur eine gesunde Volkwirtschaft einen gewinnbringenden Partner abgeben kann.

Die Lösung, auf die man sich einigen kann, bedeutet letztlich den Verzicht auf ein gemeinsames Vorgehen. Der amerikanische Außenminister James F. Byrnes schlägt vor, dass jede Besatzungsmacht in ihrer Zone eine eigene Politik verfolgen kann. So kommt es auch. Das allerdings markiert einen wichtigen Schritt auf dem Weg zur Spaltung des Landes. Als die ebenfalls vereinbarten Kompensationen zwischen West und Ost von den Sowjets nicht mehr erbracht werden, wird der amerikanische Bevollmächtigte Lucius D. Clay 1948 die Lieferungen in die SBZ beenden – die Teilung nimmt Gestalt an.

Der auf der Potsdamer Konferenz gefasste Beschluss, die Industriekapazität der deutschen Wirtschaft planmäßig zu verringern, stößt bei den Deutschen auf Unverständnis, ja sogar auf Verbitterung. Der Abbau von Industriebetrieben soll einerseits eine gewissermaßen ökonomische Demilitarisierung bewirken. Vor allem die deutsche Schwerindustrie soll auf ein Maß zurückgeführt werden, dass sie außerstande setzt, erneut zum Rückgrat einer gewalttätigen Kriegsmaschinerie zu werden. Andererseits sind die demontierten Fabrikanlagen schlicht Reparationsgüter. Die im Krieg geschädigten Staaten, allen voran die Sowjetunion und Frankreich, bestehen auf Wiedergutmachung.

Diese Politik wird deshalb vor allem in der französischen und der sowjetischen Zone umfassend umgesetzt. Dabei offenbart sich rasch ein Widerspruch. Die Demontagen schaden dem Bemühen um Produktivitätssteigerung in der amerikanischen und britischen Zone. Geplant ist, den Deutschen durch den Export von Industriegütern (und Kohle) allmählich wieder die Selbstversorgung zu ermöglichen.

Die Obergrenzen der deutschen Industriekapazität zu bestimmen und die Quoten festzulegen, die in Zukunft produziert werden dürfen, wird zu einem ernsten Streitpunkt im Alliierten Kontrollrat. Insbesondere am Thema der Stahlerzeugung entzweien sich die beiden Seiten, bis man sich auf einen Umfang von 39 Prozent der Vorkriegsproduktion einigt. Erzeugnisse der chemischen Industrie werden auf 40 Prozent, Leichtmetalle auf 54 Prozent und Werkzeugmaschinen auf 11 Prozent der Vorkriegsproduktion begrenzt.

Das Ergebnis der Verhandlungen wird in dem so genannten Industrieniveauplan festgehalten, dem »Plan für Reparationen und den Nachkriegsstand der deutschen Wirtschaft«. Besondere Aufmerksamkeit in der deutschen Öffentlichkeit findet die Liste der zu demontierenden Betriebe. Grundsätzlich gilt, dass der Lebensstandard in Deutschland den durchschnittlichen Lebensstandard in Europa (ausgenommen Großbritannien und die Sowjetunion) nicht übersteigen darf. Gleichzeitig soll die deutsche Wirtschaft auch nach Zahlung der Reparationen sich selbst tragen können.

Aber Papier ist geduldig. Sowohl im französisch besetzten Südwesten als auch im sowjetisch kontrollierten Osten herrscht bei den Besatzern eine dem Plan entgegenstehende Selbstbedienungsmentalität. Insgesamt haben zwanzig Staaten Anspruch auf Reparationsleistungen. Die Quoten werden auf der Pariser Reparationskonferenz (9. November bis 21. Dezember 1945) festgelegt. Die Verteilung übernimmt ab 1946 die Interalliierte Reparationsagentur in Brüssel.

Von der Theorie zur Praxis – Die Umsetzung
der Demontage- und Reparationspolitik

In der sowjetischen Zone wird im Grunde zweimal demontiert. Unmittelbar nach Kriegsende beginnen die Demontagen und der Abtransport von Fabrikanlagen, Eisenbahngleisen und Transporteinrichtungen. In einem zweiten Schritt erfolgt die Demontage in Form von Enteignungen und Umwandlungen von Betrieben zu »Sowjetischen Aktiengesellschaften« (SAG). Diese produzieren weiter – aber unter sowjetischer Regie. Davon sind ca. zweihundert Unternehmen betroffen. Rund 20 Prozent der Industrieproduktion der sowjetisch besetzten Zone werden damit 1947 von Betrieben nach neuer Rechtsform geleistet, darunter das Buna- und das Leunawerk. Die SAG produzieren nicht nur für die Besatzer: Ein Drittel der Erzeugung geht auf ein Reparationskonto, ein Drittel steht dem Binnenmarkt zur Verfügung und das letzte Drittel dem Export. Die Demontage im engeren Sinn betrifft bis Ende 1946 über eintausend Betriebe. Sie konzentriert sich auf die Eisen-, die chemische und die optische Industrie, auf Maschinenbau und Energieerzeugung.

Doch damit nicht genug. Zusätzlich wird auch aus der laufenden Produktion geschöpft. Die Höhe der Reparationsleistungen dürfte nach neuesten Berechnungen für die SBZ/DDR bis zu 14 Milliarden US-Dollar (in Preisen von 1938) liegen. Die in Jalta angepeilte Summe von 10 Milliarden Dollar zugunsten der Sowjetunion wird damit deutlich übertroffen. Nicht eingerechnet ist dabei die Leistung der deutschen Kriegsgefangenen. Arbeitskraft als Reparationsleistung – das war für die Sowjetunion ein wichtiger Faktor. Aber auch die Franzosen lassen ihre Kriegsgefangenen zum Teil noch jahrelang Zwangsarbeit leisten.

Die Amerikaner interessieren sich vor allem für den Sachverstand deutscher Wissenschaftler und technischer Spezialisten, die sie zwischen 1945 und 1950 in die USA bringen. Ihr Beitrag für die Weiterentwicklung der amerikanischen Raketentechnik ist der wohl sichtbarste und bekannteste Beleg für diese Strategie des Know-how-Transfers.

Der Industrieniveauplan vom März 1946 sah die Beseitigung von 1800 Fabriken vor. Hätten die Alliierten ihn vollständig umgesetzt, hätte das die Reduzierung der gesamten Produktionsmöglichkeiten auf den Stand des Krisenjahres 1932 bedeutet.

Insbesondere spektakuläre Demontagefälle, wie der der »Reichswerke Hermann Göring« in Salzgitter, werden auf deutscher Seite mit Erbitterung als mutwillige Vernichtung von Arbeitsplätzen in einer Zeit wirtschaftlicher Not begriffen. Es kommt zu Protesten. Parolen wie »Vernunft statt Gewalt« und »Wir wollen keine Bettler sein [...], lasst uns unsere Arbeitsstätte« machen die Runde.

Im August 1947 wird ein abgeschwächter Industrieplan für die Bizone veröffentlicht. Die Demontageliste vom Oktober 1947 umfasst 682 Betriebe, von denen 496 in der britischen und 166 in der amerikanischen Zone liegen. Für die französische Zone wird im November eine Liste mit 236 deutschen Werken veröffentlicht.

Wie die Deutschen auf die Demontagen reagieren, zeigt das Beispiel von Hans Schmid aus Emden. In einigen Kohlengruben des Ruhrgebiets hat die Arbeit nie aufgehört. Deutsche Kohlekumpel fahren nach wie vor täglich in die Schächte ein und brechen die wertvolle Steinkohle, als wäre nichts gewesen. Nur, dass sie jetzt von britischen Besatzungssoldaten kontrolliert werden. Noch ist die Versorgung der Bergleute ausreichend. Sie bekommen Schwerarbeiterzulage und die übliche Bergmann-Schnapsration zugeteilt. Nur wenn sie von unter Tage wieder auffahren und nach Hause gehen, merken sie, dass Krieg war und ihre Städte zerstört und besetzt sind.

Die britische Militärregierung erkennt den enormen Wert einer funktionierenden Kohleförderung und richtet die »North German Coal Control« ein, eine zentrale Kontrolle der Kohleförderung – in der beschlagnahmten Villa Hügel der Familie Krupp in Essen. In ganz Europa herrscht eine akute Energiekrise; die Stahlindustrie und die Eisenbahn – hinzu kommt die kalte Witterung – fordern Unmengen von Kohle.

Der Winter hat die Menschen in seiner Gewalt. In den Städten ist das Elend auf der Straße zu sehen. Zum Beispiel in Hamburg. Ein aufmerksamer Chronist der Schreckensmonate ist Erich Lüth. Minutiös hält er – ähnlich wie sein Berliner Pendant Karl

Deutmann – die Auswirkungen der bitteren Umstände auf seine Mitmenschen fest. Zwischen Januar und März 1947 notiert er in seinem Tagebuch:

> Bei stärkster Stromeinschaltung ist der Kohlevorrat am 15. Januar, da die Zufuhren immer wieder hinter dem Verbrauch zurückbleiben, auf den Bedarf von 3 bis 4 Tagen zurückgefallen. Die Bürgerschaft setzt einen Brennstoffausschuss ein. 640 Betriebe sind mit 27 000 Beschäftigten wegen Kohlen- und Strommangels stillgelegt. In den ungeheizten Wohnungen friert das ein, überall große Frostschäden. Die Zahl der Kohlendiebe wächst.
>
> Bis zum 22. Januar meldeten die Zeitungen 36 Todesfälle durch Erfrieren und 119 Fälle schwerer Erfrierungen, die in die Krankenhäuser eingeliefert wurden.
>
> 8. Februar: schwarzer Tag! Die Kohlenlage ist hoffnungslos. Die Schulen müssen wieder geschlossen werden.
>
> 19. Februar: 1200 Polizisten zum Schutz der Kohlentransporte eingesetzt, die viel zu spärlich eintreffen. Der Polizeischutz ist völlig unzureichend, so dass sich diese 1200 Mann auf drei Schichten verteilen. Unter den Kohlendieben ein Staatsanwalt und ein Geistlicher festgenommen.[17]

Kohle, das verdeutlichen Lüths Tagebucheinträge, ist mehr als nur ein Brennstoff. Von ihr hängt Leben ab. Für Kohle werden die Menschen im bitteren Winter 1946/47 zu Dieben – selbst Staatsanwälte und Geistliche. Der Ernährungsrat der deutschen Ärzte bilanziert die Schreckensmonate am Ende wie folgt:

> Die Normalverbraucherrationen des Frühjahrs 1947 sind so niedrig, dass sie nur $^1/_3$ des Bedarfs decken und in der Zeit von einigen Monaten zum Tode führen würden. Nur mit äußerster Anstrengung und unter Einsatz aller Ersparnisse aus früheren Jahren, oft unter Preisgabe des mühsam geretteten

Restes beweglicher Habe, unter Missachtung von Gesetzen und behördlichen Bestimmungen sind die auf diese Rationen angewiesenen Menschen in der Lage, ihre Ernährung auf ein Niveau zu heben, das sie eben an der Grenze schwerer klinischer Unterernährungserscheinungen hält.[18]

Endlose Züge mit Ruhrkohle rollen mitten im Katastrophenwinter 1946/47 aus dem Ruhrpott an die Küste. Ihr Ziel – das Ausland. Die britische »North German Coal Control« verkauft deutsche Kohle auf eigene Rechnung nach Skandinavien und Übersee. Als Reparationsleistung. Sie wird über den ostfriesischen Hafen Emden verschifft, den größten Massenguthafen Deutschlands vor dem Krieg. Jetzt, achtzehn Monate nach Kriegsende, hat er seine frühere Bedeutung wiedererlangt.

Die Stadt ist zu mehr als 80 Prozent zerstört, nur den Hafen haben die Bomber der Alliierten unversehrt gelassen. Hans Schmid ist damals Angestellter der Firma »Emdener Schiffsausrüstung«. Er ist neunzehn Jahre alt und heilfroh, überhaupt einen Job zu haben. Als Hilfsarbeiter soll er, der eigentlich Kaufmann gelernt hat, in einem Schiffsladeraum aufgeschüttete Steinkohle verteilen – mit den Händen und einer Schaufel.

Man hat hier in Emden eine Zweigstelle gebaut unter englischer Führung, die »North German Coal Distribution«. Da arbeiteten Zivilangestellte aus England. Die hatten deutsche Angestellte, mit Englischkenntnissen usw. Die machten also das, was die Engländer ihnen vorgaben. Zu diesen Firmenangehörigen gehörte ich auch. Ich war also auch Erfüllungsgehilfe.

Das Wort »Erfüllungsgehilfe« deutet auf eine anrüchig-kriminelle Praxis hin. Und tatsächlich schwingen solche Assoziationen mit, wenn Schmid erzählt. Schließlich hilft er mit, Millionen Tonnen Kohle aus dem eiskalten Deutschland in alle Welt zu verschiffen.

Als britisches Eigentum. Als Reparationsleistung an die Sieger. In seinem Büro frieren alle und haben nichts zu heizen.

Ja, das war äußerst bitter. Denn es gab ja auch viele, viele Menschen, die auf die Züge sprangen, wenn die kamen, und die Waren gestohlen haben, weil die Leute nichts zum Brennen hatten. Ich erinnere mich zum Beispiel ganz besonders an den Winter 1947, da hatten wir in Emden 25 Grad minus, und ständig fror der Hafen zu. Morgens war immer einer abgestellt, der das Feuer anmachen musste. Wir hatten einen Kohleofen. Und bis dann die ganzen Räumlichkeiten mit dem Kohleofen so warm wurden, dass einem nicht der Bleistift wegen Kälte aus der Hand fiel, dann war es inzwischen 11 Uhr geworden. Es war jeden Tag der gleiche Vorgang. Erst heizen, den Mantel an, später Mantel aus und weiterarbeiten. Schreibmaschinen, die gab es zum Teil gar nicht, und viele Listen mussten mit der Hand geführt werden. Und sie mussten ja mit diesen Aufstellungen den Engländern belegen und bestätigen, dass alles rechtens war, dass nichts irgendwie hängen geblieben war. Alles war Eigentum der englischen Besatzungsmacht. Also Bestätigung bitte! Wo ist die Ladung geblieben?

Trotzdem ist Hans Schmid froh. Er hat einen Job, bekommt dadurch Lebensmittelmarken und Geld. Sein Leben hat wieder einen Mittelpunkt: Arbeit – wenn auch für die Besatzer. In einem Notbüro auf dem Dachboden.

Ich will mal Folgendes sagen. Im Prinzip war durch diese neue Aktivität, sprich Umschlag von festen Brennstoffen über Emden, die Gewähr gegeben, dass man wieder Arbeit bekam und dass es wieder vorwärtsging nach dem verlorenen Krieg. Gut, die Engländer standen auf dem Standpunkt, dass es ihr Eigentum war. Dass man selber anders dachte, war eine ganz klare Sache. Ich meine, das hat es schon immer gegeben. Da im Ersten Weltkrieg. Die Franzosen, die haben das halbe Saarland ausgeräumt. Wenn die Engländer nicht behaupteten, es wäre ihr Eigentum, dann könnte man sagen: ach, lass sie doch …

Fast zwei Millionen Tonnen Steinkohle fließen 1946 über den Emdener Hafen aus Deutschland ab. 1947 sind es noch anderthalb Millionen Tonnen. Erst ab 1948 nimmt der Steinkohlenexport ab.

Ungerührt lassen die Besatzungstruppen flächendeckend Industrieanlagen und Maschinen demontieren und in ihre Länder schaffen. Wiedergutmachung. Die sowjetische Besatzungszone leidet am meisten. Alexander Galkin schätzt die Lage in der SBZ folgendermaßen ein:

Ich muss sagen, dass die Reparationen aus zwei Teilen bestanden. Der erste Teil der Reparationen bestand aus laufender Produktion, der zweite Teil bestand aus der Demontierung von Werken. Was die Lieferung angeht, d. h. Reparationen aus der laufenden Produktion, die liefen ziemlich reibungslos. Später wurden sie abgestellt im Rahmen der wechselnden Position gegenüber Deutschland. Reparationen aufgrund der Demontierung liefen grob und uneffektiv. Es gab sie ziemlich lange in der sowjetischen Zone. Moskau forderte Reparationen. Moskau forderte die Demontierung von Werken, und die Demontierung wurde durchgeführt. Manchmal wurde sie ziemlich rücksichtslos und dumm durchgeführt.

Unter dem Eindruck der extrem schlechten Versorgungslage gibt die SMAD am 27. Februar 1947 einige zur Reparation freigegebene Betriebe und Braunkohlenbergwerke an die deutschen Landesverwaltungen zurück. Insgesamt werden fünfundzwanzig Betriebe, vor allem im Süden der SBZ, an die deutschen Behörden übergeben und nicht als Reparationszahlung demontiert und abtransportiert. Die SBZ hat für Stalin mit der Zeit immer mehr an Wert gewonnen – aus dem Trumpf im diplomatischen Poker wird ein Militärstützpunkt in dem sich anbahnenden Kalten Krieg.

Die unmittelbaren Folgewirkungen der Demontagen sind vor allem psychologischer Art. Der Abtransport ganzer Industrieanlagen ist ein Akt von hohem Symbolgehalt. Bei den Deutschen wecken sie Gefühle der Demütigung und der Hoffnungslosigkeit. Für die Volkswirtschaft hat die Vernichtung der Industriekapazitäten kurzfristig eher geringe Auswirkungen. Der Mangel an Rohstoffen und das zusammengebrochene Verkehrs- und Transportsystem erlauben in den ersten Nachkriegsjahren keine volle Ausnutzung der vorhandenen Kapazitäten. Zudem unterschätzen die Alliierten das deutsche Industriepotenzial. Das Ausmaß der Kriegszerstörungen ist im Verhältnis zu den während des Kriegs immens gesteigerten Kapazitäten geringer als angenommen.

Für die Empfänger sind die demontierten Industrieanlagen nicht immer so wertvoll wie erhofft. Zum Teil werden sie unsachgemäß abgebaut und abtransportiert. Die inzwischen veralteten Fabriken arbeiten bisweilen unrentabler, als man sich vorgestellt hat. Im Gegenzug bewirken die Demontagen in Westdeutschland ab 1949 die forcierte Inbetriebnahme modernerer Werke, eine »Modernisierung im Wiederaufbau«, wie Historiker sagen.

Während dies weitgehend ungeplante Nebeneffekte sind, bedeuten die Änderungen in der Wirtschaftspolitik, wie sie die Siegermächte angesichts der besonders im Krisenwinter 1946/47 sichtbaren Verschärfung der Lage und der Spannungen zwischen den Alliierten in Angriff nehmen, eine beabsichtigte Kehrtwende. Der Wiederaufbau soll nicht zuletzt aus (geo-) politischen Erwägungen auf eine solide Grundlage gestellt werden. Außerdem haben sich die Lebensverhältnisse zugespitzt.

Apathie ist eine Möglichkeit, auf die Widrigkeiten der Zeit zu reagieren. Doch Hunger und Kälte rufen auch andere Reaktionen hervor, zumal, wenn sich die Unzufriedenheit politisch umlenken lässt. Das zeigt die Geschichte von Ernst Schmidt aus Essen. Ernst Schmidt ist Kommunist, wie viele im Ruhrgebiet, aber er arbeitet nicht unter Tage, sondern im Dienst der Partei und der Gewerkschaft. Über den Alltag in Essen im Winter 1946/47 berichtet er:

> Ich hab mich damals angestellt am Bäckerladen um acht Uhr abends. Mutter gab mir eine Wolldecke mit, die hab ich mir um Kopf und Schultern gelegt. Denn es war 15 Grad Kälte draußen. Und dann stand ich zwei Stunden. Dann kam der Vater, dann kam die Schwester, dann kam ich wieder. Bis zum Morgengrauen wechselten wir uns ab, und dann kam Mutter. Und wenn sie Glück hatte, kriegte sie Brot. Maisbrot. Es sah goldgelb aus. Nur schmeckte es furchtbar. Die Ernährungslage war katastrophal. Der Bergmann kriegte etwas mehr, aber die Frauen hatten ja nichts. Das waren die Normalverbraucher. Und dann hat die KPD-Kreisleitung hier in Essen gesagt: »Leute, wir müssen was tun. Wir wollen eine Aktion durchführen.«

Die Essener Genossen schicken den jungen Ernst Schmidt zu einer Betriebsversammlung. Sie wollen eine Demonstration organisieren. Auf jeden Mann kommt es an. Auf der Versammlung soll Schmidt die Arbeiter zum Aufruhr animieren. Der frisch gebackene Vollzeitkommunist ist wahnsinnig aufgeregt, er hat Angst, nicht genügend Demonstranten zusammenzutrommeln. Es ist das erste Mal, dass er agitieren soll:

> Ich hab sonst vorher nie vor großem Publikum gesprochen. Aber ich kam dann rein, und das waren keine zwanzig, da

waren so fünfzig bis hundert Leute. Ich bin dann hingegangen. Hab mich vorgestellt. Ich sah die Mienen der Leute vor mir nicht. Und als ich die letzten Sätze sagte – nicht wahr, ich weiß noch: »Auf denn! Packen wir's an!« –, da kriegte ich Beifall. Da wusste ich, du bist angekommen. Ich war sehr stolz. Sie haben auch gesagt: »Mensch Ernst, hast du prima gemacht. Toll.« Diese Anerkennung war da.

Am folgenden Montag soll die Arbeiterdemonstration stattfinden. Ernst Schmidt mobilisiert noch schnell ein paar ehemalige Kollegen von seiner Baustelle bei »Hochtief«, wo er noch bis vor kurzem als Hilfsarbeiter tätig war, damit genügend Leute kommen. Hundert sollten es mindestens sein. Schmidt gibt sein Bestes – nur keine Blamage vor den alten Genossen. Die Kollegen wissen – Schmidt ist ein Roter. Seinen Spitznamen hat er längst bei ihnen weg: »Kommunistenvater«.

Zuerst bin ich zu meiner Arbeitsstelle gegangen. Zu den Bauarbeitern. Ich hab gesagt: »Der Kommunistenvater ist da, der will euch holen zur Demonstration.« – »Wie Kommunistenvater, was ist denn los?« Ich sag: »Um elf Uhr ist vorm Rathaus Demonstration. Kommt mit!« –»Ja«, und »da gehen wir mit.« Und die Zeitung schrieb: »Hungermarsch der Essener Betriebe.«

Die Arbeiter ziehen zum Rathaus, wo Oberbürgermeister Gustav Heinemann, der spätere Bundespräsident, sie um Verständnis bittet:

Als dann die Menschen dort standen, kam Heinemann als Oberbürgermeister heraus und verkündete: »Liebe Leute, ich kann euch ja verstehen, aber ich kann euch nur noch einen Rest Kartoffelschnitzel freigeben für den Verkauf.« In dem Moment kam auch der britische Stadtkommandant an. Der zuvor mal in einem Plakat hatte verkünden lassen: »Den besten Rat, den ich Ihnen geben kann, ist den Gürtel enger zu schnallen und mit Fassung zu tragen.« Der Mann kam jetzt. Er war ein Kolonialoffizier gewesen, trug eine Reitpeitsche, die er immer gegen die Stiefel klopfte. Es gab keine Tätlichkeiten. Sondern dieses stumme, aber auch gleich lauter werdende: »Wir wollen Brot! Wir haben Hunger.« Das, das war über den Platz hinweg zu hören.

Die Demonstration ist ein voller Erfolg: Dreihundert Arbeiter stehen vor dem Rathaus. Agitator Schmidt hat anscheinend ganze Arbeit geleistet. Aber dann erleben Ernst Schmidt und seine Mitstreiter plötzlich eine Überraschung. Er wird ins Büro von Oberbürgermeister Heinemann gerufen. Er und seine Genossen haben in ihrem Eifer einen wahren Aufstand ausgelöst. Der Funke ist übergesprungen auf andere Betriebe. Jetzt wird es brenzlig. Oberbürgermeister Heinemann gerät in die Klemme. Ihm sind die Hände gebunden. Er ist nur eine Marionette der britischen Besatzungsmacht. Die wahren Herren von Essen sitzen im Gebäude der Militärregierung. Das sieht auch Ernst Schmidt so:

Der Oberbürgermeister Dr. Heinemann. Ich sehe ihn noch vor dem Tisch sitzen. Um elf Uhr war die Kundgebung. Zwölf Uhr hat die Krupp-Belegschaft die Arbeit niedergelegt. Die gesamte Krupp-Belegschaft! Und sie befindet sich im Anmarsch auf das Rathaus. Nein, das darf nicht wahr sein! Um Gottes Willen. Das kann doch nicht wahr sein! Und wir, wir saßen darüber und haben überlegt, was man jetzt tun sollte. Plötzlich geht das Telefon wieder. Heinemann geht ans Telefon. Und wirkt auf einmal erleichtert. Gott sei Dank! Und er kriegt die Nachricht, dass die Krupp-Belegschaft nicht zum Rathaus marschiert, sondern zur britischen Stadtkommandantur. Dann sind die Krupp-Arbeiter befriedigt nach Hause gegangen. Weil der Engländer ihnen versprach, den gesamten Kraftwagenpark von Essen nach Bremen zu schicken, um

Brot zu holen. Und die sind dann auch dahin gefahren. Und in den frühen Morgenstunden gab's Brot in Essen.

Auch anderswo gibt es Proteste. In Hamburg warnt Bürgermeister Max Brauer in der Senatssitzung vom 11. April:

> Das disziplinierte Verhalten der hamburgischen Bevölkerung darf nicht darüber hinwegtäuschen, dass die Grenze des Erträglichen erreicht ist.

Den Verantwortlichen in Hamburg stehen die Demonstrationen und der vierundzwanzigstündige Generalstreik im Ruhrgebiet aus dem vorangegangenen März vor Augen. Gerüchte besagen, dass in Schleswig-Holstein bereits Bäckerläden gestürmt worden seien. Die Ernährungskrise des Frühjahrs 1947 führt zu Massenprotesten der Hamburger Arbeiterschaft. Dort kommt es allerdings nicht zu Unruhen oder langfristigen Streiks, weil die Gewerkschaften erfolgreich den Protest kanalisieren.

Dennoch könnten unter diesen Vorzeichen die Positionen der Kommunisten immer mehr an Einfluss gewinnen, denn deren Forderung nach Verstaatlichung und Planwirtschaft etwa entspricht der allgemeinen Stimmung. Selbst die neu gegründete CDU in der mittlerweile britisch-amerikanischen Bizone beschließt ihr berühmtes Ahlener Pogamm, das mit den Worten beginnt: »Das kapitalistische Wirtschaftssystem ist den staatlichen und sozialen Lebensinteressen des deutschen Volkes nicht gerecht geworden.« Das Programm fordert eine partielle Vergesellschaftung der Großindustrie und starke Mitbestimmungsrechte. Auch die bürgerlichen Kreise im Westen schwenken nun teilweise auf den Kurs von SPD und KPD ein.

Das alarmiert die Amerikaner. Sie sehen eine kommunistische Gefahr für ganz Europa und wollen die Ausbreitung eindämmen. »Containment« heißt dieser Politikansatz. Wirksamstes Mittel der Eindämmung aber sollen ökonomische Instrumente sein. Auch aus diesem Grund verkündet im Juni 1947 US-Außenminister George C. Marshall die massive wirtschaftliche Unterstützung Europas und Deutschlands. Die vom Krieg zerstörten Länder sollen wiederaufgebaut und unter amerikanischem Einfluss bleiben. Das ist der so genannte Marshallplan. Eine der größten Hilfsaktionen der Geschichte beginnt.

Hilfe für Europa – Hilfe für Deutschland

Während die Demontagen weitergehen, vollzieht sich jenseits des Atlantiks eine Wende in der Deutschlandpolitik. Zum Protagonisten dieser Entwicklung wird der amerikanische Außenminister George C. Marshall. In einer Rede vor Studenten der Harvard-Universität stellt er im Juni 1947 ein umfassendes Hilfsprogramm für Europa in Aussicht, das im folgenden Jahr in die Tat umgesetzt werden soll.

Offiziell heißt das Unterfangen »European Recovery Program« (ERP). Erst durch die Popularisierung in den Medien wird daraus der »Marshallplan«. Er ist das Ergebnis politischer Einsicht. Die punktuellen Unterstützungsmaßnahmen können nicht garantieren, dass Westeuropa und Deutschland wirtschaftlich wieder festen Fuß fassen. Das aber ist die Bedingung dafür, dass auf dem Kontinent ein stabiles Gegengewicht zu der immer deutlicher als globaler Gegenspieler erkennbaren Sowjetunion entsteht.

Im Kern besteht die neue Strategie darin, durch Kredite die Volkswirtschaften Westeuropas zu eigener Güterproduktion zu befähigen. Gleichzeitig sollen die Empfänger ihre Volkswirtschaften miteinander verzahnen. Ziel ist die Überwindung der Kriegsfolgen und die Abwehr kommunistischer Einflüsse auf die Not leidende Bevölkerung Europas. Wirtschaftlicher Aufschwung und Wohlstand als Impfstoff gegen den Kommunismus. Zugleich sichern sich die USA Absatzmärkte für die eigenen Produkte.

Die amerikanischen Devisen ermöglichen die Einfuhr von Rohstoffen. Westdeutschland wird in das westliche Wirtschaftssystem integriert. Insgesamt fließen bis 1952 rund 3 Milliarden Dollar. Eine Starthilfe für das »Wirtschaftswunder«.

Der Marshallplan wird, nicht zuletzt wegen seines Erfolgs, bald zu einem Mythos. Eine rückblickende Einschätzung, fünfzig Jahre nach dem bis dahin größten Wiederaufbauprogramm der Geschichte, kommt zu dem Urteil, dass dieser Plan eine zeitübergreifende Vorbildfunktion für weitere Kriseninterventionen haben sollte:

In seiner Rede an der Harvard-Universität am 5. Juni 1947 leitete der damalige US-Außenminister, Fünf-Sterne-General und spätere Friedensnobelpreisträger, George Marshall, [...] eine Strategie [ein], für die heute der Begriff Hilfe zur Selbsthilfe gilt: Bevor die USA ihre Kassen öffneten, so Marshall, müssten sich die Europäer gemeinsam darüber einigen, welcher Bedarf konkret besteht und welche Initiativen sie selbst ergreifen wollen. Es wäre weder angemessen noch nutzbringend, wenn die USA einseitig ein Programm zum wirtschaftlichen Wiederaufbau entwürfen. Das ist die Sache der Europäer.

Die Hilfe der Amerikaner war jedoch mit klaren politischen Auflagen verbunden. Der Marburger Historiker Gerd Hardach beschreibt das Strukturanpassungsprogramm: Westeuropa sollte seine Staatshaushalte sanieren, feste Wechselkurse einführen, sich ökonomisch zusammenschließen und zugleich zum Weltmarkt öffnen. Das Geld des Marshallplans habe »als Anreiz gedient, um die zögernden Regierungen auf den Pfad der Integration zu bringen«, und es sollte auch »die Währungsrisiken auffangen, die mit der Liberalisierung des Handels und des Zahlungsverkehrs verbunden waren«. Die USA gewährten sechzehn Staaten des alten Kontinents zwischen 1948 und 1952 knapp 14 Milliarden Dollar Kredit. In heutiger Kaufkraft gerechnet entspricht dies etwa 80 Milliarden Dollar. Rund ein Viertel ging davon an Großbritannien, ein Fünftel an Frankreich. Nach Italien war Westdeutschland mit 10 Prozent des Gesamtvolumens viertgrößter Empfänger – sollte aber als einziger das Geld später zurückzahlen. […] Die Amerikaner hatten für den Plan anfangs beträchtliche Lasten zu tragen: 1949 kostete sie der Beistand für Europa 2,5 Prozent ihres Bruttoinlandsprodukts. […] Seinerzeit waren die Abgeordneten des Capitols zunächst wenig erbaut über die Regierungspläne insbesondere für den ehemaligen Kriegsgegner Deutschland. Noch im März 1946 hatten die Alliierten eine andere Strategie verfolgt. […] Zwischen diesem Zeitpunkt und der Rede Marshalls lagen der Streit der Westmächte mit der UdSSR über den künftigen Status Deutschlands sowie der Vormarsch der Kommunisten in Ost- und Südeuropa. Marshalls Stabschef George Kennan hatte in einer Studie den ökonomischen Zusammenbruch des alten Kontinents an die Wand gemalt. Das wäre nicht nur für die Exporte der US-Wirtschaft katastrophal, meinte Kennan, sondern berge auch die Gefahr, dass die Kommunisten die Krise ausnutzten. […] Durch finanzielle Hilfe sollten »alle freien Völker« bei der Herstellung geordneter politischer Verhältnisse unterstützt werden. Nun, da es darum ging, dem Vordringen des Kommunismus Einhalt zu gebieten, mochte auch der sparsame Kongress nicht mehr Nein sagen.[19]

Die Verheißungen des wirtschaftlichen Masterplans der europäischen Nachkriegsordnung locken auch Staaten im östlichen Europa. Die sowjetische Besatzungszone darf sich auf Druck Moskaus nicht beteiligen. Der sowjetische Außenminister Molotow bezeichnet das Angebot der USA auf der Außenministerkonferenz in Paris im Sommer 1946 als Einmischung in die Souveränität der europäischen Staaten. Dabei bekunden unter anderem Bulgarien, die Tschechoslowakei, Polen und Ungarn durchaus Interesse.

Die Sowjetunion geht aber noch einen Schritt weiter. Am
30. September 1947 gründet sie das Informationsbüro der Kommunistischen und Arbeiterparteien (Kominform), das von 1947
bis 1956 ein überstaatliches Bündnis kommunistischer Parteien
sein wird, sowie später, am 25. Januar 1949, den »Rat für gegenseitige Wirtschaftshilfe« (RGW) als sozialistisches Gegengewicht
zum ökonomischen Zusammenschluss in Westeuropa. In der
SBZ und später der DDR wird der Marshallplan als Vehikel einer
verstärkten wirtschaftlichen und politischen Abhängigkeit des
Westens vom »USA-Imperialismus« gebrandmarkt. 1948 hängen
in der sowjetischen Besatzungszone überall Plakate, auf denen
jene Parole zu lesen ist, die »Antiimperialismus« und Selbstver-
ständnis der ostdeutschen Führung auf den Punkt bringt. Unter
der Abbildung eines schmerbäuchigen Kapitalisten mit Dollar-
zeichen auf der Brust steht dort zu lesen: »Wir brauchen keinen
Marshallplan, wir kurbeln selbst die Wirtschaft an.«[20]

Das »European Recovery Program«, der Marshallplan, gehört
zu den mittlerweile legendären Maßnahmen, die nach dem Krieg
getroffen wurden, um den Aufstieg des zerstörten Westeuropas
und der bald entstehenden Bundesrepublik zu fördern. An sym-
bolträchtiger Aufladung kann es da eigentlich nur ein Ereignis
mit dem Plan des amerikanischen Außenministers aufnehmen,
und dieses ist zugleich eine Bedingung für das Hilfsangebot der
westlichen Supermacht: die Währungsreform im Juni 1948.

Die Währungsreform – Motor des Aufschwungs

Währungsreform – das Wort ist schnell in aller Munde. Die
Reichsmark verliert zusehends an Wert. Es muss etwas getan
werden, darin sind sich alle Experten einig. Nur eine solide Wäh-
rung, deren Wert nicht durch das Missverhältnis zum knappen
Warenangebot diskreditiert ist, kann den Ausgangspunkt für eine
Normalisierung der wirtschaftlichen Verhältnisse bilden.

Die Notwendigkeit einer Währungsreform wird von den Besatzern allerdings unterschiedlich bewertet. Die sowjetischen Besatzer haben am wenigsten Interesse daran, da sie im Juli 1945 alle Altguthaben gesperrt, die Banken geschlossen und damit das Problem der Überliquidität auf radikale Weise in den Griff bekommen haben. Briten und Franzosen sehen die Währungsproblematik auch nicht als vordringlich an, weil sich die Besatzungskosten mit der von den Alliierten kreierten Militärmark regeln lassen und die ökonomische Gesundung Deutschlands für sie anfangs keine Priorität hat. Die Amerikaner werden komplett aus dem Heimatland versorgt, mit Benzin, Technik, Nahrung und Zigaretten.

Doch mit dem Schwenk in der Wiederaufbaupolitik der westlichen Alliierten, allen voran der USA, setzt sich die Erkenntnis durch, dass eine nachhaltige Gesundung der deutschen Wirtschaft nur mit einem Währungsschnitt erreicht werden kann.

Die Neuordnung der Währung ist die Voraussetzung für eine wirtschaftliche Sanierung. Sie muss nicht nur die Wiederherstellung des Gleichgewichts zwischen Geldmenge und Volksvermögen erreichen. Sie bedeutet zugleich unweigerlich eine Entscheidung über die künftige Wirtschaftsordnung. Darüber hinaus hängt daran auch die Frage nach der wirtschaftlichen und politischen Einheit Deutschlands. Denn eine Sanierung nur in den westlichen Zonen würde zwangsläufig die Spaltung der Wirtschaftsgebiete festschreiben und liefe möglicherweise auf eine Teilung in zwei getrennte Staatsgebilde hinaus.

Die Entscheidung fällen die Amerikaner – deutsche Experten werden zwar gehört, haben aber keinen entscheidenden Einfluss. In den USA werden ab November 1947 die neuen Geldnoten gedruckt, bevor sie, unter strengster Geheimhaltung, nach Deutschland transportiert werden. Mitte Juni 1948 gelangen sie – unter Militärschutz – von Frankfurt am Main zu den elf Landeszentralbanken der drei Westzonen. Der Tag X ist das wohl am besten gehütete Geheimnis der damaligen Zeit.

Bis zum Beginn des Jahres 1948 sieht alles noch nach einer abgestimmten Aktion aus. Auf der Außenminister- und Kontrollrats-
ebene wird noch über eine vierzonale Währungsreform verhandelt, doch kurz vor dem Durchbruch der Verhandlungen scheitert
der gemeinsame Plan. Die Sowjetische Besatzungsmacht fordert
eine deutsche Zentralbank und eine zentrale Finanzverwaltung
für alle vier Zonen. Die Amerikaner lehnen dies angesichts der
unterschiedlichen Entwicklung der Wirtschaftssysteme ab.

Dabei sind diese Verhandlungsgeplänkel letztlich nur noch
diplomatische Glasperlenspiele. Die Entscheidung ist bereits früher gefallen. Im Herbst 1947 beginnen die Amerikaner, in New
York und Washington das neue Geld zu drucken. Es ist die Entscheidung der USA und ihrer Verbündeten zugunsten einer Währungsreform, die nur auf dem Territorium der drei Westmächte
durchgeführt werden soll.

Endgültig entschließen sich die Westmächte im März 1948. Die
sowjetische Besatzungszone soll nicht mehr in gemeinsame Wäh-
rungsreformpläne einbezogen werden. Der demonstrative Aus-
zug der sowjetischen Delegation aus den Beratungen am 20. März
erspart den Amerikanern die Peinlichkeit einer Erklärung dafür,
dass die westliche Seite an einer einvernehmlichen Lösung nicht
mehr interessiert ist. Dabei ist jetzt für jedermann offensichtlich,
dass die westlichen Alliierten die Bildung eines westdeutschen
Teilstaates, zumindest aber die Integration der westlichen Zonen
in Westeuropa vorantreiben.

Der amerikanische und der britische Militärgouverneur einigen sich über die Struktur einer Zentralbank für die Bizone. Die
französische Militärregierung stimmt dem zu. Der Gründung der
»Bank deutscher Länder« als Zentralbank für die drei Westzonen
steht jetzt nichts mehr im Weg.

Auch deutsche Experten befassen sich mit Plänen zu einer
Geldreform. Die »Sonderstelle Geld und Kredit« entwickelt im

April 1948 den »Homburger Plan« zur Neuordnung des Geldwesens. Doch ihr Einfluss ist gering. Die Konzepte der Militärregierungen sind längst fertig. Sie sehen ein Abwertungsverhältnis zehn zu eins und eine Koppelung des Geldschnitts mit einem Lastenausgleich vor, der Gerechtigkeit zwischen Sachwertbesitzern und den im Chaos der Nachkriegszeit Verarmten schaffen soll.

Den alliierten Sachverständigen werden ab April 1948 deutsche Experten zur Seite gestellt. Diese versuchen, ihre Vorstellungen vorzubringen. Als sie damit scheitern, erklären sie, dass für die getroffenen Entscheidungen allein die Alliierten die Verantwortung tragen:

> Die drei Besatzungsmächte tragen für die Grundsätze und Methoden der Geldreform in ihren Zonen die alleinige Verantwortung. Deutsche Sachverständige wurden auf Wunsch der Militärregierung und der deutschen politischen Stellen hinzugezogen, doch konnte ihre Arbeit im Ergebnis fast nur in technischer Hinsicht zur Geltung kommen. Alle sachlich wesentlichen Gegenvorschläge der deutschen Sachverständigen mussten [...] abgelehnt werden, da die Militärregierungen die Verantwortung für deren Verwirklichung nicht glaubten übernehmen zu können.

Der Tag X

Die Öffentlichkeit erfährt am 18. Juni die Einzelheiten der Reform. Mit dem Verfall der Reichsmark am 20. Juni 1948 erlöschen alle Schulden des Reichs. Private Verbindlichkeiten und alle Bank- und Sparguthaben werden im Verhältnis zehn zu eins abgewertet. Die so genannte Kopfquote beträgt 60 DM, wovon 40 DM sofort ausbezahlt werden. Die restlichen 20 DM sollen innerhalb der nächsten vier Wochen folgen, werden aber dann doch erst im

August freigegeben, um die Kaufkraft nicht zu rasch in die Höhe schnellen zu lassen.

In einer Hinsicht ist der Währungsschnitt sofort ein Erfolg: Nicht wenige Schwarzhändler, denen es zu heikel ist, ihr altes Geld einzubringen, vernichten ihre Beträge.

Doch bereits die Erwartung einer wirtschaftspolitischen Entscheidung hat einen großen Einfluss auf die Entwicklung des Schwarzhandels. Das lässt sich am Berliner Beispiel zeigen. Denn auch die Händler flüchten in Sachwerte. Ein britischer »Report on Berlin Morale« nimmt darauf Bezug:

> Ängste vor einer Währungsreform haben zu einer verstärkten Handelstätigkeit geführt. Zu Beginn des Monats fand eine nennenswerte Flucht aus der Mark statt, als die Angst vor der Reform ihren Höhepunkt erreichte. Die Händler versuchten, stabile Währungen – vor allem Britische Pfund und US-Dollar – zu bekommen. Dollars wurden zu 300 bis 350 Reichsmark, in einigen Fällen sogar zu 500 Reichsmark gehandelt. Es wird berichtet, dass ein 20 Dollar Goldstück 20 000 Reichsmark wert sei. Gold, Silber und Wertgegenstände allgemein sind im Wert ebenfalls gestiegen. Der Schwarzhandel mit Benzin ist fest etabliert. Amerikanische Tankstellen gelten als Quellen für das Schwarzmarktbenzin.[21]

Die Erwartung eines Währungsschnitts führt einerseits zu einer »Flucht in die Sachwerte«. Da diese aber zu einem großen Teil nur im Schwarzhandel umzuschlagen sind, blüht der illegale Handel noch einmal auf, sobald sich die Nachrichten über eine bevorstehende Währungsumstellung verbreiten.

Dementsprechend muss ein Bericht des britischen »Enforcement Departments«, das unter anderem über die Durchsetzung der alliierten Preispolitik zu wachen hat, bereits im April 1948 feststellen:

Das Vertrauen in die Währung ist zum größten Teil verschwunden. Der Arbeiter will, wenn es irgend geht, eine »Bezahlung in Waren« neben seinem eigentlichen Gehalt, die es ihm ermöglicht, lebensnotwendige Gegenstände im Tauschhandel zu erwerben. Was die Unternehmer angeht, so führt das Misstrauen in die Währung dazu, dass sie ihre Produkte entweder zurückhalten oder Rohstoffe als Gegenwerte verlangen. Große Vorräte gelten als beste Garanten dafür, dass man die Währungsreform überstehen kann.[22]

In dieser Hinsicht zeigen sich in Berlin Begleiterscheinungen, die auch vor der Einführung der DM in der Westzone zu beobachten sind.[23] Und wie dort ist der erste Effekt der Währungsreform, dass die Preise rapide steigen, teilweise bis zu über 300 Prozent.[24]

Das Datum, der »Tag X«, ist nicht nur vor der Öffentlichkeit, sondern auch vor deutschen Politikern so lange wie möglich geheim gehalten worden. Trotzdem ahnen viele, wie die Berichte aus Berlin zeigen, was bevorsteht. Einzelhändler und Geschäftsleute fangen an, Waren zu horten. Niemand will noch altes Geld dafür in Empfang nehmen, wenn man sie bald gegen eine harte Währung verkaufen kann.

Am 20. Juni 1948 ändert sich die Situation über Nacht. Die Lager werden geöffnet. Die Schaufenster sind wieder voller lang vermisster Waren. Der Schwarzmarkt bricht nach einem kurzen Aufflackern der Geschäftstätigkeit weitgehend zusammen.

Wer gewinnt, wer verliert?

Zu den Begünstigten der Reform in den Westzonen gehören als Erste die Besitzer von Sachwerten. Wer viel Geld gespart hat, wird hingegen durch die Währungsreform fast enteignet. Zwar beteuern jetzt alle Verantwortlichen, dass ein gerechter Lastenausgleich geschaffen werden muss. Doch bis zu einer wirkungsvollen Abfederung der Ungerechtigkeiten dauert es noch lange. Gleichwohl begrüßt eine Mehrheit in der Bevölkerung die Reform. Umfragen der »Public Opinion Survey Unit« in der amerikanischen Besatzungszone ergeben, dass 75 Prozent der Befragten mit einer Besserung ihrer Situation durch die Währungsreform rechnen.

Die Linderung sozialer Härten soll das im September 1952 verabschiedete Lastenausgleichsgesetz bringen, das Abgaben auf Grund- und Immobilienbesitz vorsieht, die Aufbaudarlehen für Ausgebombte, Siedlungshilfen für Flüchtlinge und Investitionshilfen zur Existenzgründung ermöglichen sollen.

Drei Tage nach Inkrafttreten der Währungsreform im Westen führt die SBZ eine eigene Währungsreform durch. Die Entscheidungsträger sind zum Reagieren verurteilt. Da neue Banknoten in der SBZ nicht zur Verfügung stehen, werden als Notmaßnahme Reichsmarknoten im Wert von maximal 70 Reichsmark pro Person umgetauscht. Die alten Reichsmarknoten werden von den sowjetischen Behörden einfach mit Kupons und Wertmarken überklebt und im Verhältnis eins zu eins umgetauscht, wenn der Besitzer der Geldscheine deren rechtmäßige Herkunft nachweisen kann. Im Volksmund spricht man von der »Klebemark«. Die Währungsreform, die in der Ostzone eigentlich weniger dringlich ist, befördert letztlich die Spaltung. Diese Spaltung lässt sich aber nicht nur an der Existenz zweier Währungen ablesen. Dahinter stehen auch zwei grundverschiedene Wege in jeweils neue Wirtschaftsordnungen.

Ökonomischer Neuanfang in Ost und West

Die Debatten um Wirtschafts- und Marktformen beherrschen die politischen Diskussionen im besetzten Deutschland. Der später zur Erfolgsgeschichte des westdeutschen Staates unumstößlich dazugehörende Beitrag der sozialen Marktwirtschaft ist keine alternativlose Entwicklung. Das Konzept setzt sich nach und nach gegen konkurrierende, zum Teil entgegengesetzte Vorschläge durch. Die nachträglich formulierte Logik, die den Bestand der Bundesrepublik von ihren Anfängen an mit der sozialen Marktwirtschaft verbindet, verschleiert die historische Offenheit der Situation. Sie ist Teil jener den Glaubensbestand des neuen Staates prägenden »Erfindung einer Tradition«.

Der Diskussionsprozess um die neu zu errichtende Wirtschaftsordnung verläuft äußerst kontrovers, spaltet zum Teil die Anhänger einer Partei in unterschiedliche Lager und ruft Gewerkschafter und Kirchenvertreter auf den Plan. Dabei handelt es sich von Anfang an keineswegs nur um reine Elfenbeinturmdiskussionen. Vielmehr finden diese Auseinandersetzungen auch auf der Straße statt. »Nichts«, so notiert der am 8. Juni 1978 mit dem Bayerischen Verdienstorden ausgezeichnete Ökonom Ludwig Aderbauer in seiner Dissertation aus dem Jahr 1948, »beschäftigt nach der bangen Frage ›Krieg oder nicht?‹ die breite Öffentlichkeit zur Zeit so sehr wie die beiden Komplexe: Währungsreform und Schwarzer Markt. Auf der Straße, in der Eisenbahn, in Gaststätten [...] ist man immer wieder unfreiwillig Zeuge solcher Gespräche. Der Austausch persönlicher, ganz privater Sorgen mündet stets in eine Erörterung dieser Probleme«.[25]

Die Auseinandersetzungen über eine Währungsreform aber kreisen stets um dieselben zwei Fragestellungen: Wie können die wirtschaftlichen Schwierigkeiten überwunden werden? Welche Wirtschaftsordnung ist dafür am besten geeignet? Es gibt letztlich nur die Alternativen Markt- oder Planwirtschaft, Fortsetzung der Bewirtschaftungsmaßnahmen und des Preisstopps und damit Fortführung der nationalsozialistischen Befehlswirtschaft oder Entfesselung der Marktkräfte und Währungsschnitt. In der Rückschau scheinen die Dinge klar zu sein: Die Zeit nach der Währungsreform in den besetzten westlichen Gebieten und Westberlin wird überwiegend als Beginn einer neuen, dem Wettbewerbsgedanken und freier Preisbildung verpflichteten Phase der wirtschaftlichen Erfolgsgeschichte der Bundesrepublik beschrieben. Der Aufhebung der Preisbestimmungen unter Wirtschaftsminister Ludwig Erhard fällt eine entscheidende Rolle zu, obgleich »politische Preise« in der Wohnungs-, Verkehrs- und Ernährungswirtschaft bis weit in die 1950er-Jahre hinein eine wichtige Rolle spielen.[26]

In einer Rundfunkansprache vom 8. Dezember 1945 führt Erhard – zu dieser Zeit in die von Ministerpräsident Wilhelm Hoegner geführte Bayerische Staatsregierung als Staatsminister für Handel und Gewerbe berufen – aus, dass es ihm zwar sehr widerstrebe, »die wirtschaftliche Ordnung durch Polizeigewalt herbeiführen zu wollen«, die Regierung aber »doch nicht länger tatenlos zusehen« könne, »wie öffentliches Gut in Ausnutzung ungeklärter Rechtsverhältnisse und Kompetenzen von gewissenlosen Spekulanten verschoben und somit vergeudet« werde. Auch stehe er nicht an, sich »zu einer liberalen Wirtschaftsauffassung zu bekennen, aber die persönliche Freizügigkeit« sei »in einer grundsätzlich freien Marktwirtschaft [...] an Voraussetzungen geknüpft, die angesichts [der] Mangellage auf allen Gebieten« derzeit nicht vorlägen.[27]

Die »erstrebenswerte Auflockerung« der wirtschaftlichen Verhältnisse sei »nicht über das Chaos der Willkür, der Zuchtlosigkeit und der brutalen Selbstsucht« zu erreichen, sondern rechtfertige, dass mit aller Härte gegen »übelstes Geschmeiß, Parasiten und Leichenfledderer« vorgegangen werde.[28] Interessant erscheint vor allem, dass der Titel der Ansprache einen anderen, nämlich tendenziell liberaleren Text vermuten ließ: »Wirtschaftliche Ordnung nicht durch Polizeigewalt«, hieß es dort.[29]

Lässt sich die Entstehungs- und Etablierungsgeschichte der sozialen Marktwirtschaft allein mit dem Verweis auf ihre Erfolge hinreichend erklären? Die Erfahrungen der vierziger Jahre sind zunächst für die zeitgenössischen Ökonomen von Bedeutung, die schon geraume Zeit über Mischformen von Wirtschaftsordnungen nachgedacht haben und die Rolle des Staates und seiner sozialpolitischen Aufgaben neu auszuloten suchen. Doch für die Durchsetzung eines ökonomischen Programms bedarf es darüber hinaus überzeugter und überzeugender politischer Entscheidungsträger sowie eines ausreichenden Rückhalts in der Bevölkerung.

Ein entscheidender Vorteil bei der Formulierung des ökonomischen Programms der sozialen Marktwirtschaft liegt darin, dass sich das Konzept zwischen den beiden die Diskussion beherrschenden Polen »Marktwirtschaft« und »Planwirtschaft« einordnete. Mit großem Erfolg inszenierte die CDU vor allem im Bundestagswahlkampf 1949 diese Gegenüberstellung. Wer wollte nach den Erfahrungen mit der Rationierung, mit Mangel und inflationären Tendenzen schon zurück zur »Kommandowirtschaft«?

Den Verfechtern ermöglicht die flexibel auszudeutende Idee der sozialen Marktwirtschaft, ihr Konzept einerseits als überzeugenden Kompromiss zu propagieren und andererseits nach Bedarf unterschiedlichen Ängsten und Hoffnungen mit Akzentverschiebungen in die eine oder andere Richtung entgegenzukommen. Das, was der Begründer der Idee, der Ökonom Alfred Müller-Armack, als »vage Verwendung« bezeichnet, wird sich als eine Stärke erweisen. Die als vermeintlich »widerspruchsvoll empfundene« Wortverbindung »soziale Marktwirtschaft« bildet eine durchaus attraktive Chiffre für den Neuanfang, die als Etikett auch von den Erfolgen der Wirtschaftspolitik profitiert.

Im Bundestagswahlkampf von 1953 kann die CDU mit diesen Erfolgen für Ludwig Erhard, den »Vater des Wirtschaftswunders«, werben. In Zeitungsanzeigen können die Bundesbürger unter der Überschrift »Wohlstand aus eigener Kraft« lesen:

Seit fünf Jahren wächst und erstarkt die deutsche Wirtschaft, so rasch, dass die Welt erstaunt. Am eigenen Leib, an Kleid und Nahrung hat's jeder von uns erfahren. Verantwortlich für die deutsche Wirtschaft steht vor uns Professor Dr. Ludwig Erhard. Er hat für uns Entscheidendes geleistet.[30]

Zwar verdeckt das bekannte Motiv von den wieder gefüllten Schaufenstern, dass viele keineswegs sofort in den Genuss des lange Entbehrten gekommen sind. Aufwärts aber ist es zweifellos gegangen. Die Erfolge des westdeutschen »Wirtschaftswunders« werden der sozialen Marktwirtschaft in den Augen der Bevölkerung den Ritterschlag erteilen.

In der sowjetischen Besatzungszone und später in der DDR werden hingegen die Erfahrungen mit der Mangelwirtschaft, wie sie die Menschen bereits während des Kriegs und erst recht in der unmittelbaren Nachkriegszeit machen konnten, zu einem ständigen Begleiter im Alltag. Ein weitverbreitetes Thema westdeutscher Schilderungen der DDR-Lebenswirklichkeit wird in der Folge das »Rückständige« des ostdeutschen Staatssozialismus und seiner Konsumkultur mit dem Verweis auf die Tauschpraktiken und das »Organisieren«, das für viele DDR-Bürger bis 1989 Praxis bleiben wird, herausstreichen. Die Ergebnisse der Planwirtschaft können sich vor dem Hintergrund der chaotischen Nachkriegszeit zwar sehen lassen, gemessen werden sie aber immer an den Chancen der westdeutschen Wirtschaftsordnung.

**Flucht und Vertreibung –
Die Suche nach Heimat**

Der Personenverkehr wird teilweise mit Güterwaggons wieder aufgenommen, wie das Beispiel vom Hamburger Hauptbahnhof aus dem Jahr 1945 zeigt.

In den ersten Nachkriegsjahren kam es zu den größten Migrationsbewegungen in der neueren europäischen Geschichte. Kaum jemand in dieser hoch mobilen Gesellschaft blieb an seinem Platz. Gut zwölf Millionen Flüchtlinge und Vertriebene lebten 1950 auf deutschem Boden, dazu kamen neun Millionen Evakuierte, elf Millionen deutsche Kriegsheimkehrer und rund zehn Millionen Displaced Persons, also ehemalige Zwangsarbeiter, KZ-Häftlinge und Kriegsgefangene, die sich 1945 in Deutschland zwangsweise aufhielten.

Dass es bei diesen Strömen von vielen Millionen verzweifelter, ängstlicher, ratloser und geschwächter Menschen nicht zu größeren Epidemien gekommen ist, grenzt an ein Wunder. Die Verbesserung der hygienischen Verhältnisse, Ernährung und Seuchenprophylaxe waren die vordringlichen Aufgaben.

Die Züge waren – wie auf diesem Bild – hoffnungslos überfüllt, weil nur noch wenige Gleise befahrbar waren. Ende des Jahres 1946 betrug beispielsweise die Länge der durchgehenden Gleise in der sowjetischen Besatzungszone nur noch etwa 70 Prozent des Hauptstreckennetzes von 1936. Allerdings waren dort die Verhältnisse durch die Demontagen der Sowjets besonders krass, doch auch anderswo mussten die Menschen in Leergüterwaggons befördert werden, weil von den gut 17 500 Personenzügen des Jahres 1944 im Jahre 1948 nur noch rund 7200 übrig geblieben waren.

Die Leergüterzüge wurden von der Militärverwaltung für den Notreiseverkehr freigegeben. Die Eisenbahner bemühten sich nach Kräften, mit Rat und Tat zu helfen und Auskünfte zu erteilen. Viele Reisende mussten lange warten und vertrieben sich in der Bahnhofshalle die Zeit mit Grübeln, Plaudern oder einem Nickerchen. Wenn der Zug einlief, stürmten sie den Bahnsteig und bauten mit ihrem Gepäck kleine Barrikaden auf.

Für die meisten war es eine Fahrt ins Ungewisse, ohne Nachrichten von den Angehörigen. Doch die Zuversicht dürfte überwogen haben. Denn die Reise hatte immerhin ein Ziel – zur Familie oder zu Freunden, in die Heimat und nach Hause. Und das hieß doch, irgendwie wieder vorwärtskommen.

1944/45 setzen sich Flüchtlingsströme in Bewegung, wie sie die europäische Geschichte der Neuzeit nicht zuvor gesehen hat. Mehr als 12 Millionen Flüchtlinge und Vertriebene leben 1950 auf deutschem Boden, dazu kommen 9 Millionen Evakuierte, 11 Millionen deutsche Kriegheimkehrer und rund 10 Millionen Displaced Persons. Sie alle leben zwangsweise außerhalb ihrer Heimat. Allein die Vertriebenen und Flüchtlinge stellen 1949 fast ein Fünftel der deutschen Gesamtbevölkerung dar (18 Prozent), wobei 7,5 Millionen von ihnen in Westdeutschland und rund 4 Millionen in der sowjetischen Besatzungszone als »Umsiedler« leben.[1]

Unentwegt strömen Millionen Menschen gen Westen. Größere Epidemien bleiben allerdings aus. Ob es sich um die Flüchtlinge und Vertriebenen, die ehemaligen KZ-Häftlinge, die Kriegsgefangenen oder die vormaligen Zwangsarbeiter handelt – es muss zunächst für Hygiene zur Vermeidung von Seuchen und für ausreichende Ernährung gesorgt werden. Bereits im Sommer 1945 gelingt es, die Gesundheitslage zu stabilisieren. Zwar breiten sich Diphtherie, Typhus und Tbc aus, große Seuchen sind jedoch nicht aufgetreten. Welche Rolle das reichlich eingesetzte Entlausungsmittel DDT gespielt hat, ist noch ungeklärt.

Bis Ende 1946 kommen Abermillionen Flüchtlinge und Vertriebene in die drei westlichen Besatzungszonen. Physische und psychische Erschöpfung, der Verlust des Besitzes und die Schrecken der Flucht kennzeichnen die ausgehungerten Flüchtlinge, die schon für die notdürftigen Unterkünfte an ihren meist kleinstädtischen oder ländlichen Zielorten dankbar sind. Bereits 1946 lassen sich zwei große Entwicklungslinien unterscheiden, die sich zum Teil zeitlich überschneiden: eine erste Phase der Flucht zwischen 1944 und 1946 und eine zweite Phase der Vertreibung seit 1945 bis etwa 1948/49. Letztere lässt sich nochmals in »wilde« Vertreibungen und vertraglich festgelegte Zwangsaussiedlungen unterteilen. Bis 1950 werden jedenfalls knapp zwölf Millionen Deutsche aus Ostpreußen, Ostpommern, Ostbrandenburg, Schlesien, Polen, Ungarn der Tschechoslowakei, Jugoslawien und Rumänien zwangsweise umgesiedelt. Etwa sieben Millionen stammen aus den ehemaligen Ostgebieten des Deutschen Reiches und rund 5 Millionen aus den übrigen Siedlungsgebieten der Deutschen in Ost-, Mittel- und Südosteuropa. 1950 stellen die Vertriebenen und Flüchtlinge zwei Drittel der Bevölkerung in Schleswig-Holstein, ein Drittel in Niedersachsen und ein Viertel in Bayern.[2]

Deutsche Vertriebene nach Herkunftsland und Gebiet der Niederlassung nach Vertreibung (1945–1949)[3]

Herkunft der Vertriebenen \\ Niederlassungs-gebiet	Gesamt		West-deutschland	Ost-deutschland	Österreich und andere westeuropäische Staaten
	in Tausend	in Prozent			
Ehemalige deutsche Ostgebiete	6 980	55,8	4 380	2 600	—
Polen (einschließlich Danzig)	980	7,8	630	335	15
Tschechoslowakei	3 000	24,0	1 900	850	250
Sowjetunion	270	2,2	180	55	10
Ungarn	210	1,7	175	10	25
Rumänien	280	2,0	145	60	45
Jugoslawien	300	2,4	150	35	115
GESAMT	11 990	95,8	7 560	3 945	460
»Quasi-Vertriebene«[4]	525	4,2	385	125	15
TOTAL	12 515	100	7 945	4 070	475

Quelle: Echternkamp, Jörg: Nach dem Krieg. Alltagsnot, Neuorientierung und die Last der Vergangenheit 1945–1949. Zürich 2003, S. 50.

Das schlichte Zahlenwerk zu den Größenverhältnissen – über die genauen Ziffern herrscht bis heute keine endgültige Sicherheit – zeigt zunächst einmal die ungeheuren Dimensionen des Problems auf. Was Flucht und Vertreibung allerdings für die Betroffenen bedeutet, wie sie erlebt und verarbeitet werden, kann man daraus nicht ersehen.

Flüchtlingswellen

Vor dem Mai 1945 strömen die Flüchtlinge in vier großen Bewegungen Richtung Westen. Es beginnt mit der Flucht der »Volksdeutschen« im September 1944 aus dem rumänischen Siebenbürgen und dem Banat, aus Ungarn (vor allem aus Budapest) sowie aus Jugoslawien. Dieser ersten Evakuierungs- und Flüchtlingswelle folgen im Winter 1944/45 die Deutschen aus dem Baltikum und den deutschen Ostprovinzen, die in wilder Panik vor der heranrückenden Roten Armee flüchten und deren Trecks auf den verstopften Landstraßen immer wieder unter Beschuss durch die Frontlinien geraten. Durch verwüstete Landschaften, vorbei an zerfetzten und erstarrten Leichen führt der Weg der einfachen Karren durch Matsch und Kälte in Richtung Westen. Unter ihnen befindet sich auch Ella Knobbe aus Mohrungen in Ostpreußen. Im Mai 1951 verfasst sie einen Bericht über ihre Erlebnisse im Winter 1944/1945. Auch sie hat versucht, vor dem Herannahen der Front am 20. Januar 1945 zu flüchten, doch kurze Zeit später holt die Front sie ein. In einem Dorf erlebt sie, wie fast alle Männer erschossen und die Frauen vergewaltigt werden. Sie selbst wird in einer Nacht zwanzigmal vergewaltigt. Im Februar kehrt sie in ihr Heimatdorf zurück, wo sie folgende Erfahrungen macht:

> Mitte Februar langte ich auf dem Hof meiner Eltern an, um festzustellen, dass es die Russen in meinem Heimatort nicht minder schlimm trieben. Die Behausungen wurden demo-

liert. Mobiliar und Hausgerät verschleppt oder zerschlagen. Auch hier wurden viele männliche Einwohner erschossen, unter anderem die Bauern Wersel und Deutschländer sowie der Chausseewärter Böhnke. Die Vergewaltigungen gingen ununterbrochen weiter. Eine Nachbarsfrau, die vor drei Tagen entbunden hatte, wurde von den Russen ebenso wenig geschont wie meine 56-jährige Mutter. Die mir bekannte Frau Emma Stamer, geborene Reisberg aus dem Nachbardorf Silberbach nahm sich zusammen mit ihrem Mann Fritz Stamer durch Einnehmen von Akkusäure das Leben, weil sie die Vergewaltigungen im Beisein ihres Mannes nicht mehr ertragen konnte. In der Scheune von Bauer Browatzki lagen etwa 30 erschossene deutsche Soldaten.[…] Außer den täglichen Vergewaltigungen, die ich ebenso wie alle anderen weiblichen Wesen zu erdulden hatte, bin ich 7 Tage von einer russischen Bande, bestehend aus 2 Offizieren und 7 Soldaten, die offenbar desertiert oder von ihrer Truppe abgekommen waren und in einem Waldarbeiterhaus in Kl. Hermenau hausten, dorthin verschleppt worden. Unter diesen Marodeuren ging es besonders toll zu. Sie hatten insgesamt 9 Frauen, darunter ein 14-jähriges Mädchen, zusammengeholt und veranstalteten unbeschreibliche Exzesse mit uns. Erst das Eingreifen der GPU [der sowjetische Geheimdienst Glawnoje Polititscheskoje Uprawlenije] machte diesem Treiben ein Ende.[5]

Die sowjetischen Soldaten, deren kriegsbedingter Verrohung durch die militärische Führung anfangs nicht Einhalt geboten wird, vollziehen mit den massenhaften Vergewaltigungen ebenso irrationale wie bestialische Racheakte an den vermeintlichen Nazideutschen. In der DDR ist diese sexuelle Gewalt tabuisiert worden, während in der Bundesrepublik oft mit rassistischen Erklärungsmustern über die angeblich unzivilisierten »asiatisch-mongolischen« Sowjetsoldaten operiert wird.[6] Flucht und Vertreibung ist, das wird in diesem Zusammenhang noch einmal erschreckend deutlich, eine primär weibliche Erfahrung, da viele Männer als Soldaten den Rückzug, nicht aber die Vertreibung erleben.

In einer dritten Flüchtlingswelle versuchen rund zwei Millionen Deutsche zwischen Mitte Januar und Anfang Mai 1945, aus der Danziger Bucht über die Ostsee zur Kieler Bucht oder nach Dänemark zu gelangen. Danzig und das nördliche Westpreußen sind zu einem Auffangbecken für die Flüchtlinge aus Ostpreußen und den westpolnischen Gebieten geworden. Den überfüllten Booten und Schiffen droht dabei immer wieder tödliche Gefahr durch sowjetische U-Boote. Als die »Wilhelm Gustloff« am 30. Januar 1945 getroffen wird, können nur 838 von vermutlich rund 10 000 Menschen gerettet werden. Und auch von den 4500 Menschen an Bord des Verwundetentransporters »Steuben« überleben den U-Boot-Angriff am 9. Februar 1945 nur etwa 600. Eine vierte Fluchtwelle schließlich nimmt im Januar 1945 in Schlesien ihren Ausgang: Sie verläuft vergleichsweise geordnet in Trecks und mit der Eisenbahn nach Sachsen und in das Sudetenland.

In jeder dieser Flüchtlingswellen schleppen sich Menschen ohne jede Hoffnung gen Westen, die wenigen Habseligkeiten in einem Rucksack, in Holzkoffern oder auf einem wackeligen Handkarren verstaut. Die meisten Trecks werden auf ihrer Flucht von der Roten Armee eingeholt, dabei kommt es zu zahllosen Vergewaltigungen, und Tausende werden als »Reparationsverschleppte« in die Sowjetunion verbracht.

»Wilde Vertreibungen«

Die Textpassage des Potsdamer Abkommens vom 2. August 1945, die deutsche Ostgrenze betreffend, ist eine der für die Vertriebenen und Flüchtlinge folgenreichsten Bestimmungen. Die Westmächte erklären sich damit einverstanden, dass die Sowjetunion das nördliche Ostpreußen mit der Stadt Königsberg annektiert und die übrigen ehemaligen deutschen Gebiete östlich der Oder und

der Lausitzer Neiße unter polnische Verwaltung gestellt werden.
Eine endgültige Festlegung der Grenzen ist erst für eine zukünf-
tige Friedenskonferenz vorgesehen, zu der es aber bis 1990 nicht
kommen wird. Erst die »Zwei-Plus-Vier«-Verhandlungen nach
dem Fall der Mauer zwischen der Bundesrepublik und der DDR
sowie den USA, der Sowjetunion, Großbritannien und Frankreich
kommen einem Friedensvertrag gleich und bestätigen die Grenzen Polens und Deutschlands. Zugleich geben sie dem wiederver-
einigten Deutschland endgültig seine volle Souveränität zurück.[7]
Das Potsdamer Abkommen billigt die so genannte Überführung derjenigen Deutschen in »ordnungsgemäßer und huma-
ner Weise«, die nach der Massenflucht Anfang 1945 in Polen,
der Tschechoslowakei und Ungarn zurückgeblieben sind. Diese
Abmachung setzt nur bereits geschaffene Fakten in vertragliche
Vereinbarungen um. Denn vor allem im Winter 1944/45 und im
Frühjahr 1945 hat die Bevölkerung Mittel- und Osteuropas auf
eigene Faust mit Vertreibungen der Deutschen aus ihren Siedlungsgebieten begonnen. Sie sind Ausdruck des Hasses, den sich
Deutsche während des Krieges zugezogen haben. So gibt beispielsweise die Führung der polnischen Armee an ihre Einheiten den Befehl, »mit den Deutschen so zu verfahren, wie sie mit
uns verfuhren«. Ähnlich brutal gehen die tschechoslowakischen
Revolutionsgarden vor. Die Landgerichtsratsgattin Margarete
Weber etwa – vertrieben aus Brünn – schreibt am 26. April 1947
aus Bernbach bei Kaufbeuren an den Sudetendeutschen Adolf
Tutsch in Höchheim/Bayern, der 370 Erlebnisberichte sammelt
und an den sozialdemokratischen Abgeordneten Wenzel Jaksch –
damals noch im Londoner Exil – weiterleitet. Das Material soll als
Beweismaterial für bevorstehende Friedensverhandlungen dienen:

Ich wurde am 30. Mai 1945 von den Tschechen ausgewiesen,
und zwar mussten wir binnen einer Viertelstunde fort. Wir
hatten keine Zeit, auch nur das Notwendigste mitzuneh-
men. Von der Wohnung aus mussten wir mit den Kindern

eine ganze Nacht und einen ganzen Tag zu Fuß ins Lager gehen. Als wir die Stadt verließen, nahm man uns noch Wecker, Schere, Messer und anderes. Schon im ersten Lager war ich Augenzeuge, wie Mütter ihre kleinen Kinder selbst einscharren mussten. Den ganzen Weg über wurden wir mit Gummiknüppeln geschlagen. Heute besitze ich von meinen drei Kindern bloß noch eines. Mein jüngstes Kind liegt in Niederösterreich im Massengrab. Mein Mann war Landgerichtsrat und wurde, da er nicht zum Sondergericht wollte, einberufen. Zum Dank flog ich mit den Kindern mittellos heraus. Von meinem Mann habe ich seit 2 Jahren nicht das geringste Lebenszeichen. Er war zuletzt in Brünn selbst in der Kaserne. Meine Tochter habe ich vor Weihnachten zufällig in Wien entdeckt. Ist das nicht ein grausames Schicksal? Jetzt kann man mir nur noch das nackte Leben nehmen. Der Tod wäre die Erlösung. Wir haben bis heute noch nicht einmal das Aussiedlungsgeld. Arbeitsmöglichkeit gibt es hier auch keine.[8]

Spontane Vertreibungen aus den Mischgebieten und den deutschen Siedlungsinseln – etwa in Brünn, Prag oder Łódz – sind Ausdruck persönlicher Abrechnungen, an denen sich auch ehemalige Nachbarn beteiligen. Bei den Vertreibungsaktionen in Niederschlesien und Pommern hingegen obsiegt das strategische Kalkül. So werden 230 000 bis 300 000 Deutsche, die nahe der Neiße und der Oder leben, von polnischem Militär und Milizen aus ihren Häusern vertrieben. Das vom katholischen Pfarrer und späteren Theologieprofessor Franz Scholz verfasste Tagebuch beschreibt die »wilde Vertreibung« im östlich der Neiße gelegenen Teil von Görlitz im Juni und Juli 1945:

Ist mit dem katholischen Polen nun etwa ein dritter apokalyptischer Reiter angekommen? Die Bevölkerung wird vertrieben, aus den Häusern gejagt, umstellt, über die Brücke abgeschoben. Als ich früh, kurz nach 7 Uhr, vom Altar in die

Sakristei komme, werde ich von vielen bleichen Gesichtern erwartet. »Herr Pfarrer, helfen sie uns, wir müssen in zehn Minuten die Wohnung verlassen.« Auf der Götzendorfstraße und der Schenkendorffstraße (jetzt »Ulica Warszawska« umgetauft) ist alles in Aufruhr. Vor den Haustüren stehen Kommandos der polnischen Miliz, sie rufen die Bewohner, die erst vom Schlaf erwachen, notdürftig bekleidet auf die Straße, halten sie dort fest, gestatten nicht mehr, dass jemand in seine Wohnung zurückgekehrt.[9]

Diese Form »wilder Vertreibungen« ist nach einem festen Plan organisiert. Ortschaft für Ortschaft wird geräumt, und die Bewohner werden verjagt. Die Vertriebenen sind oft Banden und Plünderern schutzlos ausgeliefert – ihr Eigentum wird ihnen ohne Zögern abgenommen. Bis zur Potsdamer Konferenz spitzen sich die Verhältnisse immer mehr zu, und der Gesundheitszustand der Vertriebenen wird immer elender.[10]

Vertraglich festgelegte Vertreibung

Von einer humanen Praxis der »Überführung« in die östlichen und westlichen Besatzungszonen kann auch nach dem Potsdamer Abkommen vom August 1945 keine Rede sein. Sind auf der Flucht vor der Roten Armee und bei den »wilden Vertreibungen« 2 bis 3 Millionen Deutsche verhungert, erfroren, ertrunken oder von feindlichem Feuer getötet worden, so werden noch in den ersten Jahren nach dem Krieg knapp 10 Millionen vertrieben, verlieren ihre Heimat und müssen in einer der vier Besatzungszonen ganz von vorn anfangen. Die gewaltsame Vertreibung unerwünschter Einheimischer, mit der die Nationalsozialisten begonnen haben, schlägt damit auf die Deutschen zurück – ein Verstoß gegen die Menschenrechte, der bei den Westmächten anscheinend keine Gewissenskonflikte hervorruft.

Obwohl auch nach dem Abkommen vom August 1945 weiterhin chaotische Zustände herrschen, vertreiben die polnischen, tschechischen und ungarischen Behörden offenbar nicht mehr so überstürzt. Die Vertriebenen bekommen etwas mehr Zeit, ihre Habseligkeiten zu packen. Die in der Praxis jedoch noch unorganisiert verlaufenden Zwangsumsiedlungen stehen vor massiven Transportproblemen und einem eklatanten Mangel an Lebensmitteln und Heizmaterial. Der »Flüchtlingsplan« der Briten, Amerikaner und Sowjets vom November 1945 ist verantwortungslos ehrgeizig. Man hat doch tatsächlich geglaubt, Millionen von Menschen – die Schätzungen beliefen sich auf etwa 6,6 Millionen – innerhalb eines halben Jahres problemlos »verschicken« zu können.[11]

Noch im Winter 1947 erfrieren zahlreiche Menschen in den unbeheizten Zügen. In den Übergangs- und Sammellagern, in denen die verbliebenen Deutschen auf ihren Abtransport Richtung Westen warten, erkranken viele Menschen, die Kanalisation funktioniert oft nicht, die Gesundheitsfürsorge ist mangelhaft und die Nahrungsmittelversorgung erbärmlich. Dass die Menschen gezielt und in größerer Anzahl ermordet werden, ist allerdings nicht nachweisbar. Das Eigentum wie das Leben der Vertriebenen ist gleichwohl auch mit dem Potsdamer Abkommen nicht gesichert.[12] Ein Augenzeugenbericht aus Breslau verdeutlicht die Zustände:

> Wir mussten uns vor dem Bahnhof in einer langen Schlange von Vertriebenen anstellen. Die Polen, die dort ihren Dienst verrichteten, nahmen von unserem Gepäck, was ihnen gefiel, und warfen die weggenommenen Dinge auf einen großen Haufen. Man nahm und auch das, was wir am Leib trugen. Der Vater hatte eine Tasche mit unseren Geburtsurkunden. Man hat sie ihm entrissen und mit den Papieren auf den Haufen geworfen. In diesem Moment habe ich die Polen von ganzem Herzen gehasst.[13]

Viele der osteuropäischen Beamten verstehen ihr Verhalten als gerechte Vergeltung für das oft noch wesentlich brutalere Auftreten der deutschen Invasoren zuvor. Darum erreichen viele Vertriebene ausgeraubt, erschöpft und gesundheitlich angeschlagen ihre Zielgebiete in den alliierten Besatzungszonen. Ab dem Sommer 1946 mehren sich die Beschwerdeschreiben bei der Regierung in Warschau, und die ausführenden Behörden erteilen Anweisungen, die Gepäck- und Versorgungsvorschriften zu beachten. Auch die Armee erlässt nach Übergriffen auf deutsche Zivilisten mehrere Befehle, gegen derartige Ausschreitungen vorzugehen. 1947 werden dann tatsächlich auch erste Sanktionen gegen Beamte verhängt, die gegen die Vorschriften verstoßen haben.[14] Im Jahr 1948 schließlich erfolgen dann die letzten Transporte aus Ostpreußen.

Vertreibung bedeutet in jedem Fall unermessliches menschliches Leid und hohe materielle Verluste, sie ist für Millionen Menschen der tiefste Einschnitt in ihrem Leben, zuweilen tiefer als der Krieg selbst. In diesem Zusammenhang sind die bis heute umstrittenen Dekrete der tschechoslowakischen Exilregierung in London zu nennen, in denen der ehemalige Staatspräsident Edvard Beneš entschied, 3 Millionen Deutsche aus dem Land zu vertreiben. Als Beneš-Dekrete sind die 143 Präsidialerlasse, mit denen der Staatspräsident während der Besatzung durch die Nationalsozialisten sein Land vom Londoner Exil aus regiert hat, in die Geschichte eingegangen. Nach dem Ende der deutschen Gewaltherrschaft sind die Dekrete 1946 in Gesetze umgewandelt worden. Ein halbes Dutzend davon verfügt die Enteignung und Entrechtung der rund 3 Millionen Deutschen und 600 000 Ungarn. Aus den Dekreten folgt die von den Alliierten unterstützte Abschiebung der Minderheiten. Ein Dekret, das die Vertreibung direkt anordnet, hat es jedoch nicht gegeben. Gleichwohl ist es bezeichnend, dass der britische Premierminister Winston Churchill bereits am 15. Dezember 1944 gesagt hat: »Man wird reinen Tisch machen. Mich beunruhigen die großen Umsiedlungen nicht, die unter modernen Verhältnissen besser als je zuvor durchgeführt werden können.«[15]

Für die meisten Tschechen und Slowaken ist die Vertreibung eine Konsequenz aus der Zerschlagung ihrer Republik durch die Nazis unter teilweise massiver Beteiligung der Sudetendeutschen. Gleichzeitig haben die Beneš-Dekrete symbolische Bedeutung als ein zweiter Akt der Staatsgründung nach der Zerstörung durch Hitlers Aggression. Aus Sicht der Vertriebenen hingegen ist aus den Beneš-Dekreten neues Unrecht entstanden. Besonders die frühe »wilde Vertreibung« bis zum Juli 1945 hat Zehntausende von Opfern gefordert.

In der heutigen Auseinandersetzung geht es auch um die Furcht vor Entschädigungszahlungen und Restitutionsanträgen. Das tschechische Verfassungsgericht in Brünn hat 1995 über den Besitz der Sudetendeutschen entschieden und dessen Beschlagnahme und Enteignung für rechtswirksam erklärt: Es handle sich dabei um »feindliches Vermögen«. Das Prager Abgeordnetenhaus wiederum hat im April 2002 einstimmig beschlossen, dass die Rechts- und Eigentumsansprüche, die sich aus den Beneš-Dekreten ergeben haben, »nicht anzuzweifeln, unantastbar, unveränderlich« seien.

Den Weg aus der Konfrontation zwischen Tschechen und deutschen Vertriebenen hat Präsident Václav Havel in den frühen neunziger Jahren angezeigt: Es gehe darum, nicht zu vergessen, aber zu vergeben, ohne fortwährend abzurechnen. Durch Havels Bekenntnis, die Vertreibung sei »zutiefst unmoralisch« gewesen – wofür er bei seinen Landsleuten viel Kritik erntete – hat er diesen Weg selbst beschritten. Im Jahr 1995 verdeutlichte Havel: »Und wenn wir als Tschechen unseren Teil der Verantwortung für das Ende des tschechisch-deutschen Zusammenlebens in den böhmischen Ländern anerkennen sollen, dann müssen wir der Wahrheit wegen auch sagen: dass wir uns zwar von dem heimtückischen Virus einer völkischen (ethnischen) Auffassung von Schuld und Strafe anstecken ließen, dass jedoch nicht wir diesen Virus in unser Land gebracht haben – wenigstens nicht in dessen moderner verheerender Form.«

Tatsächlich lässt sich im Jahrhundert der Vertreibungen und ethnischen »Säuberungen« die NS-Politik ebenso wenig wie der »Anschluss« des Sudetenlandes (1938) aus dem Zusammenhang der Vertreibung der Deutschen ausklammern. Zwischen 1939 und 1949 mussten ein Fünftel aller Deutschen und Polen sowie mehrere Millionen Ukrainer, Ungarn, Tschechen, Finnen, Balten und Weißrussen ihre Heimat verlassen. Durch den ungeheuren Bevölkerungstransfer, angestoßen durch Nationalismus und Ethnozentrismus, sind Millionen Menschen ums Leben gekommen, die meisten haben ihr Eigentum und viele ihre Gesundheit eingebüßt.

Auslöser und Urheber der Völkerwanderungen in Ostmitteleuropa war letztlich der Nationalismus seit dem Ersten Weltkrieg, der aus den zerfallenden imperialen Vielvölkerreichen neue Nationalstaaten schuf, in denen sich möglichst homogene Ethnien säuberlich getrennt voneinander zusammenfinden sollten. Der Genozid an den Armeniern 1915/16 durch die Türken läutete dann den Beginn der ethnischen Säuberungen aus einem Geist heraus ein, der die ethnischen Minderheiten bloß als Störenfriede nationaler Einigungsprozesse verstand. Auf der Konferenz von Lausanne 1923 wurde im internationalen Einvernehmen – unter anderem also auch mit Zustimmung der westeuropäischen Demokratien – eine ethnische »Flurbereinigung« beschlossen, die den Bevölkerungsaustausch zwischen Griechenland und der Türkei regelte. Griechenland, das gerade einmal 5 Millionen Einwohner zählte, hatte rund 1,5 Millionen Flüchtlinge und Zwangsumgesiedelte aus Kleinasien aufzunehmen – 300 000 starben in den Lagern an Hunger und Seuchen, bevor die internationalen Hilfslieferungen eingetroffen waren.

Mit dem Nationalsozialismus wurde diese Politik ethnischer Neuordnung und des ethnozentrischen Nationalismus auf einen ebenso radikalen wie rassistisch-bestialischen Höhepunkt

getrieben. Die Bevölkerungsverschiebung war hier keine Begleit-
erscheinung des Krieges und kein Mittel der Politik, sondern
eines ihrer Ziele. Mit der Vertreibung, Deportation und massenhaften Tötung von Polen und Juden sollte »Lebensraum« für
deutsche Siedler im Osten geschaffen werden. In einem bis dahin
unbekannten Ausmaß wurde die Vernichtung zur alles bestim-
menden Grundlage nationalsozialistisch-rassistischer Biopolitik
am »Volkskörper«.

Nach dem Krieg behält die stalinistische Sowjetunion die polnischen Ostgebiete, was eine Entschädigung Polens auf Kosten
Deutschlands zur Folge hat. Die Folgen für die vertriebenen Polen,
Ukrainer und Deutschen sind dramatisch – der ethnische Nationalismus hat auch nach der rassistischen Vernichtungspolitik der
Nationalsozialisten immer noch nicht ausgedient. Stalins Politik
greift ebenfalls in Rumänien ein, von dem er Bessarabien und
die nördliche Bukowina einfordert – Ruthenien holt er sich von
Rumänien und der Tschechoslowakei, und schließlich verleibt er
sich noch die drei baltischen Staaten ein.

Die Zwangsmigrationen und Massenvertreibungen sind eine
zentrale Dimension der europäischen Geschichte zwischen dem
Ersten Weltkrieg und dem Ende der vierziger Jahre. Die seit 1942
sorgfältig ausgearbeiteten Pläne der alliierten Großmächte sind
dabei zunächst einmal eine Reaktion auf den Eroberungs-, Ver-
sklavungs- und Vernichtungskrieg der Nationalsozialisten. Sie
hoffen aber auch, die europäische Friedensordnung von 1919/20
ethnisch korrigieren zu können. Zu den von der internationalen
Staatengemeinschaft sanktionierten massenhaften Bevölkerungs-
verschiebungen meint Winston Churchill im Dezember 1944:
»Die nach unserem Ermessen befriedigendste und dauerhafteste
Methode ist die Vertreibung. Sie wird die Vermischung von Bevölkerungen abschaffen, die zu endlosen Schwierigkeiten führt.« Erst
durch die Erklärung der Menschenrechte vom 10. Dezember 1948
ist diesem Wahn ein Ende gesetzt worden: Zwangsumsiedlungen
und Vertreibungen werden völkerrechtlich verboten.

Integration der Flüchtlinge und Vertriebenen

Die Mehrheit der Flüchtlinge und Vertriebenen wird nicht nur in der britischen (3,2 Millionen) und amerikanischen Zone (2,9 Millionen) aufgenommen. In der SBZ verbleiben rund 4 Millionen Flüchtlinge und Vertriebene, teilweise in der Hoffnung, bald wieder in ihre Heimat zurückkehren zu können. Etwa ein Viertel der ostzonalen Bevölkerung besteht aus Flüchtlingen und Vertriebenen, während sie in den westlichen Zonen annähernd 16 Prozent der Bevölkerung stellen. In der französischen Zone werden hingegen erst seit 1948 in beachtenswertem Umfang Deutsche aus dem Osten aufgenommen.

Besonders auf dem Land – in Niedersachsen, Schleswig-Holstein, Mecklenburg-Vorpommern und Bayern – werden viele Flüchtlinge oft notdürftig untergebracht und versorgt. Die meisten Flüchtlinge müssen zunächst selbst für ihr Unterkommen sorgen und können dabei nur auf eine Unterstützung vor Ort rechnen. Die Verwaltung versucht später, den Flüchtlingsstrom zu kanalisieren, und nimmt zusätzlich Zwangseinweisungen vor, sofern sich die örtlichen Bürgermeister oder die lokalen Gemeindemitglieder widersetzen.

In Flüchtlingslagern werden die Vertriebenen zuvor registriert, versorgt und an die Zielgemeinden weitergeleitet. Nicht selten landen sie dort wiederum in einem Lager. Manche verbringen Jahre in Bunkern, Turn- oder Fabrikhallen, zum Teil auch in ehemaligen Kriegsgefangenen- und Zwangsarbeiterlagern. So elend die Lebensumstände in den Flüchtlingsbaracken auch sind – für die Vertriebenen bieten sie zunächst einmal einen Rückzugsraum, eine Heimat auf Zeit, die ihnen den Übergang in die Gesellschaft erleichtert.

Diesen Übergang will auch die Vertriebenenpolitik in der Bundesrepublik beziehungsweise die Umsiedlerpolitik in der SBZ/DDR leisten. In der SBZ beginnen die Behörden mit materiellen und sozialen Integrationshilfen wie der 1946 beschlossenen einmaligen Soforthilfe in Höhe von insgesamt 400 Millionen Mark für arbeitsunfähige und bedürftige Vertriebene, die im Durchschnitt jedem zweiten Vertriebenen zugute kommt. In den westlichen Zonen lindert das »Soforthilfegesetz« von 1949 die dringendste soziale Notlage. Der soziale Umbruch durch die Bodenreform bietet den Neuankömmlingen in der SBZ tatsächlich zunächst gute Integrationschancen. Auf den neu verteilten 770 000 Hektar Land werden 43 Prozent der Neubauernstellen sowie 35 Prozent des verteilten Bodens an die Vertriebenen gegeben – am Ende der Reform im Jahre 1948 werden ca. 91 000 Hofstellen für Vertriebene eingerichtet. Etwa 350 000 Familienmitglieder finden hier einen Platz. Allerdings mangelt es auf den »Umsiedlerhöfen« oft an Vieh, Stallungen und Maschinen. Weitere 140 000 Vertriebene können bis 1949 im Staatsdienst der SBZ beschäftigt werden – hierbei kommt ihnen zugute, dass ihre mögliche NS-Vergangenheit von den Behörden bestenfalls zufällig durchleuchtet werden kann. Die von einem egalitären Impuls geleitete SBZ-Vertriebenenpolitik der »Zentralverwaltung für deutsche Umsiedler« verfolgt neben karitativen Spendenaktionen und Sammlungen auch Umverteilungsmaßnahmen wie die Neubelegung von Wohnraum. Gerade diese Umverteilung knapper Güter wie Wohnungen, Hausrat oder Heizmaterial belastet das Verhältnis zwischen Einheimischen und Vertriebenen. Dennoch vermögen auch solche Maßnahmen die Verluste der Vertriebenen nicht auszugleichen und führen keineswegs zu einer materiellen Angleichung an die einheimische ostdeutsche Bevölkerung, die sich gegen die Umverteilungsmaßnahmen immer stärker zur Wehr setzt. So ziehen zwischen 1949 und 1961 rund 800 000 Vertriebene aus der SBZ/DDR nach Westdeutschland weiter. Damit stellen sie einen im Vergleich zu ihrem Bevölkerungsanteil überproportional hohen Prozentsatz an den 2,75 Millionen DDR-Flüchtlingen.[16]

Oftmals rühmt sich die westdeutsche Gesellschaft der raschen Integration der Flüchtlinge und Vertriebenen in die deutsche

Solidargemeinschaft – tatsächlich ist dies jedoch erst jenseits des von uns behandelten Zeitabschnitts gelungen: im Lauf der fünfziger Jahre. Von einer Gemeinschaft des Leidens unter solidarisch teilenden Deutschen kann zwischen 1945 und 1949 nicht die Rede sein. Daher hat der Historiker Thomas Grosser das Verhältnis zwischen den integrationsunwilligen Alteingesessenen und den rückkehrwilligen Flüchtlingen treffend als »Konfliktgemeinschaft« bezeichnet.[17] Ständige Gruppenkonflikte in der verordneten »neuen Heimat« prägen die Alltagserfahrungen der hilflosen, enteigneten und verarmten Vertriebenen, die sich fremd, unverstanden und unerwünscht fühlen. Die Neuankömmlinge klagen über die mangelnde Gastfreundschaft und Fürsorge, fühlen sich als Eindringlinge, die am Stadtrand in dürftigen Baracken untergebracht werden. Den Gemütszustand der zunehmend mutlosen Flüchtlinge und Vertriebenen schildert Paul K. 1945 bei seiner Ankunft in Wittenberge im Nordwesten Brandenburgs: »Keine Stadt, keine Gemeinde will die Flüchtlinge gern haben, als zweite Klasse der Menschheit werden sie angesehen und behandelt. Keine Nächstenliebe, keine Fürsorge ist für sie wirklich da, als lästige Eindringlinge in den Ort werden sie angesehen.« In ihren Aufnahmeorten werden die ärmlichen Ankömmlinge als »verstohlenes Flüchtlingsgesindel und faules Pack« beschimpft, wie eine Ostpreußin im Sommer 1948 festhält.[18]

Es ist vor allem der Ressourcenmangel, der den Integrationsprozess behindert – trotz aller Spendenaktionen und Mitleidsbekundungen durch Politik und öffentliche Meinung. In der SBZ sollen lokale »Umsiedlerausschüsse« und im Westen die »Flüchtlingsbeiräte« die Probleme beheben. Den lokalen deutschen Behörden und den Einheimischen sind diese jedoch bald ein Dorn im Auge. Die Militäradministrationen in Ost wie West müssen die deutschen Verwaltungen immer wieder ermahnen, gegen die Ressentiments anzugehen und die Vertriebenen nicht noch zusätzlich bei der Arbeitsvermittlung und der Wohnraumzuteilung zu benachteiligen. Zwei Beispiele mögen die Kritik der

Militäradministrationen in Ost wie West exemplarisch verdeut-lichen. Im März 1947 moniert etwa die sowjetische Militäradmi-nistration Sachsens: Viele Gemeindeverwaltungen benachteiligen die Vertriebenen dadurch, dass diese »nur in letzter Reihe zur Arbeit herangezogen« werden; »die Lebensmittelmarken erhalten sie auch als die letzten, und es klappt nicht mit der Belieferung«; ebenso wenig erhalten die Vertriebenen tarifliche Vergütungen, »sie schuften bei Unternehmen für ein Stück Brot und eine Schale Suppe«. In ähnlicher Weise erregt sich der US-Militärgouverneur Lucius D. Clay im Februar 1947 über »zunehmende Berichte der Feindseligkeit und der harschen Behandlung der Flüchtlinge durch die deutsche Bevölkerung«.

Die Menschen aus Ostpreußen, Pommern, Schlesien oder dem Sudetenland fallen durch ihren Dialekt schnell auf und gelten als Habenichtse, die ständig von ihrer verlorenen Heimat sprechen und womöglich noch einen »Lastenausgleich« einfordern. In manchen Regionen erschweren die konfessionellen Unterschiede die Integration zusätzlich. Paradoxerweise werden die Vertriebe-nen auch als »Polacken« oder »Polensäue« beschimpft. In den späten vierziger Jahren mag sich kaum ein Vertriebener vorstellen, auf Dauer im deutschen Aufnahmegebiet zu bleiben.[19]

Erst im Zuge des Wirtschaftsaufschwungs werden die Neu-ankömmlinge zu einem wertvollen Arbeitskräftepotenzial mit begehrten Fertigkeiten. Vor allem Handwerker und qualifizierte Arbeiter finden rasch neue Arbeitsplätze, während die Landwirte größere Integrationsprobleme haben. In den Städten vollzieht sich der Integrationsprozess ohnehin schneller als auf dem Land, wo die Abgrenzung zu den Alteingesessenen schärfer und dauerhafter bleibt. Grundsätzlich aber haben die Vertriebenen und Flüchtlinge keine Sprachprobleme, stellen ein Fünftel der Erwerbstätigen der Bundesrepublik und verleihen dem ökono-mischen Aufschwung seine Schubkraft.[20] Die Integrationschan-cen steigen mit höherer Bildung und entsprechender beruflicher Qualifikation der Flüchtlinge, und dennoch wird eine Angleichung an den sozioökonomischen Status der Alteingesessenen auch unter diesen Voraussetzungen bis zu zwanzig Jahre in Anspruch nehmen. Vor allem die Jüngeren neigen schon bald dazu, nicht mehr ungefragt über ihre Herkunft zu sprechen, um den Gleichaltrigen keinen Anlass zur Ausgrenzung zu geben.[21] Die folgende Erinnerung steht stellvertretend für viele Erfahrungen jüngerer Flüchtlinge aus dem Osten:

Dass ich aus Liegnitz stamme, darüber sprach ich damals nie, es sei denn, ich wurde gefragt. Und dann gebrauchte ich stets die offizielle Bezeichnung: ehemals Schlesien, jetzt Volksrepublik Polen. Auch die anderen Umsiedler in meiner Klasse erzählten niemandem, dass sie aus Ostpreußen, Pommern, Schlesien, dem Sudetenland kamen. Selbst untereinander redeten wir kaum noch von der einstigen Heimat. Nicht weil wir unsere Kindheit vergessen hätten, verdrängten wir unsere Herkunft, nein, aus Scheu, als Fremdlinge betrachtet zu werden. […] Meine Familie wurde lange Zeit nur als »die Flüchtlinge vom Lehrerhaus« bezeichnet. Schlimmer waren aber die Rufe gewesen: »Pollacken raus!« – »Haut ab, dorthin, wo ihr hergekommen seid!« Mir und meinen Klassenkameraden aus dem Osten blieb gar nichts anderes übrig, als alles zu tun, um nicht aufzufallen, um als gleichwertig anerkannt zu werden. Wir bemühten uns, den heimatlichen Dialekt abzulegen und den anhaltinischen anzunehmen. Wir lernten eifriger und ließen bereitwillig abschreiben, um Gunst zu erheischen und von unserer schäbigen Kleidung, unserem dürftigen Zuhause abzulenken. – Ein ausgestoßenes Kind ist zu vielem bereit. Es gab aber noch einen anderen Grund – und ich wusste nicht zu sagen, ob er vielleicht der stärkere gewesen war –, weshalb ich meine Herkunft verschwieg. Die Orte und Namen meiner Kindheit waren nirgendwo mehr zu finden; ihre Tilgung galt als politisches und moralisches Schuldbekenntnis und als Anerkennung der europäischen Neuordnung. Wie also hätte ich Liegnitz sagen können, ohne Zweifel an meiner Redlichkeit, meinem politischen Bewusstsein aufkommen zu lassen?[22]

Die Vertriebenen werden in den ersten Nachkriegsjahren als Eindringlinge empfunden und in der deutschen Kerngesellschaft ähnlich aufgenommen wie mancher Asylbewerber heute. Beide deutsche Staatsführungen bemühen sich jedoch, sie durch sozialpolitische Maßnahmen zu integrieren und in mancher Hinsicht läutet dies die Wiedergeburt des Sozialstaats nach 1945 ein. In der langfristig angelegten Vertriebenenpolitik Westdeutschlands konnten Personen aus den Vertreibungsgebieten, die im Zusammenhang mit den Ereignissen der Kriegs- und Nachkriegszeit Schäden erlitten haben, für ihre Verluste nach dem Lastenausgleichsgesetz entschädigt werden. Dabei werden durch dieses 1952 erlassene Gesetz von den Ausgleichsämtern der Länder und des Bundes bis in das Jahr 1992 hinein Leistungen (Hauptentschädigung, Eingliederungsdarlehen, Hausratsentschädigung, Wohnraumhilfen oder eine Kriegsschadensrente) gewährt – allein bis Ende 1973 82,52 Milliarden DM. Die Vermögenden unter den Alteingesessenen müssen die Kosten dieses Lastenausgleichs tragen.[23]

Insgesamt steht der langfristig angelegten Eingliederung im Westen eine kurzfristig und assimilatorisch angelegte Einschmelzungspolitik im Osten gegenüber, die primär auf die sozialrevolutionäre Umwälzung der Bodenreform setzt und 1948/49 mit der Schließung der »Zentralverwaltung für deutsche Umsiedler« und der Auflösung sämtlicher Umsiedlerausschüsse abrupt beendet wird. In beiden Fällen sind es jedoch die langfristigen Entwicklungen und die wachsenden sozioökonomischen Aufstiegschancen, die die anfänglichen Spannungen und Sozialneidreaktionen letztendlich milderten.

Die Rückkehr der Kriegsgefangenen[24]

Besiegt, zerlumpt und entkräftet kehren nicht nur die Vertriebenen und Flüchtlinge in die Besatzungszonen zurück, sondern auch insgesamt mehr als 11 Millionen deutsche Soldaten aus westlicher und östlicher Kriegsgefangenschaft, die sich im Gewahrsam von insgesamt zwanzig Krieg führenden Nationen befanden.[25] Bereits im April 1947 haben sich die Alliierten auf der Moskauer Außenministerkonferenz darauf geeinigt, die deutschen Kriegsgefangenen bis spätestens Ende 1948 zurückzuführen. Während die westlichen Alliierten ihre Zusagen bereits bis zum Jahresende 1947 erfüllt haben, löst die Sowjetunion ihren Part der Vereinbarung nur auf sehr verschlungenen Wegen ein.

Von den bei Kriegsende rund 3 Millionen Deutschen in sowjetischer Gefangenschaft befinden sich Ende 1945 noch etwa 2 Millionen in der Sowjetunion. Im Sommer 1946 werden im Zusammenhang mit den Herbstwahlen in der SBZ weitere rund 140 000 Männer als flankierende Maßnahme für den SED-Wahlkampf freigegeben. Im April 1947 behauptet die sowjetische Nachrichtenagentur TASS plötzlich, dass sich nur noch 890 000 deutsche Kriegsgefangene in der UdSSR befinden, die bis Ende 1948 zurückgeführt werden sollen und dann tatsächlich auch bis März 1950 zurückgebracht werden. Diese Ziffer löst in Deutschland Bestürzung aus, weil die TASS im Mai 1945 noch von über 3 Millionen deutschen Gefangenen gesprochen hat. Da bis zum Frühjahr 1947 nur rund 1 Million Kriegsgefangene aus sowjetischer Hand zurückgeführt worden ist, bleibt also rund 1 Million plötzlich verschwunden. Ein Teil von ihnen (rund 27 000) ist in Kriegsverbrecherprozessen verurteilt und daher nicht zurückgebracht worden. Viele der ohnehin geschwächten, ausgehungerten und todkranken Soldaten von der Ostfront dürften während der sowjetischen Kriegsgefangenschaft ums Leben gekommen sein.[26]

1949 werden weitere deutsche Kriegsgefangene an die am 7. Oktober neu gegründete DDR überstellt. Offiziell sind im Frühjahr 1950 – laut einer Meldung der sowjetischen Nachrichtenagentur TASS – alle Gefangenen in das Lager Gronenfelde in Frankfurt an der Order überstellt worden. Nach dem Fehlschlagen des Volksaufstands vom 17. Juni 1953 können dennoch weitere 12 000 Kriegsgefangene im Herbst dieses Jahres zur innenpolitischen Stabilisierung der DDR abgegeben werden. Erst 1956 erreicht Bundeskanzler Konrad Adenauer die Rückführung der letzten verbliebenen sowjetischen Kriegsgefangenen. Der Hauptgrund für die nur zögernde Rückführung der Kriegsgefangenen besteht wohl darin, dass diese einerseits einen beachtlichen Wirtschaftsfaktor für die Sowjetunion und andererseits ein politisches Faustpfand darstellen.[27]

Aus den Weiten der Sowjetunion werden die deutschen Kriegsgefangenen sukzessive nach Brest überstellt, von wo aus sie durch die Deutsche Reichsbahn zunächst nach Frankfurt an der Oder und schließlich in die vier Besatzungszonen transportiert werden. Zwischen Juli 1946 und Mai 1950 kehren beinahe 1,6 Millionen deutsche Soldaten in vollkommen überfüllten Zügen über die Grenzstadt zurück. Durch das Eisenbahnbegleitpersonal erhalten sie erste Informationen über die politische und wirtschaftliche Situation in Deutschland. Dreh- und Angelpunkt der Heimkehrer aus dem Osten ist Frankfurt an der Oder, in dem sich – sechs Kilometer vom Hauptbahnhof entfernt – das zentrale Entlassungslager Gronenfelde befindet. Auf diesem Menschenumschlagplatz kommen die Gefangenen das erste Mal mit der Heimat in Berührung. Neben Gronenfelde entstehen zudem in Kasernen, Krankenhäusern und Schulen der Stadt eine Vielzahl weiterer Auffang-, Umsiedler-, Quarantäne- und Durchgangslager, die nur provisorisch eingerichtet sind. In Lumpen gehüllt liegen die Menschen zusammengekrümmt auf der Erde, die mangelhaften Sanitäranlagen erhöhen das Krankheitsrisiko. Für einen dauerhaften Aufenthalt ist keines der Lager vorgesehen, und auch das ehemalige nationalsozialistische Barackenlager für »Ostarbeiter« in Gronenfelde, verkehrstechnisch günstig in einem

Gleisdreieck gelegen, ist in einem desolaten Zustand. Die Dächer sind undicht, kaum eine Baracke hat Fenster oder Türen, es fehlt an Mobiliar und Heizöfen.

Wenn die Heimkehrer aus den unbeheizbaren Güterwagen (ebenfalls ohne sanitäre Einrichtungen) im Lager eintreffen, finden sie auch dort kaum bessere Bedingungen vor. Vorher werden sie zuerst in ein sowjetisches Repatriierungslager in der Hornkaserne von Frankfurt an der Oder geführt, wo sie formell aus der Kriegsgefangenschaft entlassen und dann nach Gronenfelde überstellt werden. Manche überwinden diese letzte Hürde nicht und sterben vor Erschöpfung noch in der Kaserne des NKWD, des sowjetischen Volkskommissariats des Inneren. Die Gefangenen werden entlaust, rasiert, gewaschen und mit Entlassungspapieren versehen. Anfangs wird ihnen sogar noch die brauchbare Bekleidung abgenommen und durch Lumpen ersetzt. In den sechzehn Holzbaracken von Gronenfelde befinden sich außer den Betten eine Küche, ein Essraum, eine Entlausungsstation, Verwaltung und Registratur, eine Ländervertretung, ein Postamt für den portofreien Versand der Ankunftspostkarte, eine Außenstelle des Suchdienstes des Internationalen Roten Kreuzes, ein Friseur, eine Nähstube, eine Schuhmacherei und ein Krankenrevier mit hundert Betten. Täglich halten sich 5000 bis 6000 Menschen hier gleichzeitig auf – die meisten bleiben nicht länger als vierundzwanzig Stunden, bevor sie regional eingeteilt, medizinisch kontrolliert, mit Marschverpflegung versorgt und weitertransportiert werden. Anfangs ist der Gesundheitszustand der Heimkehrer katastrophal, da die UdSSR in erster Linie nicht arbeitsfähige und kranke Kriegsgefangene entlässt. Erst ab 1947 bessert sich das Befinden der Heimkehrer, da die Sowjets unter dem Eindruck der Propaganda des Kalten Krieges gesunde und durch bessere Ernährung wieder zu Kräften gebrachte Gefangene entlassen. Zwei Drittel reisen von Gronenfelde in die westlichen Besatzungszonen weiter, ein Drittel bleibt in der sowjetischen Besatzungszone.

Wie im Osten so werden auch die Heimkehrer aus westlicher Kriegsgefangenschaft von zentralen Heimkehrerlagern aus weitertransportiert. Vergleicht man die Schilderungen von den ersten Begegnungen westlicher mit denen östlicher Heimkehrer, so wie sie in privaten Briefen festgehalten worden sind, dann sind die Heimkehrer aus amerikanischer, englischer und französischer Gefangenschaft besser genährt und gekleidet, während die Heimkehrer aus der Sowjetunion vergleichsweise abgezehrt, krank und zerlumpt erscheinen. Dass die Rückführung von Millionen Heimkehrern in jedem Fall eine logistische Meisterleistung ist, interessiert die zurückkehrenden Kriegsgefangenen freilich wenig. Nach ihrer Ankunft wollen sie vor allem wissen, wie sie zu ihren Familien zurückkommen können.[28]

Erst nach und nach machen sich die Heimkehrer Gedanken über ihre politische Lage. In den Zügen und den Kriegsgefangenenlagern bestimmten die Sorgen um ausreichende Ernährung den Alltag. Durchkommen war das vorrangige Ziel. Die Versuche der Briten und Amerikaner, die Deutschen in ihren Lagern vor der Entlassung mit demokratischen Idealen vertraut zu machen, dürften ebenso gescheitert sein wie die Propaganda der Sowjets. Die Enthüllungen über die NS-Zeit werden ohnehin meist als propagandistische Übertreibungen oder gar als Lügen abgetan. So sind Ernährung und Heimat die zentralen Themen, um die das Alltagsleben der Kriegsheimkehrer kreist.

Entlassung bedeutet in der Wunschvorstellung der ehemaligen Soldaten die Rückkehr in die Heimat, vielleicht den Aufbruch in eine neue Zukunft, die Suche nach Angehörigen, nach beruflichen Erwerbsmöglichkeiten. Oft ist die Rückkehr mit der Erkenntnis verbunden, dass die Lebensverhältnisse und Beziehungen zerstört sind. Heimkehr wird dann zum Trauma. Das gilt vor allem für die Kriegsversehrten, die bei ihrer Rückkehr feststellen müssen, dass ihre Frau mit einem anderen zusammenlebt und Fremde im eigenen Elternhaus wohnen. In Wolfgang Borcherts *Draußen vor der Tür* wird das traumatische Heimkehrerschicksal eindringlich beschrieben und aufgezeigt, wie man wegen seines Aussehens zum Gespött wird. Das Publikum erkennt sich in dem existenziellen Notschrei Borcherts offenbar wieder, und das Hörspiel über den Sozialfall in einer zerrütteten, desorientierten und verzweifelten Nachkriegsgesellschaft wird schnell zum Bestseller. So mancher Spätheimkehrer mag von seinem Kind auch nicht mehr erkannt worden sein: »Der Onkel da ist dein Vater...« müssen die gebeutelten Mütter ihren Kleinsten erklären. Je später die ehemaligen Soldaten aus der Gefangenschaft zurückkehren, desto eher werden sie als Sozialfälle wahrgenommen.

Doch enden die Szenen, die täglich an den Bahnhöfen beobachtet werden können, nicht immer so dramatisch. Die schmerzhafte Entfremdung und Trennung wird ohnehin erst nach Monaten spürbar, wenn das Glück des ersten Wiedersehens verflogen ist. Was der jüdische Schriftsteller und Journalist Isaac Deutscher von einem Gespräch mit einem jungen Musiker berichtet, der als Kriegsheimkehrer im Dezember 1945 die deutschen Städte wiedersieht, trifft wohl die Stimmung der meisten Heimkehrer:

Ihr könnt kaum verstehen, welch schrecklichen Schock es für einen heimkehrenden deutschen Kriegsgefangenen bedeutet, die deutschen Städte zum ersten Mal wiederzusehen. Der Heimkehrer ist erschrocken und entsetzt, wenn er die Stadt betritt, die voller Leben war, als er sie zum letzten Mal sah, und die jetzt nur noch wie ein Friedhof wirkt. Anfangs redet er sich ein, dass diese Stadt wohl eine Ausnahme bedeutet. Er wandert weiter, und jede große Stadt betritt er mit der Hoffnung, dass sich vor ihm die Perspektive unzerstörter Straßen, Plätze und Häuser auftun werde. Jede neue Stadt auf der Rückwanderung macht diese Hoffnung kleiner, bis der Heimkehrer abgestumpft und resigniert ist und zwischen den Ruinen des eigenen Hauses nach Spuren seiner Familie und Freunde sucht.[29]

Displaced Persons[30]

Während die einen nach Deutschland zurückkehren, müssen andere das Land verlassen. Nach 1945 befinden sich noch 8 bis 10 Millionen Displaced Persons in Deutschland – Zivilpersonen also, die sich außerhalb ihres Ursprungslandes aufhalten und zum Teil in dieses nicht zurückkehren können. Sie sind die bevölkerungs- und arbeitspolitische Hinterlassenschaft der nationalsozialistischen Herrschaft – vor allem Zwangsarbeiter, die aus allen Teilen Europas stammen und während des Kriegs aus ihrer Heimat verschleppt, ausgebeutet und zur Arbeit in Deutschland gezwungen worden sind.

Die Versorgung und Rückführung in ihre Heimatländer entwickelt sich für die Siegermächte zu einem drängenden Problem. Nur mithilfe einer im November 1943 eigens dafür geschaffenen UN-Organisation – der »United Nations Relief and Rehabilitation Administration« (UNRRA) – können sie schrittweise repatriiert werden. Die UNRRA ist ein Ausführungsorgan des Militärs, ebenso wie die Nachfolgeorganisation »International Refugee Organization« (IRO), die zwischen Mitte 1947 und 1950 operiert. Zwischen Juli 1945 und Juni 1947 werden rund 10 Milliarden Dollar, die vor allem von den USA, Kanada und Großbritannien aufgebracht werden, von der UNRRA ausgegeben. Die Gelder fließen sowohl nach Polen, Jugoslawien und in die Tschechoslowakei, um die Ernährungslage zu sichern, als auch nach Deutschland – hier werden sie vor allem zur Unterhaltung der Lager und für die Repatriierung der Displaced Persons ausgegeben. Ende 1945 unterhält die UNRRA insgesamt 227, im Juni 1947 ganze 762 Lager, die sich vor allem in Deutschland befinden. Im Jahr 1949 hat sich die Situation derart beruhigt, dass sich nur noch 256 Lager in den drei Westzonen befinden.

Als DP-Lager, offiziell als »assembly centers« bezeichnet, dienen vorwiegend bestehende Einrichtungen wie ehemalige Kasernen der Wehrmacht oder der SS, ehemalige Kriegsgefangenenlager,

Konzentrationslager und Unterkünfte für Zwangsarbeiter oder requirierte private Wohnungen, Hotels, Schulen oder Krankenhäuser. Insbesondere die Unterbringung in Lagern, die zuvor den Nationalsozialisten gedient haben, wie auch die schlechte Versorgung in den Lagern rufen bei den dort Untergebrachten verständlicherweise Verbitterung hervor. Die Amerikaner sorgen schnell dafür, dass wenigstens die jüdischen DP-Lager unter jüdische Selbstverwaltung gestellt und nicht in ehemaligen Konzentrationslagern eingerichtet werden. Grundprinzip der Politik der Alliierten ist, die DP-Lager nach Nationalitäten zu ordnen, um dadurch die Repatriierung schneller vorantreiben zu können.

Anfangs geht man mit den Displaced Persons sehr fürsorglich um – sie sollen als Opfer der nationalsozialistischen Gewaltherrschaft in den Lagern zunächst einmal versorgt, ernährt und untergebracht werden. An eine Nutzung ihrer Arbeitskraft denkt man, vor allem in der amerikanischen Zone, zunächst nicht. Ab dem Sommer 1945 rückt die humanitäre Grundhaltung in den Hintergrund, und der Müßiggang in den Lagern wird als Belastung der alliierten Steuerzahler wahrgenommen. Die Idee einer Beschäftigung steht jedoch einer zügigen Repatriierung im Weg, da eine ökonomische Einbindung in die deutsche Gesellschaft dem Ziel der Repatriierung nicht förderlich ist. So wird für die auszuübenden Tätigkeiten der nächstliegende Arbeitsbereich gewählt, und man setzt die Menschen beim Aufbau eines geregelten Lagerlebens ein – in der Administration, bei den Hilfsorganisationen in den Camps oder als Wachmannschaft für deutsche Kriegsgefangene.[31]

Anfangs schreitet die Repatriierung sehr schnell voran. Nur kurzfristig ist die Situation chaotisch. Von Lager zu Lager gelten unterschiedliche Bedingungen für die Befreiung – je nach Leitungs- und Befreiungspersonal, nach Versorgungslage und Transportmöglichkeiten. Die Betreuung durch Kampfeinheiten erweist sich schnell als die beste Lösung, wobei einer geordneten Gesundheitsvorsorge und Seuchenprophylaxe höchste Priorität eingeräumt wird. Vor allem die weitverbreitete Tuberkulose stellt das vordringliche Problem dar.[32]

Die Bilanz der Repatriierungsbemühungen ist insgesamt beeindruckend. Allein in den ersten fünf Monaten nach Kriegsende bringen die Alliierten 4,6 Millionen Displaced Persons aus den westlichen Besatzungszonen in die jeweiligen Heimatstaaten zurück – 33 000 Menschen täglich. Nach 1946 verlangsamt sich das Tempo, und im Frühjahr 1947 beträgt die Zahl der sich noch in Deutschland aufhaltenden DPs eine gute halbe Million. Im Frühjahr 1949 registriert man in den Westzonen immer noch etwa 400 000 DPs. Dieser harte Kern besteht vornehmlich aus Polen, Balten, Ukrainern, Jugoslawen und Tschechen, die in Lagern oder geschlossenen Siedlungen leben.[33] Darunter befinden sich auch Wehrmachtshilfswillige, die vor der Repatriierung und der folgenden Bestrafung zurückschrecken.

Die UN setzt bei ihrer Rückführung klare Prioritäten: Zuerst sollen die Insassen der ehemaligen Konzentrationslager, dann die Kriegsgefangenen aus den UN-Nationen, darauf die ehemaligen Zwangsarbeiter und schließlich die Displaced Persons aus den ehemaligen Feindesländern sowie aus Italien zurückgeführt werden. Unter den Soldaten können daher die Franzosen, Belgier, Holländer oder Briten am schnellsten wieder nach Hause kommen.

Anders verhält es sich mit den osteuropäischen Displaced Persons, denn sie wollen oft gar nicht zurückkehren. Andere, wie die Staatsbürger der baltischen Länder, haben ihre Nationen verloren. Die herumirrenden Ausländer stellen im Chaos der letzten Kriegsphase und der ersten Nachkriegsmonate aus der Sicht der deutschen Bevölkerung den Inbegriff all dessen dar, was der Nationalsozialismus bekämpft hat – arbeitsunwillige »plündernde« Ostarbeiter auf der Suche nach Lebensmitteln, die sich in Gruppen zusammengeschlossen haben. Obwohl sie in Deutschland nicht selten als Asoziale in Slumviertel abgedrängt werden, ziehen die osteuropäischen Displaced Persons das Leben in einer Marginalexistenz oder in den dürftigen DP-Lagern dem Schick-

sal der repatriierten sowjetischen Kriegsgefangenen und Zwangsarbeiter vor, die wegen ihrer Erfahrungen mit dem Lebensniveau
der westlichen Länder von der stalinistischen Politik in »Gulags«
verbannt werden – das heißt in die von dem sowjetischen Repres-
sionssystem eingerichteten und über die ganze Sowjetunion verteilten Zwangsarbeitslager, Straflager und Verbannungsorte. Insgesamt kehren bis 1953 fünfeinhalb Millionen Menschen aus ganz
Europa in die Sowjetunion zurück – ein Fünftel von ihnen wird
erschossen oder endet im Gulag.[34]

Über die Zwangsrepatriierung der sowjetischen Displaced
Persons haben sich die Alliierten bereits im Februar 1945 auf
der Konferenz von Jalta vertraglich geeinigt. Bis 1947 ist deren
Zwangsrepatriierung weitgehend abgeschlossen, weil ihr die
westlichen Alliierten absolute Priorität eingeräumt haben. So ist
bereits Ende September 1945 die Mehrheit der sowjetischen Displaced Persons in die UdSSR zurückgeführt worden. Viele sowjetische Zwangsarbeiter und Kriegsgefangene widersetzen sich dieser
Maßnahme buchstäblich mit Händen und Füßen. Sie fürchten,
bei den sowjetischen Behörden unter Kollaborationsverdacht zu
geraten. Schon aufgrund der Tatsache, dass man sich hat gefangen nehmen lassen, kann man nämlich als Kollaborateur oder
Deserteur verdächtigt und scharfen Repressionen unterworfen
werden. Die schnell registrierten und kasernierten sowjetischen
Displaced Persons werden in »Filtrierlager« eingeliefert; sie müssen langwierige Untersuchungen über sich ergehen lassen, die
oft mit einem erheblichen Maß an Willkür verbunden sind. Diejenigen, denen Kollaboration mit den Deutschen nachgewiesen
oder bloß unterstellt worden ist, werden anschließend in Straflager verbracht. Die übrigen kehren in ihre Heimat zurück, wo
sie fortan Bürger zweiter Klasse sind – mit geringeren sozialen
Leistungsansprüchen und oft beschränkter Bewegungserlaubnis
über viele Jahre hinweg.

Die sowjetischen Repatriierungsoffiziere treten in den Westzonen oft selbstherrlich auf und versuchen gelegentlich, die Ver-

waltung ganzer DP-Lager zu übernehmen – ohne die zuständigen westlichen Armeestellen zu informieren. Bei ihren Repatriierungsmaßnahmen verschaffen sie sich unerlaubt Zutritt in DP-Lager, verschleppen Displaced Persons in der Nacht oder benutzen sogar Waffengewalt. Insgesamt legen die Repatriierungsoffiziere, so der Historiker Wolfgang Jacobmeyer, ein »instinktloses, vorschriftswidriges und gelegentlich kriminelles Verhalten« an den Tag. Bei der Übergabe von sowjetischen Displaced Persons kommt es zu Szenen der Verzweiflung und sogar zu Selbstmordserien unter den Augen der fassungslosen westlichen Besatzungsoffiziere und -soldaten.[35]

Die sowjetische Seite beharrt auf der Repatriierung, weil sie dadurch eine Möglichkeit hat, ihre personellen Verluste auszugleichen. Auch das Misstrauen gegenüber den Westalliierten, die Sorge vor antikommunistischen Zusammenschlüssen und die Furcht vor einem Ansehensverlust begründen die entschiedene sowjetische Politik. Hätte man den sowjetischen Displaced Persons freie Wahl gelassen, so die Vermutung der Staatsführung, so hätte die Nicht-Rückkehr von sowjetischen Staatsbürgern einen erheblichen Gesichtsverlust für die Sowjetunion bedeutet.[36] Erst im Zuge des Kalten Krieges seit 1947 wird die Zwangsrepatriierung aus dem Westen zurückgefahren, und es dauert bis zum 1. März 1949, bis die sowjetische Repatriierungskommission aus der amerikanischen Zone verwiesen wird. Zu diesem Zeitpunkt befinden sich aber ohnehin nur noch weit weniger als ein Prozent der sowjetischen Displaced Persons in den westlichen Lagern.[37]

Auch die polnischen DPs zeigen nur geringe Bereitschaft zurückzukehren – rund 80 Prozent von ihnen haben im Mai 1946 ihre Repatriierung rundheraus abgelehnt, vor allem wegen der kommunistischen Regierung in ihrer Heimat und aus der Angst heraus, unversehens zu sowjetischen Staatsbürgern zu werden. Ende 1946 leben noch rund 500 000 osteuropäische Displaced Persons in den drei westlichen Zonen, darunter rund 290 000 Polen.[38]

Mit Beginn des Kalten Krieges besinnen sich die westlichen Länder darauf, dass sie die osteuropäischen Displaced Persons als Arbeitskräfte gebrauchen können. So nimmt etwa Belgien 1946 und 1947 22 000 Menschen als Minenarbeiter in Wallonien auf, Frankreich beschäftigt 38 000 in verschiedenen Branchen, und Großbritannien übernimmt 86 000 Displaced Persons – unter ihnen Veteranen der polnischen Armee und sogar Ukrainer, die in die Freiwilligendivisionen der Waffen-SS eingetreten waren. »No work, no food«, heißt seit 1947 das Motto der britischen Politik des »Resettlement«.[39] Gut die Hälfte der DPs, die 1949 noch nicht repatriiert oder angesiedelt sind, können im Armeedienst, in der Lagerverwaltung oder, vermittelt über die deutschen Arbeitsämter, in der Wirtschaft beschäftigt werden.

Jüdische Displaced Persons

Für viele ehemalige Häftlinge aus den Konzentrationslagern kommt nach dem Kriegsende jede Hilfe zu spät. Von den 60 000 Befreiten aus Bergen-Belsen, den fast 32 000 aus Dachau oder den 72 000 bis 80 000 ausgemergelten Menschen aus Mauthausen sterben in den ersten Wochen bis zu 20 Prozent an Schwäche und Krankheit. Viele können nicht mehr alleine gehen, haben akuten Typhus, und nur wenige wiegen über fünfzig Kilogramm.[40] Noch elender ist der Zustand der überlebenden KZ-Häftlinge, die von ihren Bewachern in Todesmärschen aus den Vernichtungslagern ins Altreich getrieben worden sind. Allein seit dem Sommer 1944 sind 30 bis 50 Prozent der rund 750 000 KZ-Häftlinge umgekommen, die auf Todesmärschen von einer zunehmend planlosen SS-Verwaltung durch Deutschland hindurchgetrieben werden. Viele Menschen, die auf den Märschen mit Peitschen und Knüppeln traktiert werden, mit einem Minimum an Kleidung und Nahrung auskommen müssen und in ständiger Furcht vor willkürlicher Erschießungen leben, sterben an Unterernährung, Wunden, Erschöpfung und Krankheiten. Bezeichnend ist das, was ein Captain des 5. Medizinischen Bataillons der 5. Infanteriedivision der US-Army am 7. Mai 1945 über 118 jüdische Frauen in Volary (Tschechoslowakei) schreibt. Die Gruppe von Displaced Persons ist seit drei Wochen unterwegs auf dem Todesmarsch und bedarf dringend medizinischer Hilfe:

Ich nahm zu Captain Wi. in Lahora Kontakt auf und fuhr nach Volary, wo ich hörte, dass man eine Gruppe von ausgemergelten […] und entkräfteten Frauen von einem nahe gelegenen alten Stall in ein Schulgebäude schaffte, das als Lazarett diente. […]Bei dem Stall traf ich Captain Wi. an, den ich fragte, was denn hier los sei. Er erwiderte, er habe hier eine Gruppe von 118 jüdischen Frauen, und etwas Schrecklicheres habe er nie gesehen. Er bat mich, in den Stall zu gehen und mir die Lage anzusehen, und ich habe das getan. Bei dem Stall handelte es sich um eine einstöckige Holzbaracke. Das Innere war außerordentlich dunkel und mit Unrat aller Art angefüllt.

Ein erster Blick auf diese Menschen löste in mir einen tiefen Schock aus, ich konnte einfach nicht glauben, dass man ein menschliches Wesen derart erniedrigen könne, dass es so ausgehungert sein kann, so bis auf die Haut abgemagert und dass es unter derartigen Umständen gar noch leben kann. Bei dieser Gelegenheit konnte ich auf all das nur einen sehr flüchtigen Blick werfen. Was ich schließlich in diesem kleinen Raum sah, erinnerte mich an aufeinanderliegende Mäuse, die zu schwach waren, auch nur einen Arm zu heben. Nicht nur ihre Kleider waren schmutzig, zerschlissen, schlecht sitzend, zerfetzt und zerrissen, sie waren auch über und über mit menschlichen Exkrementen beschmiert, die auch den größten Teil des Bodens verunreinigten. Der Grund dafür war, dass diese Frauen schwer an Ruhr litten, was alle zwei bis fünf Minuten zu einer Entleerung führte. Sie waren zu schwach, um hinauszugehen, um ihre Därme zu entleeren.

Als ich den Stall betrat, hatte ich den Eindruck, dass hier eine Gruppe alter Männer herumlag, ich hätte sie zunächst für zwischen fünfzig und siebzig Jahre alt geschätzt. Ich war überrascht und schockiert, als ich eines dieser Mädchen fragte, wie alt sie denn sei, und sie mir antwortete, sie sei siebzehn. Meinem Eindruck nach musste sie älter als fünfzig sein [...] Als Sanitätsoffizier der Armee der Vereinigten Staaten vertrete ich die Ansicht, dass mindestens 50 Prozent dieser 118 Frauen innerhalb von vierundzwanzig Stunden gestorben wären, hätte man sie nicht ausfindig gemacht und bestens gepflegt.

Aufgrund meiner Untersuchungen habe ich bei diesen Patienten die folgenden Symptome und Krankheiten festgestellt: 1. extreme Unterernährung, 2. Vitaminmangelerkrankungen bei 90 Prozent dieser 118 Frauen, 3. bei den meisten von ihnen offene Füße mit einem Lochfraßödem der Kategorie vier plus, 4. schwere Frostbeulen an den Zehen mit trockenem Brand beidseitig über beide Beine, was zweifellos in nächster Zukunft eine Amputation jeweils des unteren Drittels beider Beine notwendig machen wird. Ein großer Teil dieser Frauen leidet an schweren Eiterbeulen durch Wundliegen. Etwa 50 Prozent leiden an schwerem und andauerndem Auswurfhusten, verursacht durch Lungenleiden. Etwa 10 Prozent dieser Frauen sind hier in der Nähe vor ein oder zwei Wochen durch Granatsplitter verletzt worden. Ihre dabei erlittenen Wunden sind nie behandelt worden. Diese Wunden sehen zurzeit sehr böse aus, in vielen Fällen wird wohl örtlich Wundbrand festzustellen sein. Im Lazarett wurde festgestellt, daß viele an der Ruhr Erkrankten an Blutbrechen und Fieber litten.[41]

Die KZ-Überlebenden ziehen nach ihrer Befreiung, sofern sie sich überhaupt noch bewegen können, unkontrolliert in Trecks durch das Land und stehen dabei auch noch einer meist wenig verständnisvollen deutschen Bevölkerung gegenüber. Denn die Deutschen haben in der Verhärtung der Nachkriegszeit nur mit wenig Anteilnahme auf das Schicksal dieser Häftlinge reagiert. Die Fotos, die die Alliierten von den befreiten Konzentrationslagern in Bergen-Belsen, Buchenwald oder Dachau gemacht haben und die bis auf die Knochen abgemagerte Häftlinge auf öffentlich ausgestellten Plakattafeln und in den Zeitungen zeigen, werden als Bilder aus einer anderen Welt abgetan. Leichenberge, Massengräber, Lagertore, Wachtürme, Baracken, Überlebende auf Pritschen oder hinter Stacheldraht – die seit dem Sommer 1945 propagierte Bildaufklärung der Alliierten berührt die Deutschen nicht, weil die grauenerregenden Leichenberge als Schuldanklage außerhalb der Zivilisation zu stehen scheinen und dem Alltag merkwürdig entrückt wirken. Das Schicksal der KZ-Häftlinge erscheint als anonymes Massengeschehen.[42]

Die berühmte jüdische Philosophin Hannah Arendt, die bereits 1933 über das tschechische Karlsbad, Genua und Genf nach Frankreich emigriert war, um schließlich 1941 in die USA zu flüchten, kehrt nach 1945 für kürzere Aufenthalte nach Deutschland zurück. Auf einer ihrer Reisen notiert sie:

> In den ersten Tagen der Besatzung waren überall Plakate zu sehen, die das fotografisch festgehaltene Grauen von Buchenwald mit einem auf den Betrachter deutenden Finger zeigten, zu dem der Text gehörte: »Du bist schuldig.« Für eine Mehrheit der Bevölkerung waren diese Bilder die erste authentische Kenntnisnahme der Taten, die in ihrem Namen geschehen waren.[43]

Die Bilder auf den Anschlagtafeln, in Broschüren und Illustrierten werden zu »Ikonen der Vernichtung«, wie die Historikerin Cornelia Brink formuliert hat. Sie sind eine Mischung aus nüchternem Fotodokumentarismus und emotionalisierter Anklage, die in ihrer Kombination dem Schuldappell Nachdruck geben sollen. Auf Häusermauern und Litfasssäulen, in Banken, Büros oder in Schaufenstern werden die Plakate mit aufgestapelten Leichen, verkohlten Leichnamen oder ausgemergelten Häftlingen ausgestellt und mit dem Schuldvorwurf: »Ihr habt ruhig zugesehen und es stillschweigend geduldet« versehen. Auch die Frage: »Warum habt ihr mit keinem Wort des Protestes, mit keinem Schrei der Empörung das deutsche Gewissen aufgerüttelt?« oder die Überschrift: »Das ist Eure große Schuld – ihr seid mitverantwortlich für diese grausamen Verbrechen!« finden sich auf den Plakaten. Der Schriftsteller Hubert Fichte erinnert sich noch nach zwanzig Jahren an diese Bilder aus ersten Nachkriegszeitungen, die er als Zehnjähriger gesehen hat: »Diese Bilder sind heute ebenso deutlich wie damals. Seither versuche ich herauszufinden, was ein Auschwitz ermöglichte, und die einzelnen Komponenten miteinander in Beziehung zu bringen.«[44]

Die Bilder, die Kameramänner der Roten Armee bereits im Juli 1944 im Konzentrationslager Majdanek gemacht haben, sind im Westen kaum beachtet worden – wohl aufgrund des noch aktuellen Kriegsgeschehens und der allgemeinen Skepsis der Deutschen sowie der Amerikaner gegenüber sowjetischen Nachrichten. Angesichts der amerikanischen Dokumentarfotos nun scheinen die Deutschen wie in einer autistischen Innensicht befangen zu sein und bekräftigen beim Anblick des Grauens oftmals nur ihr eigenes Opferschicksal. Vertreibung, Städtebombardement, Hunger und Vergewaltigung stehen im Vordergrund, während die eigene Täterschaft abgewehrt wird.

Das eigene Leid, so ergeben auch Umfragen der amerikanischen »Psychological Warfare Division« vom Juni 1945, schiebt sich vor das Mitgefühl mit den Verfolgten und Ermordeten. Die Deutschen sehen sich eher als Opfer, denn als Täter oder Mitläufer. Vielen Deutschen dienen die Bilder nur als Beleg dafür, dass lediglich wenige Nationalsozialisten und SS-Männer von den Verbrechen gewusst haben, während der »normale Deutsche« damit nichts zu tun gehabt hat. Eine Lehrerin behauptet sogar, aus angeblich »zuverlässiger Quelle« zu wissen, dass die Leichen, die in Buchenwald gefunden worden sind, nicht nur aus dem Lager, sondern auch aus den umliegenden, von den Alliierten bombardierten Städten stammen. Andere Deutsche äußern gegenüber den Amerikanern, dass doch ganz Deutschland ein Konzentrationslager gewesen sei. Auch in Ernst von Salomons Buch *Der Fragebogen* findet man Aufrechnungsstrategien: Man solle den Bildern aus den Konzentrationslagern doch die Leidensbilder von Köln, Nürnberg oder Dresden gegenüberstellen. Die Opfer des NS-Terrors werden dadurch auf verletzende Weise ignoriert und die öffentliche Diskussion über Schuld und Scham blockiert. In der Zeitschrift *Die Gegenwart* ist 1946 zu lesen, »dass kaum jemand an diesen Plakaten stehen blieb, und wenn es dennoch einer tat, dann geschah es mit einem raschen Seitenblick«. Der Zeithistoriker und ehemalige KZ-Häftling Eugen Kogon bemerkt im selben Jahr, dass die Bilder »höchstens Staunen oder ungläubiges Kopfschütteln« erwecken: »Sie werden kaum zu einer Sache des Verstandes, geschweige denn zum Gegenstand aufwühlenden Empfindens.«[45]

Erstaunlicherweise halten sich in den ersten Jahren nach 1945 zunehmend Juden in Deutschland auf. Es handelt sich vorwiegend um jüdische Zivilisten oder jüdische Partisanen aus Osteuropa, die aufgrund des anhaltenden Antisemitismus der polnischen und ukrainischen Nationalisten entweder in die USA oder nach Palästina emigrieren wollen und auf ihrem Weg Süddeutschland durchqueren. So flüchten sie, auf ihrem Weg zu ihrer neuen Heimstatt Israel, ausgerechnet in das verfluchte Deutschland. In der amerikanischen Zone wächst ihre Zahl im Lauf des Jahres 1946 von 40 000 auf 145 000. Im Sommer 1947 registrieren die Behörden bereits 182 000 jüdische Displaced Persons – 80 Prozent von ihnen stammen aus Polen. Die ab 1945 neu aufgebauten jüdischen Gemeinden – 1948 sind es einhundert – werden für wenige Jahre zu ihrem Zufluchtsort. Untergebracht in den Lagern für Displaced Persons, kommen die Juden anfangs noch mit nichtdeutschen Lagerwachen zusammen, meist osteuropäischen DPs. Besonders die polnischen Juden leiden unter dem Antisemitismus der Polen. Mit der Gründung des Staates Israel im Mai 1948 lösen sich dann die jüdischen DP-Lager rasch auf – zwischen 1948 und 1951 wandern insgesamt 332 000 europäische Juden nach Israel aus. Bis zum September 1948 geht die Zahl der in Deutschland lebenden jüdischen Displaced Persons auf 30 000 zurück, 1952 sind es dann nur noch 12 000.[46]

Remigration

Auch die überwiegende Mehrheit der deutschen Rückkehrer oder Remigranten, etwa 85 bis 95 Prozent, sind Juden oder von den Nationalsozialisten als solche klassifiziert worden. Man schätzt, dass insgesamt etwa 30 000 den Weg nach Deutschland zurückfinden. Andere kommen nur für Kurzaufenthalte und Besuche. Einige der Remigranten haben bereits als Soldaten der US-Army wieder deutschen Boden betreten. Sie werden aufgrund ihrer Sprachkenntnisse in der psychologischen Kriegführung eingesetzt, um deutsche Kriegsgefangene zu verhören oder um Propagandaschriften zu verfassen. Die meisten Wissenschaftler und Künstler trauen sich jedoch erst in den fünfziger und sechziger Jahren wieder zurück. Die ersten Remigranten treibt hingegen die Hoffnung, in Deutschland ein neues Leben aufbauen zu können, was ihnen in der Emigration oft nicht gelungen ist. Ihre Auslandszeit haben sie in erster Linie als Karrierebruch und soziale Isolation erlebt.

In die sowjetische Besatzungszone kehren schnell viele zurück, die als Kommunisten vor den Nationalsozialisten geflohen sind. Je früher sie die Rückkehr wagen, umso größer ist ihre Chance, von dem Wechsel der Führungsschicht zu profitieren. Das gilt auch in den westlichen Besatzungszonen für sozialdemokratische Politiker wie Willy Brandt, Willi Eichler, Fritz Heine, Wilhelm

Hoegner, Heinz Kühn, Erich Ollenhauer, Ernst Reuter oder Herbert Wehner. Die Hälfte des Bundesvorstands der SPD setzt sich in den vierziger und fünfziger Jahren aus Remigranten zusammen. In der SBZ kommen im April 1945 die Gruppen um Walter Ulbricht, Anton Ackermann und Gustav Sobottka zurück. Ende des Jahres folgt eine Gruppe deutscher Kommunisten aus Schweden, und im Juni 1956 lassen die Sowjets Rückkehrer aus Mexiko in die Ostzone bringen. Anfang der fünfziger Jahre verschlechtern sich die Chancen für zurückkehrende deutsche Kommunisten, weil im Zuge der Parteisäuberungen die Westemigranten stigmatisiert werden.[47]

Die Suche nach Heimat

An den Remigranten erkennt man, wie kompliziert die Frage der Heimat in der Zeit zwischen 1918 und 1948 geworden ist. Alteingesessen zu sein, Sesshaftigkeit an sich ist mittlerweile die Ausnahme in einer geografisch wie sozial extrem mobilen Gesellschaft. Deklassierung, Ausbombung, Ausfall und Vernichtung der Familie, lange Gefangenschaft in den Lagern, Schwerstversehrtheit und Krankheiten – fast nichts ist in den Jahren zwischen 1942 und 1948 so geblieben, wie es einmal gewesen war.

Die Familie und die Angehörigen werden bald zum Leitbild von Geborgenheit, zur Projektionsfläche für Sicherheit und Rückzug in einer turbulenten Zeit. Heimat bedeutet insbesondere für die männlichen Kriegsheimkehrer, aber auch für viele Flüchtlinge und Vertriebene, im Kreis der Familie oder bei Verwandten anzukommen.

Die Lage der Displaced Persons ist hingegen verzweifelter, wenngleich sich auch hier entfernte Verwandte in Übersee oder die neue Heimat Israel als Zufluchtsorte anbieten. Die von den Radiosendern täglich ausgestrahlten Grußbotschaften an die Angehörigen legen von der Familiensehnsucht ebenso Zeugnis ab wie die Suchmeldungen an den improvisierten Tafeln, an den Türen und den Wänden der Bahnhöfe. In den zerstörten Städten haben die überlebenden Menschen auch an den verbliebenen Häuserwänden, Verschlägen und Ruinen immer wieder die gleichen Botschaften hinterlassen. In Kreidemitteilungen verkünden sie: »Oma und die Kinder in Beefelden, Mutti im Südviertel vermisst«, oder einfach ganz lakonisch: »Alles im Arsch – sind bei Frieda und Paule.«[48] Durch Sendereihen wie »Kriegsgefangenen-Sonderdienst«, »Gruß aus der Gefangenschaft« oder »Grußübermittlung deutscher Kriegsgefangener aus der UdSSR« wird die Familie medial stabilisiert und imaginativ bestärkt. Die in speziellen Suchdiensten verlesenen Namenslisten und die Übermittlung von Grußbotschaften finden großen Anklang und wirken in die unmittelbare Lebenswelt zurück.[49]

Durch das Erlebnis des Zusammenbruchs der tragenden Ordnungen wird die Vorstellung vom Familienzusammenhalt zum sozialen Stabilitätsanker; gerade in der Notsituation sucht man nach althergebrachten sozialen Bindungswerten.[50] Tatsächlich dürfte die Hochschätzung der Familie, die wir aus den fünfziger Jahren kennen, in der unmittelbaren Nachkriegszeit als wirklich erfahrener, aber auch als imaginativer Ausweg aus der Unsicherheit ihren Ursprung haben. In dieser aus den Fugen geratenen Zeit bilden die traditionellen Familienbande den vermeintlich stärksten Rückhalt. Selbst die meist kitschigen Heimatfilme aus den fünfziger Jahren verarbeiten dies: Verwaiste Familien, traumatische Erlebnisse sowie Autoritäts- und Werteverlust werden in idyllischen Gegenbildern aufgearbeitet. Die kurze und sentimentale Reise in eine heile Welt ermöglicht das Durchhalten.[51]

In den ersten Nachkriegsjahren sind mindestens 30 Prozent aller deutschen Familien unvollständig, viele Ehen befinden sich in einer Krise – wechselseitige Verständnislosigkeit und gegenseitiges Anschweigen der Eheleute sind nach diesen einschneidenden Erlebnissen keine Seltenheit. Die Scheidungsziffern steigen nach 1945 deutlich an, die geschlechtsspezifischen Rollenbilder sind im Umbruch, Verheiratete streiten sich um Wohnungen, heimkehrende Väter mit ihren Kindern um die Milch.[52]

Heimat, Familie und althergebrachte Werte werden aber vielleicht gerade deswegen für eine völlig neu geordnete Gesellschaft zum Leitbild – im Erlebnis des sozialen und geografischen Exils wird Heimat zu einem Gefühl, zu einer Hoffnung und zur sentimentalen Sehnsucht nach Solidarität und Geborgenheit. Oft werden Solidarität und Hilfe in der traditionellen Rückbesinnung auf Familie und Verwandtschaft gesucht, die wiederum Mut zum Aufbruch geben. Mit dem gleichermaßen verklärenden wie verdrängenden Blick zurück auf die althergebrachten Werte schreitet die deutsche Nachkriegsgesellschaft voran in eine noch ungewisse Zukunft.

**Auf der Flucht vor dem Gestern –
Die Schatten der Vergangenheit**

Selten beachteten die Deutschen die alliierte Aufklärung über
den Holocaust so wie dieser Junge in der nordwürttembergischen
Stadt Bad Mergentheim im Juli 1945.

Mit dem Einmarsch der alliierten Truppen veränderte sich die Arbeit der Medien. Vorübergehend erschienen keine Zeitungen mehr, und in den Radios ertönten die Meldungen der alliierten Sender. Plakate waren das erste und anfangs auch am meisten verbreitete Kommunikationsmittel zwischen Besatzern und Besetzten. Über die Anschläge gaben die Besatzungsmächte der Bevölkerung ihre Informationen und Befehle bekannt. Darüber hinaus dienten sie bereits ab dem Sommer 1945 als Mittel der Aufklärung. Die Alliierten stellten KZ-Fototafeln, wie auf dem Bild zu sehen, auf öffentlichen Plätzen und in den Schaufenstern auf oder brachten sie an Litfasssäulen und Häuserwänden an.

Der nüchterne Fotodokumentarismus der KZ-Tafeln verband sich mit der emotionsgeladenen Anklage des Textes: »Diese Schandtaten: Eure Schuld!« Das bis heute immer wieder abgebildete Plakat zeigt sieben Fotos aus Konzentrationslagern. Einige davon hatten die Zeitungen der Alliierten veröffentlicht: Tote in einem Waggon, aufgestapelte Leichen, ein überlebender Häftling, ein offenes Massengrab, Soldaten, die vor einer Reihe verbrannter Toter stehen, verkohlte Leichname, die ein Mann im Häftlingsanzug betrachtet. Der dürren Bildunterschrift zufolge entstanden fünf der Fotos in Dachau, bei zwei weiteren ist der Ort der Aufnahme unbekannt. Die Opfer der »vertierten Henkersknechte Hitlers«, hieß es im Begleittext, starben in Buchenwald, Dachau, Bergen-Belsen, Gardelegen, Nordhausen, Ohrdruf, Erla, Mauthausen und Vaihingen, »nur weil sie Juden, Tschechen, Russen, Polen oder Franzosen waren«. Dem fett gedruckten Schuldvorwurf: »Ihr habt ruhig zugesehen und es stillschweigend geduldet« folgen die Zahlen der Ermordeten. Kurzum: »Ein Inferno, wie es die Weltgeschichte noch nicht gesehen hat.« »Warum habt ihr mit keinem Wort des Protestes, mit keinem Schrei der Empörung das deutsche Gewissen wachgerüttelt?« Diese Frage thematisierte das Problem, was die Deutschen hätten tun können – oder müssen. Mit Nachdruck hieß es im Schlusssatz: »Das ist Eure große Schuld – Ihr seid mitverantwortlich für diese grausamen Verbrechen!« Die Fotos illustrierten das Propagandaverständnis der Alliierten in den ersten Jahren nach 1945. Sie führten Überlebende und Leichenberge als Beweis und Anklage vor. Die Deutschen schenkten jedoch den Plakaten, die ihr Schuld- und Verantwortungsgefühl wecken sollten, im Grunde kaum Aufmerksamkeit.

Die Deutschen sind zu Tätern, Komplizen, Duldern und Zuschauern von Verbrechen geworden, die in der Weltgeschichte einzigartig sind. Aber kaum ein Deutscher fragt sich am 8. Mai 1945 nach seiner politischen Schuld. Das Überleben jedes einzelnen Tages nimmt sämtliche Kräfte in Anspruch. Bereits seit 1943 ist der Alltag aus den Fugen geraten. Auch wenn sich die prekäre Ernährungslage im Sommer 1945 noch einmal deutlich verschärft hat: Die Erfahrung extremer Unsicherheit und Existenzgefährdung hat die Lebenswelt vieler Deutscher im gesamten Katastrophenzeitraum zwischen 1943 und 1948 geprägt. Das Jahr 1945 tritt dabei zunächst nicht besonders hervor, weil sich die ohnehin miserablen Lebensumstände kaum ändern.[1]

In ihrer Verbitterung verdrängen viele Deutsche nach 1945 die politische Vergangenheit als Ursache für ihr gegenwärtiges Elend. Dennoch lassen sich die »Schatten der Vergangenheit« nicht übersehen – Millionen von Zwangsarbeitern und Kriegsgefangenen bevölkern die Straßen, Dörfer und Städte. Die Menschen kommen mit überlebenden ehemaligen KZ-Häftlingen in Kontakt, während die internierten Nationalsozialisten – wenn auch nur vorübergehend – aus dem Alltag verschwinden. Die politische Schuld ist zwar nicht zu leugnen, aber man will sich in der Bedrängnis, in die man durch Hunger, Kälte und Wohnraumnot geraten ist, nicht auch noch mit der eigenen Verstrickung befassen. Die tagtäglichen Zukunftssorgen verdrängen die Auseinandersetzung mit der Vergangenheit.

So wird die bei der Versorgung erprobte Strategie des Improvisierens kurzerhand in den Bereich des Politischen übertragen – Durchkommen und Durchmogeln wird auch zum politischen Lebensmotto. Gleichwohl entkommen die Deutschen der NS-Vergangenheit nicht einmal bei völlig unpolitischen Dingen – etwa wenn sich eine junge Frau ein neues Sommerkleid aus alten NS-Fahnen oder Fallschirmseide näht oder wenn sich die Hitlerbüste in ein gewinnbringendes Souvenir für die amerikanischen Soldaten verwandelt.

Zweifellos hat anfangs die Mehrheit der Deutschen das NS-Regime unterstützt, viele haben in blindem Gehorsam bis zum bitteren Ende gekämpft; Proteste dagegen hat es nicht einmal 1944 oder Anfang 1945 gegeben. Im »Großdeutschen Reich« zählen nach den Statistiken zu Kriegsbeginn im September 1939 rund 69 Millionen Reichsdeutsche als Mitglieder der NSDAP, ihrer zahlreichen Gliederungen und der angeschlossenen oder betreuten Verbände. Dabei sind Anfang 1945 erstaunlicherweise laut Statistik nur rund 9 Millionen Deutsche Mitglieder der NSDAP gewesen. Trotz Zwangs-, Doppel- und Mehrfachmitgliedschaften belegt diese Ziffer einen erstaunlich hohen politischen Organisationsgrad, zumal die rund 22 Millionen Mitglieder des Reichsluftschutzbundes und die etwa 14 Millionen des Reichsnährstandes nicht einmal mitgerechnet sind. Die überwältigende Mehrheit der männlichen erwachsenen Deutschen ist in irgendeiner Weise mit dem Regime verbunden gewesen.[2] Dass es nach 1945 nicht wie in vielen anderen europäischen Ländern zu scharfen Abrechnungsorgien gekommen ist, lässt sich nicht allein mit der Präsenz der alliierten Besatzungstruppen erklären. Vielmehr verweist die merkwürdige Ruhe und Milde der ersten Nachkriegszeit auch auf eine Kompromittierung vieler Deutscher.

Von daher fühlt sich die Mehrzahl der Deutschen bei Kriegsende vor allem besiegt und nicht befreit. Mit der Kriegsniederlage verbinden sich Trauer und Verbitterung. Dankbarkeit gibt es höchstens dafür, dass man mit dem Leben davongekommen ist. Die Deutschen werden sich der Tyrannei des nationalsozialistischen Regimes erst nach und nach bewusst. 1947 halten immerhin 52 Prozent den Nationalsozialismus unverändert für eine »gute Idee«, die bloß schlecht ausgeführt worden sei. Es wird Jahrzehnte dauern, bis sich die Erkenntnis durchsetzt, dass Hitler, auch wenn er Krieg und Judenmord nicht initiiert gehabt hätte, keineswegs ein »großer Staatsmann« war. Im Sommer 1952 aber hält noch ein

Drittel der Deutschen Hitler für einen großen Staatsmann und ein weiteres Viertel hat eine gute Meinung von ihm. Selbst 1955 vertritt die Hälfte der Deutschen die Ansicht, dass Hitler ohne den Krieg als einer der »größten deutschen Staatsmänner« dagestanden hätte. Und sogar 1967 halten immer noch 32 Prozent an ihrem positiven Urteil fest.[3]

In den Tagen der Niederlage entsorgen viele eilig alle Abzeichen, Parteibücher und Schriften, die die eigene NS-Vergangenheit belegen könnten. Viele Deutsche fürchten die Rache der Sieger, und nicht wenige erdreisten sich, alle Verstrickungen in der Vergangenheit rundweg abzustreiten. Diese Heuchelei ekelt einige politisch Aufrechte an, wie etwa den Schriftsteller und Kunstverständigen Wilhelm Hausenstein. Die Reichsschrifttumskammer hat ihn 1936 ausgeschlossen, weil er sich geweigert hat, die Namen jüdischer Künstler aus seinem Buch zur Kunstgeschichte zu entfernen und moderne Werke als »entartete Kunst« zu bezeichnen. 1943 ist dann die fristlose Entlassung aus der *Frankfurter Zeitung* erfolgt, in der Hausenstein als Journalist tätig war. Mit umfassendem Berufsverbot belegt, hat er sich in den letzten Kriegsjahren darauf konzentriert, sich und seine jüdische Frau Margot durchzubringen. Im bayrischen Tutzing notiert er am 8. Mai 1945, dem Tag der Kapitulation, in sein Tagebuch:

Heute Nachmittag im Dankgottesdienst, dem eine recht würdige Aufführung einer Messe von Haydn einigen Glanz gab. Der Cellist Hoelscher wirkte mit; er hatte vom Hakenkreuz auf die Orgelempore hinaufgefunden… Ach, keiner will jetzt »dabei« gewesen sein; keiner hat das Parteiabzeichen im Rockumschlag ernst gemeint; die Charaktere stehn in Blüte… es ist zum Speien. Im Rathaus drängen sich die Geschäftemacher, suspekte Figuren mit nazistischer Vergangenheit in den Vordergrund. Das Leben scheint nicht anders zu sein. Von einer Umkehr merkt man kaum Anzeichen.

Am folgenden Tag hält er fest:

> Es erschreckt, nein, entsetzt, zu sehen, dass die Katastrophe keinerlei moralische Veränderung hervorbringt. Ich beobachte dies zwar bloß in dem schmalen Sektor, den ich überblicken kann [...] Allein es ist ja anzunehmen, dass es anderwärts ebenso zugeht, wie hier: von den Ereignissen ist *keine verwandelnde Gestalt* auf die Gemüter ausgegangen – die wenigen ausgenommen, für die es des Zusammenbruchs und der von Haus zu Haus bettelnden Juden nicht erst bedurfte. *Auf was um Himmels willen warten die Menschen noch?*[4]

Auch die amerikanische Journalistin Martha Gellhorn sammelt ähnliche Eindrücke: Mit dem NS-Regime verschwinden auch die Nationalsozialisten. Die Deutschen haben mit Völkermord, Wehrmacht und Partei scheinbar gar nichts zu tun gehabt. Aus den Parteimitgliedern sind über Nacht Antifaschisten geworden. Sarkastisch und voller Empörung schreibt sie im April 1945 über die vor Selbstmitleid zerfließenden Deutschen, die vor allem sich selbst als Leidtragende des Krieges darstellen:

> Niemand ist ein Nazi. Niemand ist je einer gewesen. Es hat vielleicht ein paar Nazis im Dorf gegeben, und es stimmt schon, diese Stadt da, zwanzig Kilometer entfernt, war eine regelrechte Brutstätte des Nationalsozialismus. Um die Wahrheit zu sagen, ganz im Vertrauen, es hat hier eine Menge Kommunisten gegeben. Wir waren schon immer als Rote verschrien. Oh, die Juden? Tja, es gab eigentlich in der Gegend nicht viele Juden. Vielleicht zwei, vielleicht auch sechs. Sie wurden weggebracht. Ich habe sechs Wochen lang einen Juden versteckt [...] Wir haben nichts gegen Juden; wir sind immer gut mit ihnen ausgekommen. Wir haben schon lange auf die Amerikaner gewartet. Ihr seid gekommen und habt uns befreit [...] Die Nazis sind Schweinehunde. [...] Ach, wie

wir gelitten haben. Die Bomben. Wir haben wochenlang im Keller gelebt. [...] Sie reden alle so. Wir stehen mit fassungslosen und verächtlichen Gesichtern da.[5]

Mit den Nürnberger Prozessen wollen die Alliierten den Schleier aus Leugnung, Verdrängung und Selbstbezogenheit zerreißen und die Deutschen vom »Bazillus« des Nationalsozialismus »säubern«. Die zeitgenössische Metapher deutet an, wie nahe die Rhetorik von Siegern und Besiegten liegen kann. Reinheit ist zur Leitidee der sozialen und kulturellen Ordnung der ersten Hälfte des 20. Jahrhunderts geworden – nunmehr auch zur moralischen Kategorie, die zur Einheit und Einheitlichkeit einer geläuterten Nation beitragen soll.

Auf der Potsdamer Konferenz, bei der sich die Siegermächte vom 17. Juli bis zum 2. August 1945 im Schloss Cecilienhof zusammenfinden, einigen sich die »großen Drei« – die USA, die Sowjetunion und Großbritannien – auf die Grundzüge der Entnazifizierung Deutschlands. Bereits im Kommuniqué der Konferenz von Jalta im Februar 1945 ist festgelegt worden:

> Es ist unser unbeugsamer Wille, den deutschen Militarismus und Nazismus zu vernichten und die Garantie dafür zu schaffen, dass Deutschland nie wieder in der Lage sein wird, den Weltfrieden zu brechen; [...] alle Kriegsverbrecher [sind] einer gerechten und schnellen Bestrafung zuzuführen; [...] die Nazipartei, die nazistischen Gesetze, Organisationen und Einrichtungen [sind] vom Erdboden zu tilgen; alle nazistischen und militärischen Einflüsse aus öffentlichen Einrichtungen, dem Kultur- und Wirtschaftsleben des deutschen Volkes zu entfernen.[6]

Im April 1945 haben die Alliierten dann weitere Direktiven ausgearbeitet, die sich ebenfalls in den Potsdamer Beschlüssen wiederfinden. Um die politischen Schaltstellen in Justiz, Polizei, Armee und Verwaltung von Nationalsozialisten zu »säubern«, erhalten die Oberbefehlshaber der Besatzungstruppen die Anweisung:

> Alle Mitglieder der Nazipartei, die nicht nur nominell in der Partei tätig waren, alle, die den Nazismus und Militarismus aktiv unterstützt haben, und alle anderen Personen, die den alliierten Zielen feindlich gegenüberstehen, sollen entfernt und ausgeschlossen werden aus öffentlichen Ämtern und aus wichtigen Stellungen in halbamtlichen und privaten Unternehmungen.[7]

Der Alliierte Kontrollrat in Berlin erlässt im Januar 1946 eine Direktive zur »Entfernung von Nationalsozialisten und Personen, die den Bestrebungen der Alliierten feindlich gegenüberstehen, aus den Ämtern und verantwortlichen Stellungen«. Im Oktober folgt die Direktive zur »Verhaftung und Bestrafung von Kriegsverbrechern, Nationalsozialisten und Militaristen«, die interniert, kontrolliert und überwacht werden sollen. Diese Grundlinien stellen eine Konsensentscheidung dar, obwohl die darauffolgende Praxis der »Entnazifizierung« und »Umerziehung« in den einzelnen Besatzungszonen recht unterschiedlich verläuft.

Der sowjetische Machthaber Josef Stalin präsentiert sich selbstbewusst als neuer Herrscher Ostdeutschlands, der im heraufziehenden Kalten Krieg gegen den neuen US-Präsidenten Harry S. Truman und den müden Winston Churchill – der bei den Wahlen am 28. Juli zudem noch vom Labourpolitiker Clement R. Attlee abgelöst wird – den Takt vorgeben will. Obwohl sich die Alliierten im Grundziel der Entnazifizierung einig sind, zeigen sich bereits hier die aufkommenden Gegensätze des Kalten Krieges.

Bevor aber aus den Rissen in der Front der Hitler-Gegner die
tiefen Gräben des Kalten Krieges entstehen, haben sich die Alliierten darauf geeinigt, die Verbrechen der Deutschen in Prozessen zu sühnen. In der bereits am 30. Oktober 1943 abgegebenen
Moskauer »Erklärung über deutsche Grausamkeiten im besetzten Europa« haben die Alliierten ihre Absicht erklärt, nach dem
Krieg diese Verbrechen zu verfolgen und Deutsche, die in einem
besetzten Land Verbrechen begangen haben, auszuliefern und
nach dort geltendem Recht zu verurteilen. Die »Hauptverbre-
cher«, deren Verbrechen nicht einem bestimmten Land zuzuord-
nen seien, sollten nach einer noch zu fällenden gemeinsamen
Entscheidung der Alliierten bestraft werden. Im selben Jahr ist
die Gründung der »United Nations War Crimes Commission«
erfolgt, der die Aufgabe zufällt, Vorschläge für eine strafrechtliche Verfolgung zu erarbeiten. Diese bilden die Grundlage für
das Londoner Vier-Mächte-Abkommen vom 8. August 1945 zwischen den USA, Großbritannien, der Sowjetunion und Frankreich
über die Verfolgung und Bestrafung der Hauptkriegsverbrecher.
Ausgerechnet in Nürnberg, als »Stadt der Reichsparteitage« einer
der ehemals wichtigsten Orte nationalsozialistischer Propaganda,
richten die Alliierten einen internationalen Militärgerichtshof ein,
der für die Verurteilung von Kriegsverbrechen sowie der neuen
Straftatbestände der »Verbrechen gegen die Menschlichkeit und
den Frieden« zuständig ist.

Die juristische Neuschöpfung bedeutet einen Verstoß gegen
das Rechtsprinzip, wonach ein Gericht eine Tat nur aufgrund
eines Gesetzes verurteilen darf, das schon zum Zeitpunkt der Tat
gilt. Die maßgebliche Zielvorgabe des Tribunals lautet aber, ein
Exempel gegen den Zivilisationsbruch und die barbarische Kriegführung zu statuieren. So stellen die Nürnberger Prozesse gegen
die so genannten Hauptkriegsverbrecher einen Präzedenzfall in
der Weltgeschichte dar. Sie sollen verdeutlichen, dass die Alliier-

ten nicht auf Gewalt, sondern auf das Recht setzen, und dass nur ein internationaler Strafgerichtshof bei Verbrechen gegen die Menschlichkeit urteilen kann. Zudem sollen die Täter ohne Ansehen ihres Ranges und ihrer Position persönlich zur Verantwortung gezogen werden.

Dem Internationalen Militärgerichtshof gehören je ein Richter und ein stellvertretendes Mitglied der vier beteiligten Staaten an, wobei jeder Staat einen Hauptanklagevertreter stellt. Als Verteidiger sind deutsche Anwälte zugelassen. Die Anklage der Vertreter der USA, der Sowjetunion, Großbritanniens und Frankreichs lautet auf Vorbereitung und Führung eines Angriffskriegs, Verstöße gegen das Kriegsrecht, Gewalttaten gegenüber der Zivilbevölkerung und Verbrechen gegen die Menschlichkeit.

Innerhalb eines knappen Jahres, vom 20. November 1945 bis zum 30. September 1946, führt der Internationale Militärgerichtshof Verhandlungen gegen vierundzwanzig Angehörige des Führerkorps der NSDAP, der SS und des Sicherheitsdienstes sowie gegen Vertreter der Kriegswirtschaft und der Wehrmacht. Die Liste der Angeklagten reicht von Hermann Göring, Rudolf Heß, Joachim von Ribbentrop, Wilhelm Keitel und Ernst Kaltenbrunner über diverse Minister, Generalgouverneure, Reichskommissare in den besetzten Gebieten wie Hans Frank, Arthur Seyß-Inquart oder Alfred Rosenberg bis zu Franz von Papen, Hjalmar Schacht und Hans Fritzsche. Adolf Hitler und Joseph Goebbels haben kurz vor Kriegsende Selbstmord begangen, und der mitangeklagte Martin Bormann hat sich, was zum Zeitpunkt des Prozesses noch unbekannt ist, in den letzten Kriegstagen in Berlin durch Gift das Leben genommen. Erst nach zwölfjährigen Ermittlungen kann 1973 die hessische Generalstaatsanwaltschaft endgültig bekannt geben, dass Bormann in der Nacht zum 2. Mai 1945 auf der Eisenbahnbrücke der Invalidenstraße in Berlin »wenige Stunden nach seinem Komplizen Hitler« gestorben sei. Eine 1998 zusätzlich durchgeführte DNA-Analyse erbringt die zweifelsfreie Identifizierung.

Am 30. September und 1. Oktober 1946 werden zwölf der vierundzwanzig Hauptkriegsverbrecher zum Tode verurteilt und hingerichtet: Generalgouverneur Hans Frank, Generaloberst Alfred Jodl, der Chef des Reichssicherheitshauptamtes und der Sicherheitspolizei Ernst Kaltenbrunner, der Chef des Oberkommandos der Wehrmacht Generalfeldmarschall Wilhelm Keitel, Innenminister Wilhelm Frick, Reichsmarschall Hermann Göring, der Gauleiter und Propagandist Julius Streicher, der Reichsstatthalter in Österreich und Reichskommissar in den besetzten Niederlanden Arthur Seyß-Inquart, der Generalbevollmächtigte für den Arbeitseinsatz Fritz Sauckel, der Rassenideologe und Reichsminister für die besetzten Ostgebiete Alfred Rosenberg, der Reichsaußenminister Joachim von Ribbentrop sowie (in Abwesenheit) der Reichsleiter der NSDAP Martin Bormann. Hermann Göring begeht wenige Stunden vor der Hinrichtung Selbstmord mit einer Giftkapsel. Robert Ley, der ehemalige Leiter der Deutschen Arbeitsfront, hat schon vor Prozessbeginn Selbstmord verübt. Sieben weitere vormalige Nazigrößen erhalten Haftstrafen. Gegen den Protest der sowjetischen Vertretung spricht das Gericht den ehemaligen Reichskanzler Franz von Papen, den Reichsbankpräsidenten und Wirtschaftsminister Hjalmar Schacht sowie Hans Fritzsche, Ministerialrat in Goebbels' Propagandaministerium, frei.

Die Nürnberger Prozesse sind, wie der amerikanische Mitankläger Telford Taylor später zutreffend festgestellt hat, in der Tat so etwas wie der Präzedenzfall für die Ächtung künftiger Angriffskriege.[8] Durch sie ist möglichen Legendenbildungen der Boden entzogen, und alle Zweifel an den Kriegsplänen, an der verbrecherischen Herrschaftspraxis und an dem Vernichtungskrieg im Osten sind ausgeräumt worden. Die beeindruckenden Beweismittel sowie die historischen Aufklärungen und Urteile stoßen im In- und Ausland auf große Aufmerksamkeit, wenngleich das Interesse der Deutschen angesichts ihrer Alltagssorgen nicht überschätzt werden darf. Die Lizenzpresse und der Rund-

funk berichten gleichwohl sehr ausführlich und in schonungs-
loser Deutlichkeit über die Prozesse, die zugleich auch als Teil
der Umerziehung der Deutschen gedacht sind. So verkündet beispielsweise der Berliner Rundfunk im August 1946:

> Angeklagt sind die SS, insbesondere die Totenkopfverbände,
> diese Gorillas, und der SD, die Häscherschar der Gangster-
> bande. Dem trockenen Aktenmaterial entsteigen Bilder, deren
> Brutalität erstarren macht. Ein Protokoll schildert ausführlich
> das Familienleben des Lagerkommandanten SS-Obersturm-
> führer Wilhaus, der zwei- bis vierjährige Kinder in die Luft
> werfen ließ und nach ihnen schoss, wobei sein neunjähriges
> Kind ihn mit dem Zurufen anfeuerte: »Papa, bitte noch ein-
> mal.« Ganz ein Mann nach Himmlers Geschmack, der von
> der SS gesagt hat, sie werde ein gnadenloses Schwert sein. An
> solche Schreckenstaten hat offenbar der ehemalige SS-Gene-
> ral Ohlendorf gedacht, als er seinem ruhigen Bekenntnis,
> 90 000 Menschen auf dem Gewissen zu haben, stolz hinzu-
> fügte, er hätte aber die Liquidierungen so human wie möglich
> durchgeführt.
>   Angeklagt ist die Gestapo. Zwölf Jahre der Schrecken
> Deutschlands und fast ganz Europas, für immer ein Sinn-
> bild des Fluches. Auch ihre Taten wurden in Nürnberg auf-
> gedeckt. Sie füllten die Lager von Buchenwald, Auschwitz,
> Maidanek und Mauthausen. Doch selbst unter diesem Aus-
> wurf an Mordbuben stellt der KZ-Inspektor Höß eine Art
> von grausigem Rekord auf, da er, wie er in Nürnberg erzählt
> hat, während seiner Amtszeit als Lagerleiter von Auschwitz
> drei Millionen Menschen vergasen, zu Tode martern oder an
> Hunger und Krankheiten zugrunde gehen ließ. Insgesamt hat
> übrigens dieser schlimmste Schandfleck unserer Erde mehr
> als vier Millionen Leichen in sich aufgenommen. Höß berich-
> tet völlig sachlich: »Es dauerte drei bis fünfzehn Minuten, die
> Menschen in der Gaskammer zu töten. Wenn das Kreischen

aufhörte, wussten wir, dass sie tot waren. Unsere Sonderkommandos nahmen den Leichen die Ringe ab und zogen aus ihren Gebissen die Goldzähne. Das Gold wurde nach Berlin an die SS geschickt.« In der Reichsbank des Herrn Funk lagen die Goldzähne der Opfer, aber er wusste angeblich nichts davon. Hat er die Berichte seines Reichsbankrats Thoms über die Goldzähne im Depot genauso vergessen, wie sich der Gestapo-Chef Kaltenbrunner geradezu Galavorstellungen der Hinrichtungen hat zeigen lassen, Vergasen, Erschießen und Hängen; jede Vorstellung beendete ein Symphoniekonzert.[9]

In dem internationalen Medienspektakel mit rund zweihundert Journalisten aus mehr als zwanzig Ländern werden sowohl die angeklagten Täter als auch die NS-Organisationen als bestialische Phänomene vorgeführt und oft vorschnell psychologisiert. Die Alliierten versprechen sich von den eindringlichen Beschreibungen und den stark moralischen Werturteilen eine erzieherische Wirkung. Die veröffentlichte Meinung ist jedoch das eine, die tatsächliche Wirkung auf die Deutschen das andere. So finden die Prozesse und die mit ihnen verbundenen Fragen von Schuld und Verantwortung in der Bevölkerung trotz der breiten journalistischen Berichterstattung nur wenig Widerhall. Die Aufmerksamkeit der Bevölkerung gilt in erster Linie den Herausforderungen des Nachkriegsalltags. Die Auseinandersetzung mit der NS-Vergangenheit wird in den Hintergrund gedrängt. Der 45-jährige Fritz Rümelin aus Heilbronn fasst die Stimmung in der einfachen Bevölkerung treffend zusammen:

In Deutschland wird über die Nürnberger Prozesse nur wenig gesprochen. Auffallend wenig. Obwohl in Nürnberg die Geschichte eines deutschen Abenteuers aufgedeckt wird, das wir alle selbst miterlebt haben und mit dessen Enthüllung wir uns auseinandersetzen müssten. Aber gerade diese Auseinandersetzung, die in eine Selbstprüfung münden müsste, ist es, die ein großer, ein sehr großer Teil des deutschen Volkes offenbar nicht will. Er schiebt die Erinnerung an das Dritte Reich instinktiv von sich ab, er bleibt an der Oberfläche, er vermeidet, sich über jenen Abschnitt unseres nationalen Daseins wirklich klarzuwerden, weil er fühlt, dass er damit seine innere Sicherheit, das geistige Gerüst seiner bisherigen Haltung gefährden würde. Müsste er nicht, wenn er die Nürnberger Prozesse genau verfolgen würde, sich vor die Frage gestellt sehen: Hätte ich anders als der oder jener Angeklagte gehandelt, wenn ich an seiner Stelle gestanden wäre? Bin ich nicht nur deshalb nicht angeklagt, weil ich eben nicht in eine solche Lage geraten bin? Habe ich nicht ähnlich gedacht wie er? Da diese Leute Verbrecher sind, bin ich dann – nicht in der Tat, aber doch in der Gesinnung – nicht auch einer gewesen? Habe ich nicht gebilligt, was sie taten? Mindestens in der Theorie? Habe ich als Unrecht angesehen, was heute als Unrecht angeprangert wird? – Es ist äußerst unangenehm sich vorhalten lassen zu müssen, man habe gedacht wie ein Verbrecher – und habe es noch nicht einmal gemerkt.[10]

In den folgenden Jahren werden zwölf weitere Nachfolgeprozesse gegen knapp zweihundert nationalsozialistische Funktionsträger geführt – das Spektrum der Angeklagten reicht von Diplomaten, Ärzten, Juristen, Generälen und Wirtschaftsführern bis zu SS-Organisationen wie dem Wirtschaftsverwaltungshauptamt der SS, dem die Verwaltung der meisten Konzentrationslager oblag, oder dem Rasse- und Siedlungshauptamt der SS, das an der Massentötung von Polen und Juden mitgewirkt hat. Die amerikanischen Militärgerichte klagen sie aufgrund einer Ermächtigung des Alliierten Kontrollrats vom Dezember 1945 in eigener Zuständigkeit an.

Daneben finden zahlreiche weitere Prozesse auf der Basis der alliierten JCS-Direktive 1023/10 statt, mit der sich im Juli 1945 die Stabschefs der Besatzungsarmeen in allen vier Zonen zur

Aufarbeitung der Kriegsverbrechen verpflichtet haben. Vor den Militärgerichten steht nunmehr nicht nur die NS-Elite, sondern auch das »einfache Mordpersonal«. In der französischen Zone urteilt das »Tribunal Général« in Rastatt, die Amerikaner verhandeln in Darmstadt, Ludwigsburg und Dachau, während die Prozesse in der britischen und sowjetischen Zone an vielen unterschiedlichen Orten stattfinden. In Dachau stehen das Lager- und Wachpersonal der Konzentrationslager Dachau, Buchenwald, Flossenbürg, Mauthausen, Mittelbau-Dora und Mühldorf vor Gericht. Auch gegen die Täter der nationalsozialistischen Euthanasie-Verbrechen in der hessischen Landesheilanstalt Hadamar wird prozessiert. Die Ankläger nehmen für diese Prozesse Fotos von der Befreiung der Lager, Totenregister, SS-Dienstpläne und die Aussagen von Angeklagten als Beweismittel auf, sodass die Menschenrechtsverbrechen der Nationalsozialisten lange vor den großen Auschwitz-Prozessen in den sechziger Jahren im Detail an die breite Öffentlichkeit kommen. Allein in den Dachauer Prozessen (Dezember 1945 bis Dezember 1947) haben sich in 489 Verhandlungen 1672 Angeklagte zu verantworten – mehr als zwei Drittel wegen Massengrausamkeiten (so genannten »mass atrocities«). In 426 Fällen verhängen die Richter die Todesstrafe.[11]

Insgesamt verurteilen die Gerichte im westlichen Teil Deutschlands – einschließlich der Urteile des Militärgerichtshofs – 5025 Personen. Die Alliierten vollstrecken 486 von 806 Todesurteilen. Die Zahl der Verfahren in der sowjetischen Besatzungszone wird auf etwa 45 000 geschätzt.[12] Dass in diesen wenigen Zahlen bereits sichtbare Ungleichgewicht zwischen West und Ost spiegelt sich auch in den Entnazifizierungsverfahren wider.

Ein Kontrollratsgesetz der Alliierten hat deutsche Gerichte, die seit Ende 1945 ihre Tätigkeit allmählich wieder aufnehmen, von der Verfolgung der Kriegsverbrechen zunächst ausgeschlossen, sodass sich ihre Befugnisse anfangs nur auf einfache Straftaten beschränken. In der sowjetischen Besatzungszone sprechen ostdeutsche Gerichte dennoch 8300 Urteile in NS-Strafsachen, darunter etwa 50 Todesurteile. Auch in den Westzonen fällen deutsche Gerichte zwischen 1945 und 1949 insgesamt 4419 rechtskräftige Urteile wegen NS-Verbrechen an Juden, geistig Behinderten und Zwangsarbeitern. Die Zahl der eingeleiteten Ermittlungsverfahren liegt mit 13 600 sogar noch wesentlich höher.[13] Erst mit dem »Überleitungsvertrag« von 1955 erhält die Bundesrepublik wieder volle Gerichtshoheit, sodass nun auch deutsche Gerichte theoretisch Kriegsverbrechen verfolgen können.

Bereits kurz nach der Gründung der Bundesrepublik, am 31. Dezember 1949, verkündet ein deutsches Gesetz die Gewährung von Straffreiheit: Alle rechtskräftigen Freiheitsstrafen bis zu sechs Monaten und entsprechende Geldstrafen im Zusammenhang mit NS-Vergehen werden erlassen. Laufende Verfahren müssen eingestellt werden, sofern sie keine höheren Strafen erwarten lassen. Auch die noch nicht verbüßten Gefängnisstrafen bis zu einem Jahr werden erlassen, sofern die Verurteilten nicht »aus Grausamkeit, aus ehrloser Gesinnung oder aus Gewinnsucht gehandelt« haben.[14]

Es dauert danach fast zehn Jahre, bis der nur zufällig zustande gekommene Ulmer Prozess gegen ehemalige Angehörige des Einsatzkommandos »Tilsit« im Jahr 1958 die Holocaust-Verbrechen des NS-Regimes nach fast zehnjähriger Stille wieder in die Öffentlichkeit rückt. Die Massenerschießungen von Juden im Memelgebiet, die hinter der Wehrmachtslinie stattgefunden haben, lösen lebhafte Diskussionen aus. Doch nicht nur die Verbrechen der Einsatzgruppen der Sicherheitspolizei und des Sicherheitsdienstes geraten ins Bewusstsein. Im Verlauf der Ermittlungen haben die Ulmer Staatsanwälte feststellen müssen, dass sich Staatsanwaltschaften und Gerichte anderer Bundesländer geweigert haben, gegen Tatverdächtige vorzugehen. Dass damals noch viele NS-Täter unerkannt und unbehelligt in Freiheit leben, bewirkt einen spürbaren Stimmungsumschwung. Dennoch lässt die Bundesregierung bereits 1960 Totschlagsvergehen verjähren.[15] Das Interesse der deutschen Bevölkerung, die die Kriegsverbrecherprozesse anfänglich noch zu 70 Prozent bejaht hat, ist ohnehin schon längst erloschen. Bereits 1950 haben ebenso viele Personen die Prozesse abgelehnt, wie sie sie zuvor bejaht haben. Erst in den sechziger Jahren, nach dem Ulmer Prozess, beginnt sich das Blatt erneut zu wenden.

Anfängliche Strenge

Um die Sicherheit der Besatzungstruppen zu gewährleisten, verhängen die Alliierten nach 1945 zunächst einmal einen »automatic arrest« für all diejenigen Deutschen, die Angehörige der NSDAP ab dem Rang eines Ortsgruppenleiters gewesen sind oder zur SS, Gestapo, SD, HJ oder SA gehört haben. 90 000 Personen kommen auf diese Weise in der bevölkerungsreichsten britischen Zone, vermutlich rund 120 000 in der amerikanischen und schätzungsweise 20 000 in der französischen Besatzungszone in eines der isolierten Internierungslager. Etwa 90 Prozent der Insassen sind ehemalige NSDAP-Funktionäre. Kontaktaufnahmen zur Außenwelt und zu Postververbindungen sind streng untersagt. Das wiegt besonders schwer, wenn die Verdächtigen vor ihrer Verhaftung geflohen sind und den Familienmitgliedern ihren Aufenthaltsort nicht haben mitteilen können. Die Amerikaner achten jedoch auf die Kontaktsperre, wie eine ungewöhnlich krasse Episode aus dem amerikanischen Internierungslager Altenbach in Bayern zeigt:

> Die Frau eines Internierten passierte die am Lager vorbeiführende Verkehrsstraße; sie erkannte wohl ihren Mann und winkte ihm zu. Der Posten schoss auf die Frau, sie erhielt einen Kopfschuss und brach blutend zusammen. Der Mann stand 10 m hinter dem Stacheldraht entfernt und konnte ihr nicht helfen. Der amerikanische Posten brachte der Frau keine Hilfe. Nach einigen Minuten kam ein Lastwagen mit amerikanischen Soldaten vorbei. Um sich den Weg frei zu

machen, sprangen einige Soldaten aus dem Wagen, legten die Frau an die Seite der Straße und fuhren weiter. Erst nach etwa 1½ Stunden erhielt die Frau erste Hilfe. Sie wurde in das Krankenhaus Schongau überführt, wo sie in der Nacht an den Folgen der schweren Verwundung starb.[16]

Die meisten Lager unterstehen den amerikanischen Streitkräften, die die Internierten bei ihrer Einweisung vernehmen. Nicht selten werden die Vernehmungen von Beschimpfungen und sogar Prügel begleitet. Allerdings werden diese Ausschreitungen bald nach Errichtung der Lager unterbunden, die aus schnell zusammengezimmerten Baracken bestehen und in denen die Unterbringung dementsprechend primitiv ist. Die Gefangenen leiden unter den Versorgungsengpässen und helfen sich mit improvisierten Lösungen. So berichtet der internierte ehemalige Reichsfinanzminister Johann Ludwig Graf Schwerin von Krosigk über sein Lager Nürnberg-Langwasser: »Man hatte unter dem Zaun einen Gang gegraben, durch den nachts Lebensmittel jeder Art und Menge ins Lager transportiert wurden. Der sorgfältig getarnte Eingang wurde eines Tages nur durch Zufall entdeckt.«[17] Trotz solcher Lücken beeinträchtigt die unzureichende Versorgung den Gesundheitszustand der Internierten. Otto Wien, ehemaliger Generalstabsoffizier, berichtet von der Stimmungslage im Lager: »Einmal sah ich, wie ein alter, grauhaariger Reserveoffizier nach dem Essensempfang, den gefüllten Blechnapf in der Hand, über eine Zeltleine stolperte, sodass einige Nudeln ins Gras fielen. Ein anderer sah das und begann, die Nudeln einzeln aufzusammeln und sich in den Mund zu stopfen. Mit dem Schrei: ›Das sind meine Nudeln‹, sprang der Alte herzu und schlug auf den Dieb ein.«[18]

Die Härte gegenüber den ehemaligen Nationalsozialisten geht vornehmlich von den Amerikanern aus. Briten und Franzosen folgen ihrem Beispiel in den ersten Nachkriegsmonaten, da sie keine eigenen Konzepte vom Umgang mit den betreffenden

Personen entwickelt haben. Aber bereits in dieser frühen Phase machen die Zahlen deutlich, dass die Besatzungspolitik in den beiden anderen westlichen Besatzungszonen andere Prioritäten hat. Die wirtschaftliche Leistungsfähigkeit besitzt für Großbritannien und Frankreich absoluten Vorrang, sodass die Strategien rasch von der harten amerikanischen Linie abweichen.[19]

In der amerikanischen Zone wird dagegen die Gangart noch einmal verschärft. Ab Juli 1945 werden fristlose Entlassungen ohne Einspruchsrecht und ohne Angabe von Gründen vorgenommen. Betroffen sind Inhaber von Schlüsselstellungen in der öffentlichen Verwaltung, die vor dem 1. Mai 1937 der NSDAP beigetreten waren oder ein Amt in einer der angeschlossenen Organisationen hatten. Auch wer der SA, der SS, dem NS-Kraftfahrerkorps oder dem NS-Fliegerkorps vor dem April 1933 beigetreten ist, fällt unter die Regelung. Darüber hinaus verlieren alle führenden Verwaltungsbeamten unabhängig von ihrer politischen Vergangenheit ihren Posten. Empfohlen wird zudem die Entlassung der militärischen und wirtschaftlichen Elite des Dritten Reichs.[20]

Die Amerikaner setzen im August 1945 in der Stadtverwaltung von Frankfurt am Main 4426 Personen – das sind 70 Prozent der Beamten – auf die Straße. Im Landbezirk Mannheim entlassen sie mehr als 5000 Menschen. In Nürnberg erhält jeder dritte, in Bamberg jeder zweite Beschäftigte seine Entlassungspapiere. In der nachsichtigen französischen Besatzungszone ist das Vorgehen anfangs wesentlich milder – hier werden nur 13 Prozent aller Beamten entlassen. In der britischen Zone ist bislang nur in 24 000 Verfahren überhaupt ermittelt worden.

Bis Ende März 1946 verlieren rund 340 000 Menschen in der amerikanischen Besatzungszone durch die strengeren Entlassungsbestimmungen ihre Arbeit, wovon 56 Prozent im öffentlichen Dienst beschäftigt sind. Auch in der Wirtschaft ziehen die Bestimmungen Konsequenzen nach sich. So erhalten in Hessen bis Ende Mai 1946 immerhin 26 Prozent aller zur Betriebsleitung eines größeren Unternehmens zählenden Personen ihre Entlassungspapiere. Weitere 12 Prozent werden nur vorübergehend unter Vorbehalt weiterbeschäftigt.[21]

Die Praktiken in der britischen Besatzungszone erweisen sich dagegen als vergleichsweise harmlos – vor allem in der Industrie ist bis zum Jahresende 1945 kaum etwas geschehen. »Winning the battle of the winter« lautet zunächst die Devise der Briten; erst im Frühjahr 1946 kommt es auch hier zu Entlassungen. In der französischen Zone zeigt sich die größte Nachsicht. Zum Jahresende 1945 haben die Franzosen erst 60 Prozent der Beschäftigten politisch überprüft, wobei 13 Prozent der beim Staat oder bei den Kommunen Eingestellten entlassen worden sind. Weitere 6 Prozent gelten als vorläufig vom Dienst suspendiert. Darüber hinaus ist die Effizienz des Verfahrens innerhalb der französischen Besatzungszone regional höchst unterschiedlich. Während im Saarland zur Jahreswende 1945/46 gerade einmal 35 Prozent aller im Erziehungswesen Beschäftigten überprüft worden sind (Entlassungsquote 12 Prozent), können in Hessen-Pfalz zur gleichen Zeit bereits 95 Prozent der Fälle geprüft werden (Quote der Entlassungen 13 Prozent). In der Wirtschaft hingegen werden, wie auch in der britischen Zone, kaum Entlassungen vorgenommen. Erste Sanktionen lassen sich nicht vor dem Frühsommer 1947 beobachten.[22]

Wie im Westen, so werden auch in der sowjetischen Besatzungszone unmittelbar nach der Kapitulation die Angehörigen von SS, Waffen-SS, SA, Gestapo und SD sowie das KZ-Personal in so genannte Speziallager eingewiesen. Nicht selten sind diese in den alten Konzentrationslagern eingerichtet. Mit den militärischen und halbmilitärischen Abteilungen verfährt man noch schärfer und bringt die Angehörigen dieser Institutionen nicht selten gleich zur Zwangsarbeit in die Sowjetunion. Die Angst vor den undurchsichtigen Verhaftungen schüchtert die ostdeutsche Bevölkerung ein. Denn unter den Inhaftierten befinden sich nicht nur ehemalige Nazis, sondern auch tatsächliche oder vermeintliche Gegner der sowjetischen Besatzungspolitik. Das Spektrum reicht von KPD-Mitgliedern, die nicht auf Parteilinie liegen, über Sozialdemokraten, die sich der Zwangsvereinigung mit der KPD entgegenstellen bis hin zu Großgrundbesitzern, die sich der Bodenreform widersetzt haben. Auch ideologisch verdächtige »Klassenfeinde« oder Jugendliche, die als »Werwölfe« verdächtigt werden, weisen die Besatzer in die Lager ein.

Rudi Peine, der bis 1945 Hitlerjugendführer in dem kleinen Dorf Hohenziatz bei Magdeburg gewesen ist, bekommt die Härte der sowjetischen Haft zu spüren. Er ist noch in den »Endkampf« gegen die Rote Armee gezogen und im April 1945 als 17-Jähriger nach abenteuerlicher Flucht in sein Dorf zurückgekehrt. Dort wird er von den sowjetischen Besatzern als ehemaliger HJ-Führer und wegen angeblicher Sabotageakte verhaftet. Eine Odyssee durch ein halbes Dutzend Lager beginnt, deren Zustände er in einem späteren Interview geschildert hat:

Wir [...] hatten untereinander eigentlich Sprechverbot, aber das konnten sie ja doch nicht vermeiden. Wir haben dann versucht, uns doch irgendwie untereinander zu verständigen. Aber es war eine Qual da in dem Keller. Es war weder eine Pritsche noch Decken noch irgendwas [da]. Es waren blanke Steinfußböden... also Pflasterfußböden. Essen gab es in einer [...] Waschschüssel. [...] Es gab nur Suppen. Und jeder hatte einen Holzlöffel gekriegt und wir saßen alle drum herum und jeder löffelte aus der Waschschüssel raus, so viel er konnte. Erst haben wir [...] immer Reihe rum gelöffelt. Erst er und dann...na und nachher hat schon alles durcheinander gegessen. [...] Gegen späten Abend kam dann ein Lkw. Ohne Verdeck. Es war schon ganz schön frisch nachts. Alles rauf. Wir waren nicht groß bekleidet. Wir konnten uns ja nichts mehr anziehen, nichts holen und was, so wie wir waren, haben sie uns mitgenommen. [...] Weg. Ab. Und das war's. [...] Jedes Mal, wenn wir irgendwo in ein Lager kamen. Die Warnung kam sofort auf dem Fuß: Sollte einer wagen, das Lager zu verlassen, Flucht zu ergreifen oder irgendwas, und das Glück zu haben, durchzukommen, egal ob einer, zwei oder drei [...] Die doppelte Anzahl wird wahllos erschossen. Das war immer in jedem Lager, wo wir aufgetaucht sind. So auch in Posen.

Als dann tatsächlich eines Tages sieben Personen aus einem dieser Lager geflohen waren, schildert Rudi Peine das Vorgehen der Sowjets wie folgt:

So, und nun stand die Frage: Machen die das wahr, was die damals angekündigt haben? Aber das Lager ist ja so groß. Warum soll es dich denn treffen? Drei Offiziere [...] ich sehe uns noch alle stehen am Lagerrand, am Stacheldrahtzaun [...] Die haben uns schon beobachtet. [...] Dann kamen sie zu uns. Und ich weiß nicht, als ob der eine Offizier fixiert war, der ging stur gleich auf mich zu. Nun, ich denke, jetzt bist du dran. Und richtig. Sieben Leute sind weg, und vierzehn waren wir dann nachher. Tatsächlich. So viel wie ausrücken – die doppelte Zahl wird zunichte gemacht. Und dann rein ins Wäldchen. So und dann hat der...Sergeant, der die Leute da führte, oder war es ein Offizier? Ich weiß es nicht mehr genau. Jedenfalls hat der abgeschritten: eins, zwei, drei, vier und zwölf Meter und hier schippen. So, und da wussten wir, dass wir unser eigenes Grab graben. Das war so sicher wie das Amen in der Kirche. Nun können sie sich ja vorstellen, was in den Leuten, in den Köpfen rum ging. [...] Ich, also wir konnten uns kaum bewegen. Wir zitterten am ganzen Körper. Das dauerte denen schon zu lange, wie wir gearbeitet haben. Wir sollten schneller machen. Ich weiß nicht, wie lange wir geschippt haben. Und dann kippten zwei um von uns. Und gleich kurzen Prozess... bumm, bumm, weg waren sie. Ja, also das war ja nun das Ende. Und wo wir uns da so noch beschäftigt haben mit dem Graben, da kommt ein Melder von den russischen Soldaten. Und dann hat er gesagt: Schluss.

Antreten und Laufschritt. Und sind wir ins Lager zurück gelaufen, so schnell wie wir konnten. Und rein ins Lager und jeder in sein Camp wieder rein. Hinterher haben wir erfahren, dass ein Trupp [...] vom Roten Kreuz ins Lager gefahren ist. Und die wollten Lagerkontrolle machen. Es sollte Appell gemacht werden. Und nun fehlten wir. Und nun mussten die [Sowjets] Melder schicken und [uns] zurückholen. Das war unser Glück.

Erst im Sommer 1948 kommt Rudi Peine aus dem Lager Karaganda im heutigen Kasachstan nach Hause. Er hat mehrfach unterschreiben müssen, mit niemandem über seine Erlebnisse in den Lagern zu sprechen. Wie ihm ist es vielen Opfern der sowjetischen Besatzungspolitik ergangen. Das Thema war zu DDR-Zeiten Tabu, und der Vorhang des Schweigens wurde erst spät gelüftet. Eine Woche vor dem Beitritt der DDR zur Bundesrepublik, im September 1990, konnte der DDR-Innenminister der Öffentlichkeit sowjetische Dokumente zur Internierungspraxis und -politik vorlegen.[23]

Diese Dokumente belegen, dass von den rund 122 000 Lagergefangenen zwischen 1945 und 1950 jeder Dritte das Lager nicht lebend verlassen hat. Die meisten dieser knapp 43 000 Menschen sind, anders als in der Schilderung von Rudi Peine, nicht durch Erschießungen, sondern an Hunger und Krankheiten gestorben. Aus den Akten geht hervor, dass sowjetische Militärgerichte 1945 und 1946 auch Todesstrafen verhängt haben, die zum Teil in den Speziallagern exekutiert worden sind. In der offiziellen Abschlussstatistik der Speziallager werden dann 756 erschossene Deutsche angegeben.[24] Von der Außenwelt abgeschnitten, sterben die Häftlinge in den Lagern vor allem an Tuberkulose und Unterernährung.

Hinter dieser Politik steht keine gezielte Vernichtungsabsicht. Vielmehr orientiert sich die Lagerleitung bei den Lebensmittelrationen an der Moskauer Weisung, die für die gesamte nicht arbeitende Bevölkerung der sowjetischen Besatzungszone gilt. Unberücksichtigt ist aber dabei geblieben, dass die völlig isolierten Häftlinge, anders als die Zivilbevölkerung, sich keine zusätzliche Nahrung organisieren können. Die Lageradministration hat sich als unfähig erwiesen, die für das Überleben der Häftlinge dringend benötigte Erhöhung der Rationen gegenüber der Sowjetischen Militäradministration durchzusetzen.

Entnazifizierung im Osten

In der sowjetischen Besatzungszone verbinden die neuen Machthaber die Entnazifizierung eng mit gesellschaftlicher Umgestaltung – vornehmlich mit Enteignungen der Industriebetriebe und in der Landwirtschaft, um die Macht der alten Eliten zu brechen, da die Kapitalisten und Junker nach sowjetischem Verständnis als Säulen und Nutznießer des NS-Regimes sowie als Hauptschuldige des Kriegs gelten. Bis 1948 entfernen die Besatzer rund 200 000 ehemalige Nationalsozialisten aus der öffentlichen Verwaltung und aus der Industrie. Insgesamt leben in der SBZ noch etwa 1,5 Millionen ehemalige Parteigenossen. Ausgehend von diesen Zahlen verläuft die Entnazifizierung in der SBZ zunächst nicht in größerem Umfang als in den westlichen Besatzungszonen.[25] Auffallend ist aber im Gegensatz zum Westen, dass es nicht zu einer späteren Rehabilitierung dieser Gruppen kommt. In der DDR kehren die ehemaligen Nazis nicht in vergleichbarer Weise in die öffentlichen Ämter der Verwaltung, Polizei, Justiz und Schule zurück.

Gerade im öffentlichen Dienst ist das sowjetische Programm deutlich konsequenter. Nicht die ganze Bevölkerung steht im Fokus der »Säuberungen«. Die Bemühungen konzentrieren sich vielmehr auf die wichtigen Bereiche Schule und Justiz. Die politischen »Säuberungen« verlaufen dabei in vier Phasen.[26]

Zwischen Januar und Juli 1945, als die Landes- und Provinzialverwaltungen eingesetzt werden (Phase eins), erfolgt die politische »Säuberung« noch völlig unsystematisch und verläuft nach örtlich verschiedenen Regelungen. Spontan haben sich »Anti-faschistische Ausschüsse« gebildet, die meist eng mit den in der Sowjetunion geschulten ehemaligen KPD-Funktionären zusammenarbeiten. Ihr Augenmerk richtet sich zumeist auf »Säuberungen« in den Leitungen der Personalämter, der Polizei und des Bildungswesens.

In der zweiten Phase vom Juli 1945 bis zum Dezember 1946 werden per Landesgesetz erste, aber unterschiedliche Säuberungsrichtlinien erlassen. So sind in Thüringen vor allem aktive Nationalsozialisten betroffen, während in Brandenburg und Mecklenburg generell alle Nationalsozialisten ihre Arbeit verlieren. In Sachsen werden nur diejenigen ehemaligen Nationalsozialisten entlassen, die einen hohen Dienstrang innehatten, während man sich in Sachsen-Anhalt für das Verfahren einer individuellen Fallprüfung entscheidet. Die Entnazifizierung schreitet dabei in Thüringen und Sachsen-Anhalt nur langsam und mit geringerer Intensität voran. Dass es dabei zu zahlreichen Sondergenehmigungen für die Weiterbeschäftigung von unentbehrlichen Fachleuten kommt, ruft den Zorn der sowjetischen Militärregierung hervor. Gleichwohl verfügen die Sowjets über keine detailliert ausgearbeiteten Pläne. Insgesamt erreichen die Massenentlassungen ehemaliger Nationalsozialisten zwischen August 1945 und März 1946 ihren Höhepunkt. Ende 1946 befinden sich unter den Angestellten der Landesregierung Sachsen und den ihr direkt unterstellten Körperschaften nur noch knapp 6 Prozent ehemalige Nationalsozialisten. In Sachsen-Anhalt liegt der Anteil belasteter Regierungsmitarbeiter bei nur 5 Prozent. Insgesamt erhalten in der ganzen sowjetischen Besatzungszone gut 390 000 ehemalige Nationalsozialisten ihre Kündigung.

In die dritte Phase vom Dezember 1946 bis zum August 1947, in der die Behörden das Verfahren durch die Übernahme der alliierten Kontrollratsdirektive vom Januar 1946 weiter vereinheitlichen, fällt eine neue Welle von Massenentlassungen. Landeskommissionen entscheiden über die Fälle und geben diese an die Landesmilitärregierungen zur Überprüfung weiter, die wiederum ein Vetorecht besitzen. Alle bisherigen Genehmigungen zur Weiterbeschäftigung, die vor allem in der Wirtschaft großzügig erteilt worden sind, verlieren ihre Gültigkeit und werden neu überprüft. Bis April 1947 haben rund 850 000 ehemalige Nationalsozialisten ein Verfahren durchlaufen, 65 000 eine Strafe erhalten und weitere 500 000 ihre Arbeit verloren.

In der vierten Phase, seit August 1947, nimmt die Entnazifizierung in der SBZ erstmals pragmatische Züge an. Die schematische Umsetzung der Direktive hat bis zu diesem Zeitpunkt dazu geführt, dass viele Fachleute aus Wirtschaft und Verwaltung entlassen wurden. Selbst Wilhelm Pieck tritt im *Neuen Deutschland*, dem Zentralorgan der SED, für eine mildere Behandlung der einfachen Nazis ein: Auch wenn sie »nicht frei von jeglicher Schuld zu sprechen sind«, sollen sie sich am Wiederaufbau beteiligen.[27] Der Befehl Nr. 201 der Sowjetischen Militäradministration vom August 1946 erlaubt die Rehabilitation von nur »nominellen« ehemaligen NSDAP-Parteimitgliedern. Sie erhalten ihre bürgerlichen und politischen Rechte zurück, einschließlich des Wahlrechts, und werden aufgefordert, am Aufbau des antifaschistischen Staates mitzuwirken. Die Sowjets wollen auf diese Weise auf eine schnelle Beendigung der Entnazifizierung drängen, da die öffentliche Verwaltung bereits weitgehend gesäubert ist und eine weitere Entlassungswelle die ohnehin geschwächte Wirtschaft weiter destabilisieren würde. Ihren Abschluss findet die Entnazifizierung in der SBZ im Februar 1948. Ein weiterer SMAD-Befehl verfügt, dass die Kommissionen ihre Tätigkeit einzustellen haben. Damit ist der offizielle Schlussstrich unter die Entnazifizierung gezogen. Trotz der zunehmenden Abmilderungen im Entnazifizierungsverfahren wird in der SBZ durch die Neubesetzung von Führungspositionen ein klarer Bruch mit der NS-Vergangenheit erzielt.

Wichtiger als die personelle Abrechnung ist der kommunistischen Besatzungsmacht jedoch die mit der Entnazifizierung verbundene Systemveränderung. An die Stelle der alten Bildungs- und Wirtschaftseliten treten neue Funktionsträger, überwiegend aus sozial benachteiligten Schichten. Zugleich wird der kommunistische Führungsanspruch durch die Vorherrschaft der neu eingesetzten KPD/SED-Mitglieder gesichert. Bei der »Säuberung« von Polizei, Verwaltung, Justiz und Schule werden immer wieder zuverlässige Kommunisten in wichtige Schaltstellen geschleust. »Volksrichter« und »Neulehrer« ersetzen ihre politisch belasteten Vorgänger. Von exakt 39 348 Lehrern (etwa 72 Prozent von ihnen waren bis 1945 Parteigenossen) sind schon bis zum Oktober 1945 rund 12 000 entlassen worden. Vier Fünftel aller Richter und Staatsanwälte entfernen die Besatzer aus ihrem Amt und ersetzen sie durch die in einem einjährigen Schnellkurs angelernten »Volksrichter«.[28] Professionalität oder Effizienz spielen bei diesem Personalwechsel keine entscheidende Rolle. Wichtig ist der Führung zunächst einmal, die belasteten Lehrer loszuwerden – die Neueinstellungen müssen aufgrund der Mangelsituation schnell durchgeführt werden, wie die Erzählung des damals 23-jährigen Kaufmanns, Helmut Augustat aus Rostock, verdeutlicht:

Ich habe in der Zeitung einen Artikel gelesen: Lehrer werden gesucht. Aufnahmeprüfung ist in Stralsund. Und wenn ich ganz ehrlich bin, ich wollte immer mal Lehrer werden. Ich war ja Kaufmann geworden, aber im Handel in Rostock, da war überhaupt nichts mehr zu machen. Also habe ich mich krankschreiben lassen und bin dann allein nach Stralsund gefahren. Da war gleich die Aufnahmeprüfung, und am Abend [...] wurde gesagt: Du hast bestanden oder du hast nicht bestanden. Und ich hatte bestanden. Und mir wurde gleich gesagt:[...] In einer Woche kommst du nach Stralsund. Und ein Zimmer bekommst du zugewiesen von der Stadt Stralsund. Und so zog ich dann mit meinem Köfferchen [...] nach Stralsund. Die Prüfung war 1947, und ich sollte dann [...] an der St. Georg Schule in Rostock anfangen. Und ich komm [...] an und sag: Wo ist denn hier der Bürgermeister? Der wohnt im ehemaligen Inspektorhaus. [...] Ich wollte mich mal vorstellen, und der [Bürgermeister] sprang hoch, sagte: »Herr Augustat, bleiben Sie bloß hier. Es war seit zwei Wochen keine Schule, wir haben keinen Unterricht gehabt, bleiben Sie bloß hier.« »Ja«, sag ich, »ich bin ja alleine.« »Ja«, sagte er, »wir sorgen für alles. Sie bekommen auch Kartoffeln und alles, und vor allen Dingen Holz«, und die linke Hälfte des Hauses sollte ich als Wohnraum bekommen, mit Ziegelofen noch drin.

Eine solch große Dankbarkeit gegenüber denjenigen, die sich im Staatsdienst als »Neulehrer« versuchen wollen, mag durchaus auch in anderen Fällen vorgekommen sein. Was in der zitierten Passage jedoch fehlt, ist der Hinweis darauf, dass mit der Entnazifizierung eine kommunistische Kaderpolitik verknüpft wird. So stellt die SED bereits 1948 in allen Ländern und auf allen Verwaltungsebenen rund 44 Prozent der Mitarbeiter des Staatsapparats.[29]

Zu den Entnazifizierungsmaßnahmen zählen in der SBZ auch die Enteignung der Groß- und Mittelindustrie sowie die Neuordnung des vollständig beschlagnahmten Großgrundbesitzes. Unter der Formel »Junkerland in Bauernhand« findet diese Maßnahme zunächst große Zustimmung. Rund 7000 Großgrundbesitzer wurden entschädigungslos enteignet; ihr Besitz wurde 500 000 Personen zugeteilt. Dabei werden die Enteignungen keineswegs nur unter den Förderern, sondern auch unter den ehemaligen Gegnern des NS-Regimes vorgenommen. Die im Oktober 1945 eingeleitete »Industriereform« führt dazu, dass bis zum Frühjahr 1948 fast 10 000 Betriebe ohne Entschädigung in Staatsbesitz übergehen, sodass zu diesem Zeitpunkt 40 Prozent der Industrieproduktion auf den öffentlichen Sektor entfallen. Die Banken und Sparkassen sind bereits im Juli 1945 verstaatlicht worden. Von der systematischen Beseitigung der kapitalistischen Gesellschaftsordnung versprechen sich die neuen Machthaber, die Ursachen von Faschismus und Nationalsozialismus vollständig und nachhaltig beseitigt zu haben.

Der »Fragebogen« in den westlichen Besatzungszonen

In den westlichen Besatzungszonen wollen die Verantwortlichen den in der SBZ praktizierten Schematismus der politischen »Säuberungen« vermeiden. Bei der Beurteilung und Bestrafung von ehemaligen Parteimitgliedern und NS-Amtsträgern sollen nicht rein formale Kriterien zum Einsatz kommen. Vielmehr soll in gerichtsähnlichen Spruchkammerverfahren die individuelle Beteiligung ermittelt werden. Das führt zu einem langwierigen und letztlich unbefriedigendem Prozess, da sehr viele schwierige Entnazifizierungsverfahren in kurzer Zeit durchzuführen sind.

Durch die Spruchkammerverfahren erweisen sich die ersten harten Maßnahmen politischer »Säuberungen« als Strohfeuer. Schon die Praxis der Spruchkammerurteile verkleinert den Kreis der Bestraften beträchtlich. Die breite Rehabilitierungswelle seit dem Ende der 1940er-Jahre lässt dann die Entnazifizierungsmaßnahmen vollends verpuffen. Die Alliierten sind auf die deutschen Beamten angewiesen: Das komplizierte System der Lebensmittelrationierung, des Bezugsscheinsystems, der Wohnraumzuteilung und der Bewirtschaftung knapper Güter, insbesondere die mühselige Bewältigung der Flüchtlings- und Vertriebenenprobleme sowie die Eingliederung der Soldaten in den Wirtschaftsprozess – all das wäre ohne eine funktionierende untere und mittlere Beamtenschaft vermutlich nicht gelungen.[30]

Berühmt geworden ist der im Juli 1945 eingeführte Fragebogen der Amerikaner, den jeder Deutscher über achtzehn Jahre zur politischen Überprüfung ausfüllen soll. 131 Fragen müssen beantwortet werden. Der rechtsradikale Schriftsteller Ernst von Salomon, dessen Buch *Der Fragebogen* 1951 erscheint, führt die Absurdität einer bürokratischen Maßnahme vor Augen, die menschliches Leben in dürren Rubriken zu schematisieren und zu kategorisieren sucht. Mit seiner peinlich genauen und ausführlichen Beantwortung macht er den Fragebogen der Militärregierung zur 670-seitigen Schau der eindrucksvollen Erlebnisfülle, die diese Generation charakterisiert. Das Buch löst eine erhitzte Diskussion aus und wird zu einem der ersten Bestseller der Bundesrepublik Deutschland – nicht zuletzt auch deswegen, weil von Salomon das Spruchkammergesetz als »politisch dumm, menschlich infam und juristisch unmöglich« bezeichnet hat.[31] Viele Deutsche empfinden den Fragebogen, ähnlich wie von Salomon, als Zumutung. So sagt Frau P., ein ehemaliges BDM-Mitglied, in einem späten, vor wenigen Jahren geführten Interview: »Sie haben ja den Fragebogen gesehen, den wir da hatten – den musste man ausfüllen, und da ging das also bis zur Großmutter. Das war unendlich, der Fragebogen.«

Juristisch ist die Lebensintensität der zwischen den Weltkriegen aufgewachsenen Menschen natürlich mit einer solchen Fülle von Fragen nicht wirklich angemessen zu erfassen. So müssen sich die US-Bürokraten mit gewissen Verdachtsmomenten in den ausgefüllten Fragebögen begnügen, die zu einem Gerichtsverfahren vor den so genannten Spruchkammern führten. Nur mit einem derartigen Bürokratismus ist eine rasche »Säuberung« zu erreichen. Den amerikanischen Besatzungsbehörden kommt dabei der Umstand zugute, dass sie in einer Münchner Papierfabrik die Zentralkartei der NSDAP entdecken, sodass sie zumindest die Angaben zur Parteiangehörigkeit in den Fragebögen schnell überprüfen können.

In der französischen Besatzungszone dagegen verhalten sich die zuständigen Entscheidungsträger gegenüber den ehemaligen nationalsozialistischen Beamten vergleichsweise pragmatisch und großzügig. Sie nutzen die braune Vergangenheit sogar als

Druckmittel, um die Betroffenen zur Loyalität zu zwingen. Die anfänglichen Verhaftungen, Internierungen und Entlassungen verpuffen daher hier noch schneller als in der amerikanischen Zone. Die Verfahren fallen unter dem Gesichtspunkt der Effizienz sehr unterschiedlich aus. Beispielsweise verhängen die Franzosen nur bei zehn von 30 000 überprüften Personen die härteste Strafe: vollständige Enteignung. Darüber hinaus bekommen auch nur 0,5 Prozent ein Berufsverbot auferlegt, und bei weiteren gerade einmal 0,7 Prozent werden Vermögenswerte eingezogen.[32]

Am 12. Januar 1946 dehnt der Alliierte Kontrollrat auf Druck der USA die amerikanische Entnazifizierungspraxis schrittweise auf das ganze westliche Deutschland aus. Danach müssen NSDAP-Mitglieder, die der Partei »aktiv und nicht nur nominell« angehört haben, sowie Personen, »die den Bestrebungen der Alliierten feindlich gegenüberstehen«, aus Ämtern und verantwortlichen Stellungen entfernt werden. Das betrifft nicht nur den öffentlichen Bereich, sondern auch privatwirtschaftliche Unternehmungen, Verlage, Presse sowie den gesamten Erziehungsbereich und die Religionsgemeinschaften.

Dem britischen Entnazifizierungsprozess fehlt eine einheitliche Linie. Die Briten betrachten zunächst mit Skepsis das extensive Personalrevirement der Amerikaner. Erst ab April 1947 folgen sie dem amerikanischen Vorgehen der Spruchkammergerichtsbarkeit, die die individuelle Schuld vor die politische »Säuberung« stellt. Zwar gibt es in der britischen Zone erstaunlich viele Entnazifizierungsverfahren (2 Millionen) – allerdings besteht für den Großteil der Betroffenen die ganze Prozedur darin, den ausgefüllten Fragebogen einzureichen und im Gegenzug den Entlastungsschein entgegenzunehmen. Bei 30 Prozent der überprüften Fälle kommt es zu Amnestien, weitere 58 Prozent werden als »entlastet« eingestuft. Nur 1,3 Prozent werden als »geringere Übeltäter« eingestuft, und in die Gruppen der »Verbrecher« und »Übeltäter« gelangen nur Promillepunkte der Angeklagten –

in Nordrhein-Westfalen etwa sind es 0,01 Prozent. Unter den Bewohnern aller Westzonen kommen diejenigen, die in der britischen Zone die Entnazifizierung durchlaufen, mit Abstand am günstigsten davon. Im Januar 1947 verfügt London sogar, die SS-Männer in den höheren Rängen aus der Kriegsgefangenschaft zu entlassen – von ursprünglich 40 000 SS-Angehörigen in britischer Kriegsgefangenschaft sind ab 1947 nur noch 400 interniert und kommen vor die Spruchgerichte.[33]

Die Spruchkammern als »Mitläuferfabriken«

Die zweite Phase der Entnazifizierung nach Abgabe der Fragebögen beginnt mit den gerichtsähnlichen Verfahren vor den Spruchkammern. Bereits im März 1946 haben rund 1,4 Millionen Personen ihren Fragebogen bei den zuständigen Stellen der amerikanischen Militärregierung abgegeben – insgesamt füllen die Deutschen allein in der amerikanischen Zone 13 Millionen Bögen aus. Bis in die zweite Hälfte des Jahres 1948 bearbeiten die Spruchkammern in den Westzonen 3,66 Millionen Fälle.[34] Ergeben sich aus den Angaben Verdachtsmomente, so wird ein Spruchkammerverfahren eingeleitet. Ist dies nicht der Fall, so bescheinigen die Militärregierungen den begehrten Unbedenklichkeitsnachweis über eine makellose politische Vergangenheit, die zu Arbeit und Erwerb berechtigt. Auf dem postkartengroßen Nachweis, auch »Persilschein« genannt, stehen die erlösenden Worte: »Aufgrund der Angaben in Ihrem Meldebogen sind Sie von dem Gesetz zur Befreiung vom Nationalsozialismus und Militarismus vom 5. März 1946 *nicht betroffen.*«

Im März 1946 beginnt die Prozedur der Spruchkammern in der amerikanischen Zone, ein gutes halbes Jahr später in der französischen und Ende 1947 dann auch in der britischen Zone. Die USA sind dabei bemüht, die vereinheitlichte Entnazifizierungspraxis zunehmend in deutsche Hände zu geben. Am 5. März 1946 tritt in der US-Zone ein Gesetz in Kraft, das auch als Test für die Demokratiefähigkeit der Deutschen gilt, wie die Einführung deutlich macht:

> Zur Befreiung unseres Volkes von Nationalsozialismus und Militarismus und zur Sicherung dauernder Grundlagen eines deutschen demokratischen Staatslebens im Frieden mit der Welt werden alle, die die nationalsozialistische Gewaltherrschaft aktiv unterstützt oder sich durch Verstöße gegen die Grundsätze der Gerechtigkeit und Menschlichkeit oder durch eigensüchtige Ausnutzung der dadurch geschaffenen Zustände verantwortlich gemacht haben, von der Einflussnahme auf das öffentliche, wirtschaftliche und kulturelle Leben ausgeschlossen und zur Wiedergutmachung verpflichtet. [...] Sollte sich das Gesetz als ein Fehlschlag erweisen, so würde das bedeuten, dass das deutsche Volk noch nicht reif ist, die Scherben seiner politischen Vergangenheit selbst zu beseitigen.[35]

Allein in der amerikanischen Besatzungszone werden 545 Spruchkammern mit über 22 000 Mitgliedern eingerichtet. Diese bestehen aus Deutschen, die sich im Dritten Reich nichts haben zuschulden kommen lassen. Ihnen obliegen die Verfahren der Entnazifizierung in »gerechter Abwägung der individuellen Verantwortlichkeit und der tatsächlichen Gesamthaltung«, wie es in Artikel 2 des Gesetzes heißt. Die Oberaufsicht bleibt jedoch bei der amerikanischen Militärregierung.

Die Spruchkammern haben die schwierige Entscheidung zu treffen, wer Hauptschuldiger, Belasteter, Minderbelasteter, Mitläufer oder Entlasteter ist. Die Schuldvermutung, die sich aus Indizien im Fragebogen ergeben kann, muss der Betroffene selbst entkräften. Diese problematische Umkehrung der Beweislast führt bei der Mehrheit der Angeklagten, so die Historikerin Cornelia Rauh-Kühne, zu einer »Haltung der Selbstrechtfertigung«.[36]

Diese Rechtskonstruktion fördert das großflächige Aufkommen des Saubermann-Images, das sich die meisten Deutschen vor den Spruchkammern zulegen.

Der Katalog der Sanktionen reicht von mehrjährigen Gefängnisstrafen über Einweisung in Arbeitslager und Arbeitsbeschränkungen bis zu Geldbußen und einem zeitweiligen Entzug des Wahlrechts. Für Hauptschuldige ist die vollständige Enteignung als Wiedergutmachungsmaßnahme vorgesehen, bei »Belasteten« die vollständige oder teilweise Einziehung des Vermögens. Ferner verlieren beide Gruppen Renten- oder Pensionsansprüche. Schließlich werden Hauptbelastete für die Dauer von mindestens zehn Jahren, Belastete für die Dauer von fünf Jahren von jeder beruflichen Tätigkeit ausgeschlossen, es sei denn, es handle sich um »gewöhnliche« Arbeit.

Die Mitwirkung an den Spruchkammern ist von Anfang an äußerst unbeliebt. Der Spruchkammerapparat besteht aus einer Laienbürokratie in schöffengerichtlicher Verfassung, die innerhalb von wenigen Monaten aus dem Boden gestampft werden soll, um eine gigantische Aufgabe in absehbarer Zeit zu erledigen. Ihre Anhänger sind meist Opfer des Nationalsozialismus. Bald setzen sich die Beisitzer in den Spruchkammern vornehmlich aus Vertretern der politischen Linken zusammen. Es ist bezeichnend, dass die Personen, die in den Spruchkammern das undankbare Geschäft übernommen haben, nach deren Schließung nur unter großen Schwierigkeiten eine neue Arbeit finden. In der Wirtschaft bleiben ihnen die Tore meist verschlossen.[37]

Aus der Sicht der meisten deutschen Zeitgenossen sind die Spruchkammerverfahren eine Farce. Sie nehmen sie als Willkür der Siegerjustiz wahr. Ein großes Problem besteht darin, dass die Urteile der Kammern stark voneinander abweichen, was selbst die »Intelligence Division« der amerikanischen Militärregierung bereits Anfang Dezember 1946 beklagt. Durch die fehlende Einheitlichkeit wird das Gerechtigkeitsgefühl der Deutschen erschüttert. Bei den NS-Bürokraten, die als honorige Amtsträger und pflichtbewusste Technokraten Massenverbrechen mitgetragen haben, sind die Spruchkammern meist ohnmächtig, während die fanatisch auftretenden kleinen Nazis leichter zu fassen sind.[38]

Was das Prädikat »Mitläufer« im Einzelnen bedeutet, kann in der Tat extrem unterschiedlich sein. Als Mitläufer wird zum Beispiel im Oktober 1948 der Sohn eines kleinen katholischen Beamten eingestuft. Er ist 1933 in die SS eingetreten, ist als Polizeiverwaltungsbeamter eingestellt worden und hat sich langsam vom einfachen in den gehobenen Dienst emporgearbeitet. Er ist aus der Kirche ausgetreten und 1935 NSDAP-Mitglied geworden, hat zudem die Mitgliedschaft in einer Reihe anderer NS-Organisationen erworben, die Reichsparteitage besucht und ist zum SS-Obersturmführer und zum Adjutanten einer SS-Standarte aufgestiegen. Im November 1939 ist er für die Polizei »unabkömmlich« gestellt, dann aber 1940 als Leutnant eingezogen und ab 1942 in Posen als Verwaltungssekretär beschäftigt worden.

1945 wird er von den Amerikanern interniert und 1947 zusätzlich von privater Seite angezeigt, weil er zwei jüdische Wohnungen im Rahmen der so genannten Reichskristallnacht zerstört habe. Zeugenaussagen emigrierter Juden werden beigebracht, der Bürgermeister und der Ortsverband der SPD in der betreffenden Stadt weisen ihn als Aktivisten aus. In seiner Verteidigung streitet der Betroffene seine Beteiligung an der Reichskristallnacht ab. Er sei »Idealist« gewesen, habe sich stets anständig verhalten und Juden sowie politischen Gegnern geholfen. Dazu bringt er vier Zeugnisse von Juden und drei von katholischen Geistlichen bei. In die Reiter-SS sei er ohnehin nur wegen seiner dortigen Kameraden eingetreten und in die NSDAP aus beamtenrechtlichen Gründen. Seine beiden Rechtsanwälte schildern ihn als »absolut unpolitische Persönlichkeit«. In der Zwischenzeit gelingt es ihnen, weitere Persilscheine von sieben Vorgesetzten und zehn Untergebenen bei der Polizei, von drei Kriegskameraden, acht Mitinternierten, sechs Nachbarn und einem Familienmitglied beizubringen. Mit dieser Serie von Entlastungen ist der Angeklagte gut gepolstert, zumal ihm die Spruchkammer die Beteiligung am Pogrom nicht zweifelsfrei nachweisen kann. Also wird der Angeklagte von der Spruchkammer als Mitläufer beurteilt.

Auf der anderen Seite der Skala steht ein Oberregierungsrat, der mit 63 Jahren 1933 der NSDAP beigetreten ist. 1935 ist er pensioniert worden und aus der Partei ausgetreten. 1939 wird er kriegsreaktiviert. Von seinen vier Kindern ist ein Sohn geistig behindert, ein Pflegesohn halbjüdischer Abstammung. Der Betroffene, der die Verworrenheit seines Falls als »typisch« empfindet, verteidigt sich mit dem frühen Austrittstermin sowie mit einem Schreiben seines Pflegesohns, der bestätigt, dass der Vater der Partei beigetreten sei, um den Sohn besser schützen zu können. Der Betroffene sagt aus, das habe auch für den geistig behinderten Sohn gegolten. Zudem habe er sich im Amt für den Schutz jüdischer Betriebe verwandt. Zwei Kollegen sowie ein Militärregierungsoffizier, ein Kleriker und fünf Juden bestätigen seine Angaben. Die Spruchkammer erklärt auch ihn zum Mitläufer. Die Begründung für dieses im Vergleich zum oben geschilderten Fall harte Urteil lautet: 1933 habe es noch gar keine Nürnberger Gesetze gegeben und deshalb habe auch noch keine Gefahr für seinen Pflegesohn bestanden.[39]

Wie sich die Entlastungszeugen vor Gericht selbst verstehen, belegt der Fall von Frau P., einem ehemaligen BDM-Mädchen. Sie hat vor der Spruchkammer bezeugt, dass ihr Lehrer von der Klasse nicht verlangt habe, ihn mit dem Hitlergruß empfangen. Auch habe er kein Parteiabzeichen getragen. Frau P. kann trotz ihrer eigenen Vergangenheit befragt werden und als Zeugin ihren Lehrer vor Gericht entlasten. Ihre Haltung zu den Spruchkammern formuliert sie in einem späteren Interview folgendermaßen:

Und dann war da bei Gericht, also eine Spruchkammer, das waren aber keine Juristen, das waren Leute, die Anti-Nazi waren, die da eingesetzt worden sind, die bestimmen mussten, wer war jetzt Nazi, und wer war wohl keiner. Also, das haben die dann, mehr oder minder vielleicht aus ihrem Bauch heraus [gemacht] [...] Wir sind dann da hingegangen und haben gedacht, wir hauen jetzt den Lehrer da raus, also wir helfen dem. Mehr hatten wir eigentlich... große Gefühle hatten wir nicht. Wir haben gedacht, der war zu uns gut, solange wir in der Schule waren. Das war ein sehr netter Mann und ein guter Pädagoge, und warum sollen wir dem nicht helfen? Und das war unser einziges Ding, das uns da geleitet hat. Das war also sehr emotional geladen, das Ganze.

Schon die militärische Besatzung hat Frau P. als »wahnsinnige Demütigung« empfunden: »Das hat mich furchtbar mitgenommen. Ich habe gedacht, als erwachsener Mensch, was musst du dir alles bieten lassen, bloß weil du 'n Krieg verloren hast.« Aus ihrer Geringschätzung der Spruchkammern und der Skepsis gegenüber den Besatzern entwickelt sich – und das ist durchaus typisch für die damalige Zeit – ein mehr als nur nachlässiges Rechtsverständnis. Die Spruchkammern empfindet sie als eine »Zerfleischung der Deutschen untereinander«, die den Amerikanern angeblich Genugtuung verschaffe.

Als wirkliche Farce stellt sich dann die Bilanz der Spruchkammerpraxis dar. Bis Ende August 1949 können in der amerikanischen Zone rund 950 000 Verfahren (meist schriftlich) abgewickelt werden. Mehr als die Hälfte erhalten Mitläuferbescheide und kleine Geldbußen. Die meisten Angeklagten (90 Prozent der Angeklagten sind übrigens Männer) fallen ohnehin unter das so genannte Befreiungsgesetz. So entfallen auf jede Person, über die in der Spruchkammer verhandelt wird, drei weitere Personen, die aufgrund ihres jugendlichen Alters, ihres geringen Einkommens oder als Kriegsheimkehrer amnestiert worden sind.[40] Am Ende stufen die Spruchkammern gerade einmal 1667 Personen als »Hauptschuldige«, 22 000 als »Belastete« und

rund 106 000 als »Minderbelastete« ein. Dagegen kommen etwa
1 Million als Mitläufer und 1,2 Millionen als »Entlastete« davon.[41]
Zahlreiche Täter können sich durch einen »Persilschein« rein-
waschen. Der ursprünglich aus dem Soldatenjargon herrührende
Ausdruck, benannt nach dem Waschmittel »Persil«, wird zum
geflügelten Wort für die weit verbreiteten Entlastungsschreiben.
Die Spruchkammern entwickeln sich häufig zu wahren »Mitläu-
ferfabriken« (Lutz Niethammer).

Gegen den Filz aus Freundschaftsdiensten und Nachbarschafts-
hilfen kommt man nur schwer an. Zum »guten Ton« gehört es,
angeblich etwas für die wenigen überlebenden Juden getan zu
haben oder mit einem Juden befreundet gewesen zu sein. Dass
der jüdische Romanistikprofessor Victor Klemperer die letzten
Wochen nach der Zerstörung Dresdens in seinem Versteck überlebt hat, wird plötzlich zum Werk zahlreicher Helfer. Voller
Abscheu vermerkt Klemperer im Mai 1946 in seinem Tagebuch:
»Jeder hat gerade dem Juden Gutes getan, rechnet auf meine Hilfe.
Es ist ekelhaft. Und es nimmt kein Ende.«[42] Obwohl zur gleichen
Zeit sich 70 Prozent der Deutschen nicht vorstellen können, einen
Juden zu heiraten,[43] benutzen sie schamlos die begehrten jüdi-
schen Persilscheine.

Die Flut der Entlastungsschreiben von Freunden, Nachbarn
oder Geschäftskollegen als Beleg für die »anständige« Haltung
oder antinationalsozialistische Gesinnung führt zu umfassenden Rehabilitierungen. Je höher der gesellschaftliche Status
des Betroffenen ist, desto eindrucksvoller liest sich die Namens-
reihe der Fürsprecher. In manchen Lagern für Displaced Persons gibt es sogar feste Preise für Zeugendienste. Die Angeklagten nutzen die Entlastungsschreiben in jedem Fall reichlich –
allein in Bayern greift über die Hälfte der Angeklagten auf dieses
Mittel zurück, wobei jede Person durchschnittlich zehn eides-
stattliche Versicherungen einbringt. Insgesamt bedeutet dies,
dass allein in Bayern 2,5 Millionen Erklärungen gerichtsrelevant
werden.[44]

Walter L. Dorn, Berater des amerikanischen Militärgouverneurs Lucius D. Clay, hat die Entnazifizierung durch die Spruchkammern schon früh als Fehlschlag bewertet, weil diese durch unfähiges Personal gekennzeichnet gewesen seien, das von vielen missbraucht worden sei, um Mitbürger zu diffamieren und lokalpolitische Fehden mit juristischen Mitteln auszutragen. Über die Lage in Bad Kissingen etwa urteilt er im April 1947: »Die Qualität der Spruchkammer ist leidlich, aber nicht dazu angetan, mächtigen Nazis Achtung einzuflößen. Der öffentliche Kläger klagt vorrangig nicht die prominenten Nazis, sondern hauptsächlich die kleinen Fische an – und verstößt damit gegen Befehle der Militärregierung.«[45]

Gegen die Verweigerungshaltung in der Bevölkerung sind die Spruchkammern schlichtweg ohnmächtig, auch wenn diese aus unbelasteten und untadeligen Personen bestehen, die pflichtbewusst und sachlich versuchen, ihren Aufgaben nachzukommen. Vielen Juristen mangelt es zudem an Dokumenten, um die Fälle aufzuklären. Die Einstufung der Angeklagten als Mitläufer muss folglich nicht zwangsläufig mit einer stillen Komplizenschaft des Spruchkammerpersonals zu tun haben.

Rehabilitierungswelle – Das Scheitern der Entnazifizierung

Die Spruchkammern in den Westzonen haben, wie bereits erwähnt, nur 1667 »Hauptschuldige« und rund 22 000 »Belastete« unter den 3,6 Millionen überprüften Personen festmachen können.[46] Somit haben sie die ursprünglichen Verdachtsmomente aufgrund der Fragebögen massiv herabgestuft, wobei die Strafen meist ohnehin schon durch die Internierung abgesessen sind. Die entlassenen Beamten und Manager kehren daher allmählich wieder auf ihre alten Posten zurück. Die Beobachter aller Militärregierungen zeigen sich früh über das riesige Ausmaß der Rehabilitierungen besorgt.

Dabei haben die Besatzer diese Entwicklung selbst in Gang gesetzt. Der Umstand, dass die politischen »Säuberungen« in der sowjetischen Besatzungszone im August 1947 abgeschlossen sind, setzt die Westmächte unter größten Zeitdruck. Tausende Internierte, die noch ohne Anklage oder Prozess in den Lagern festsitzen, stören das Bild. Bereits zu Weihnachten 1946 amnestieren die Besatzer die Bezieher geringer Einkommen, um die Spruchkammern zu entlasten und den Abschluss der Entnazifizierung zu forcieren. Trotzdem warten in der amerikanischen Zone um die Jahreswende immer noch 20 000 Personen auf ihr Verfahren. Ab Oktober 1947 erlaubt eine Gesetzesänderung, die mutmaßlichen NS-Aktivisten als Mitläufer einzustufen. Im März 1948 kann die Einstufung von Belasteten zu Mitläufern per Schnellverfahren und ohne Nachprüfung durch die Militärregierung vorgenommen werden.[47]

Ende der vierziger Jahre trüben sich die Aussichten für die Ahndung von NS-Verbrechen. Gleichgültig, ob man den Blick auf die Ebene der Verwaltung oder Wirtschaft richtet, ob auf Vorstände, Aufsichtsräte, die Ärzteschaft, ob auf Kommunal-, Kreis- oder Bezirksverwaltungen oder aufs Justizwesen – nach einem kurzen Intervall werden die Karrieren über den Systembruch hinweg fortgesetzt. Nach einigen Unterbrechungen in den ersten Nachkriegsjahren sind die meisten Ministerialbeamten, Diplomaten, Richter, Professoren in ihre alten Positionen zurückgekehrt und setzen ihre Laufbahn fort. Die anfänglichen Versuche der Jahre 1945 und 1946, die Funktionseliten auszutauschen, sind gescheitert. Es kommt zu zahlreichen Fällen unerträglicher Toleranz gegenüber den Tätigkeiten aus der NS-Zeit, die der Historiker Lutz Niethammer treffend als »Kontinuität des Opportunismus« bezeichnet hat.

In Heidelberg gelingt neun von sechzehn aufgrund ihrer politischen Vergangenheit entlassenen Amtsleitern bis 1953 die Rückkehr in die städtischen Dienste. In Oberbayern machen im Juli 1949 ehemalige NSDAP-Mitglieder 42 Prozent der Beamten der

Stadtverwaltungen, 67 Prozent des Behördenpersonals der Land-kreise und 81 Prozent der Bezirksverwaltungen aus. In manchen Ministerien im Saarland beträgt der Anteil ehemaliger Partei-genossen in der Beamtenschaft im Juli 1948 mehr als 50 Pro-zent. Der Anteil der aufgrund von entlastenden Spruchkammer-bescheiden wieder eingestellten Lehrer bewegt sich in der ameri-kanischen Zone um 86 Prozent. Bei nicht weniger als 60 Prozent der Richter und 76 Prozent der Staatsanwälte in den Zuständig-keitsbereichen des Bayrischen Justizministeriums handelt es sich 1948 um ehemalige NSDAP-Mitglieder. In der britischen Besat-zungszone sind 1948 80 Prozent der Richter ehemalige NSDAP-Mitglieder. Von den Mitwirkenden im Volksgerichtshof hat sich kein einziger für seine richterliche Vergangenheit zu verantwor-ten. Zur Personalpolitik der Unternehmen liegen leider immer noch keine verlässlichen Zahlen vor, dabei dürfte das Bild nicht besser, sondern eher noch düsterer gewesen sein.[48]

Wie die Wiedereinsetzungen in die Wirtschaft funktionierten, zeigt der Fall des ehemaligen SS-Manns H. Als 17-Jähriger hat er sich ursprünglich für den Polizeidienst in der Gestapo bewor-ben – von dort aus ist er zur SS gegangen, wo er als Offizier Kar-riere gemacht und mit der SS-Panzerdivision »Das Reich« an der Ostfront und in Frankreich gekämpft hat. In einem Spruch-kammerverfahren als »minderbelastet« eingestuft, bewirbt er sich nach zwei Jahren Bewährung auf die Stelle eines Lagerver-walters in Darmstadt. Zum Bewerbungsgespräch kommt er in seiner umgearbeiteten, alten Offiziersjacke. Die Situation seiner Einstellung schildert er plastisch in einem Interview:

Da war eine Anzeige im *Darmstädter Echo*: Lagerverwal-ter gesucht. Und da bin ich hingefahren. Fahrrad, ne. Alles Fahrrad. Ich hatte ein umgearbeitetes Offiziersjäckchen an. Also die alte Offiziersjacke, aber die hat mir ein Schneider so umgearbeitet, dass sie fast wie zivil aussah. Und als Hose hatte ich noch meine alte schwarze Panzerhose an, aber unten aufgeschnitten. Das hatte auch der Schneider gemacht. So lief ich da rum [...]. Na ja, als ich da hinkam, da tummelten sich so ungefähr 30 Leute. Na ja, dachte ich, das wird ein Ding werden. Wir bleiben da stehen. Und dann kam ein älterer Herr aus dem Büro, und der sagte:»Stellen Sie sich mal bitte so nebeneinander auf.« Und das taten wir dann. Und dann, seltsamerweise, blieb sein Blick an mir hängen. Und dann sagt er:»Sie da, kommen Sie doch mal rein.« Und da bin ich rein. Und er sagte:»Ich sehe an Ihrer Jacke, Sie waren Offizier?« Ich sage:»Jawohl Herr Doktor.«»Gut«, sagt er. »Sie sind mein Mann. Wann können sie anfangen?« Ich sage: »Jetzt sofort!« Die Waffen-SS, zu der ich gehörte, war, kämpferisch gesehen, die Elite der Nation. Die wurde als gute und verlässliche Truppe angesehen, und die Leute waren noch begeistert von ihr.

Einstellungen ändern sich eben, wie das Beispiel zeigt, nur sehr zögerlich. Beliebt sind die Entnazifizierungsverfahren in der deutschen Gesellschaft nach anfänglicher Zustimmung ohnehin nicht gewesen. Äußern sich im März 1946 noch 60 Prozent der Deutschen zustimmend zur Entnazifizierung, so sind es drei Jahre später nur noch 17 Prozent.[49] Der 58-jährige Karl Hammer aus Esslingen schreibt 1947:»Als vom zweiten Halbjahr 1946 ab die Tätigkeit der Spruchkammern begann, standen weite Kreise der Bevölkerung der Notwendigkeit einer politischen Befreiung durchaus zustimmend gegenüber. Seit Anfang 1947 hat aber mehr und mehr eine stark absprechende Kritik eingesetzt. Von der politisch linken ebenso wie von der politisch rechten Seite her.«[50] Auch die britische, amerikanische und französische Öffentlichkeit der späten vierziger Jahre sieht die Entnazifizierung der deutschen Gesellschaft als gescheitert an: Die Deutschen hätten zwar die Niederlage, nicht aber die Schuld für die nationalsozialistischen Verbrechen akzeptiert. Viele, wie das ehemalige BDM-Mädchen Frau P., versuchen schlichtweg, die Spruchkammern und mit ihnen die Frage der politischen Schuld abzuwerten: »Die Spruchkammerverfahren, das hat in Würzburg nicht… keine große Rolle gespielt. Weil der Kampf, überhaupt leben zu können und zu überleben, der war schlimmer als die ganze Spruchkammergeschichte.«

Im Dezember 1949 setzt die neu gegründete Bundesrepublik mit dem »Straffreiheitsgesetz« ein fatales vergangenheitspolitisches Signal, das zur Delegitimierung jeder weiteren Verfolgung von NS-Straftaten führt. Zehntausende Kriegsverbrecher werden dadurch quasi rehabilitiert. Im Dezember 1950 leitet der Bonner Bundestag das formelle Ende der politischen Überprüfung ein. Als ob dies nicht schon genügt hätte, beschließt der Deutsche Bundestag im Folgejahr mit den Ausführungsbestimmungen zum Artikel 131 des Grundgesetzes die Wiedereinstellung der aus politischen Gründen entlassenen ehemaligen Angehörigen des öffentlichen Dienstes. Auf diese Weise kommen zwischen Juli 1951 und März 1953 weitere rund 39 000 Personen zu einer erneuten Anstellung im Staatsdienst. In Polizei und Justiz werden ehemalige NSDAP-Parteigenossen wieder eingestellt, die sich nun meist als angepasst und leistungsfreudig zeigen. Die Distanz zum NS-Regime ist bei diesen Personen nicht immer gleichbedeutend mit der Einsicht in die Verwerflichkeit einzelner nationalsozialistischer Ideen oder Maßnahmen. Gleichwohl hüten sie sich, gerade weil sie eine zweite Chance bekommen, die Demokratie umgehend infrage zu stellen oder gar entschieden zu bekämpfen.[51]

Bis in die fünfziger Jahre hinein gibt es so gut wie keine Ermittlungsverfahren mehr – die Verfolgung durch die Justiz kommt vorübergehend nahezu vollständig zum Erliegen. Erst im Dezember 1958 wird die »Zentrale Stelle zur Aufklärung nationalsozialistischer Verbrechen« in Ludwigsburg eingerichtet, die eine jüngere Generation von Staatsanwälten bei der Vorbereitung der spektakulären Prozesse der Folgezeit maßgeblich unterstützen wird. Zeitweilig arbeiten bis zu 121 Beschäftigte in Ludwigsburg, darunter 49 Staatsanwälte und Richter. Die Gründung

markiert einen Wendepunkt in der bundesdeutschen Strafver-
folgung.[52]

So dauert es nach Kriegsende fast zwanzig Jahre, bis die ersten
Prozesse zu den Vernichtungslagern im Osten zustande kommen. Viele, die in leitenden Positionen während der NS-Diktatur
verbrecherische Entscheidungen getroffen oder gar Menschen
getötet haben, werden nicht mehr verfolgt. Nicht wenige rücken
im Lauf der fünfziger Jahre, auch aufgrund des Fachkräftebe-
darfs der boomenden Nachkriegsrepublik, wieder in wichtige Ent-
scheidungspositionen auf. Starker Korpsgeist und Seilschaften
wirken bis in die siebziger Jahre hinein, in denen es endlich zu
einem nachhaltigen Generationswechsel kommt. Nur die oberste
nationalsozialistische Führungsriege hat keine zweite Chance
bekommen.[53]

Ist die Entnazifizierung also gescheitert? Natürlich waren die
Ausgangsbedingungen vertrackt: Ließ sich eine Demokratie mit
denjenigen aufbauen, die Untertanen des Dritten Reiches und
fast alle auf unterschiedliche Art und Weise in die Verbrechen des
NS-Regimes verstrickt waren? Es war schwierig, Millionen von
Menschen zu durchleuchten, und es war naiv zu glauben, dies
könne mit Hilfe von Fragebögen und Spruchkammern innerhalb
nur weniger Jahre gelingen. Die rasch bürokratisierte Struktur
wies Mängel auf, und in der Praxis entwickelte sich eine ungute
Mischung aus Denunziantentum und Freibriefgewähr durch die
»Persilscheine«. Das führte zu dem enttäuschenden Ergebnis, dass
sich viele Täter und Schuldige mit der Gloriole des Entlasteten
oder des Mitläufers schmücken konnten. Dennoch hielten die
Alliierten an einem, dem Prinzip nach, rechtsstaatlichen Verfahren fest und beteiligten die Deutschen in den Spruchkammern an
dieser Aufarbeitung. Die Hauptwirkung der Entnazifizierung in
den Westzonen bestand wohl eher in ihrer symbolischen Bedeutung, nämlich in der demonstrativen Verurteilung des Nationalsozialismus, die sich im rechtsstaatlichen Verfahren zeigte.

Die Entnazifizierung war aber, gemessen an den hochfliegenden Ursprungserwartungen, ein klarer Fehlschlag. Wer nicht strafrechtlich verurteilt worden war, konnte im Westen Deutschlands nach 1949 meist in seine frühere berufliche Stellung zurückkehren. Nicht nur Mitläufer und Minderbelastete, auch Belastete durften nach Ablauf einiger Jahre hoffen, nicht mehr mit ihrer politischen Vergangenheit konfrontiert zu werden.

Wirkliche Demokratisierung braucht ihre Zeit, Mentalitätswandlungen sind mit juristischer Schärfe in nur wenigen Jahren nicht zu erzielen – politische Maßnahmen und mentale Wandlungsprozesse folgen unterschiedlichen Bewegungsgesetzen. Von daher erreichten die Alliierten in den wenigen Jahren bis 1949 kaum sichtbare Resultate. Was ihnen hätte gelingen können, war, die ehemaligen Nationalsozialisten aus Verwaltung und öffentlichem Leben zu entfernen. Auf diesem Weg sind immer wieder Korrekturen, Neuansätze, Kurswechsel vollzogen worden, bis es schließlich zu einem abrupten Ende kam. Amerikaner und Sowjets hatten die Entnazifizierung anfangs wesentlich ernster genommen (wenngleich in unterschiedlicher Weise durchgeführt), während die Briten und Franzosen von dem ganzen Programm nicht viel hielten und die Maßnahmen als Randelement ihrer Politik begriffen.

Abseits der Strafjustiz waren es die Maßnahmen der »Reeducation«, der Umerziehung, des öffentlichen Gedenkens und Erinnerns an den Nationalsozialismus sowie seine Erforschung, die auf lange Sicht mehr zum Wandel der Deutungs- und Verhaltensmuster beigetragen haben dürften – angefangen von Informationsveranstaltungen in den ehemaligen Konzentrationslagern über die Amerikahäuser, den früh beginnenden Studentenaustausch, das Engagement von Presse und Rundfunk bis hin zu den späteren Initiativen, das deutsche Erziehungswesen und insbesondere die Schulen auf die Demokratie hin auszurichten.

Neue Freunde, neue Feinde –
Das Verhältnis der Deutschen
zu den Supermächten
und die Teilung des Landes

Auf dem Weg in die »Swinging Fifties«? Amerikanische Musik wird immer populärer, wie diese Aufnahme aus dem Westberliner Tanzlokal »Badewanne« illustriert.

Die Annäherung zwischen den Deutschen und den Alliierten war schwierig. Wie sollten aus den ehemaligen Feinden, aus Besatzern und Besetzten jemals Partner oder sogar Freunde werden? So etwas konnte man nicht verordnen. Aber auch das Gegenteil, das so genannte Fraternisierungsverbot, ließ sich nicht von oben herab einfach dekretieren. Die Beziehungen zwischen deutschen Männern und Frauen auf der einen und den alliierten Soldaten auf der anderen Seite entwickelten sich in jenem Spannungsfeld zwischen offizieller (Kultur-) Politik und alltäglichen, von niemandem steuerbaren, spontanen Begegnungen.

Die Abbildung zeigt den Rock 'n' Roll als positiv empfundenes Live-Erlebnis amerikanischer Musikeinflüsse im Westen des Landes. Den Charakter der Beziehung der Ostdeutschen zu »ihren« Siegern hat der Historiker Jan Behrends als »erfundene Freundschaft« bezeichnet. Hier wird die Freundschaft zur Sowjetunion zur Staatsdoktrin. Die ritualisierte Beteuerung der Liebe zum »Brudervolk« stieß bald bei vielen auf Desinteresse, wenn nicht gar Ablehnung.

Die ehemaligen Feinde also bald neue Partner und echte oder doch wenigstens »erfundene« Freunde? Ganz so eindeutig lässt sich das nicht beantworten. Und auf welcher Ebene begegnete man sich überhaupt als Freund? Können die Bruderküsse von Staatsführern als Belege für kollektive Gefühlslagen dienen? Wohl kaum. Und was ist davon zu halten, dass sich trotz erfolgreicher Westbindung der Bundesrepublik und einer bereitwilligen, ja sehnsuchtsvollen Rezeption der amerikanischen Popkultur antiamerikanische Reflexe – egal ob von links oder von rechts – auch im Westen bis heute gehalten haben?

Manchmal mochten die Deutschen »ihre« Sieger vielleicht. Je nachdem, welcher Generation man angehörte, manchmal mehr oder weniger. Bei anderer Gelegenheit waren die alten Feindbilder und Vorurteile wieder da. Wenn man – neben ganz privaten Erlebnissen – dennoch insgesamt davon sprechen kann, dass sich freundschaftliche Beziehungen und positive Einstellungen durchsetzten, dann hatte das auch mit jener Blockbildung zu tun, die den einen Teil der Deutschen bald auf die eine und den anderen auf die andere Seite des »Eisernen Vorhangs« platzieren sollte. Den Rock n' Roll zu leben, sollte damit für die einen schwieriger werden. Die DDR-Staatsführung und »ihre« Jugend – eine spannungsreiche Beziehung! Wer allerdings von den anderen im Westen ein »Freund der Sowjetunion« sein wollte, hatte es auch nicht gerade leicht.

Können aus erbitterten Feinden, aus Besatzern und Besetzten Freunde oder wenigstens Partner werden? Diese Frage steht zunächst gar nicht zur Debatte – weder bei den Alliierten noch bei den Deutschen. Man hat andere Sorgen: Entnazifizierung und Umerziehung heißen die Schlagworte auf der einen, Zurechtkommen und das Vergangene hinter sich lassen auf der anderen Seite. Doch diese Situation wird sich ändern, denn die alliierten Planer in Ost und West sind sich darüber einig, dass man Deutschland und die Deutschen noch brauchen wird. Vor allem als Partner in jenem Mächtespiel, das jetzt beginnt und das bald als der Kalte Krieg bezeichnet werden wird. Für die Deutschen geht es darum, sich unter den neuen Bedingungen zurechtzufinden.

Propaganda und Kulturpolitik der Alliierten entspringen der Absicht, das deutsche Volk nicht nur umerziehen, sondern es sich auch zum Freund machen zu wollen. Russen, Franzosen, Engländer und Amerikaner entwickeln eine beinahe hektische Betriebsamkeit, wenn es darum geht, den besiegten ehemaligen Nazis und Mitläufern eine neue demokratische Kultur beizubringen und »kulturelle Brücken« zu schlagen.

In der französischen Besatzungszone und im französischen Sektor Berlins etwa werden sehr bald »Kulturzentren« errichtet, die Vortrags- und Leseabende, Film- und Diavorführungen, Konversations- und Grammatikstunden sowie Kochkurse anbieten. Darüber hinaus gibt es die Deutsch-Französische Gesellschaft, die sich der »Förderung und Pflege der deutsch-französischen Beziehungen auf kulturellem Gebiet« verschrieben hat. Gemeinsame Reit- und Bouleturniere oder deutsch-französische Volksfeste bieten Gelegenheiten, sich den Besatzern bei geselligen Veranstaltungen zu nähern. Ähnliche Versuche gibt es auch auf amerikanischer und britischer Seite.

Doch aller Anfang ist schwer. Die amerikanischen Soldatensender warnen im Sommer 1945 vor den Deutschen. In über siebzig

Radiospots wird den Soldaten der US-Army eingetrichtert, mit wem sie es hier zu tun bekommen:

> Jeder freundliche deutsche Zivilist ist ein getarnter Soldat des Hasses, bewaffnet mir der inneren Überzeugung, dass die Deutschen noch immer überlegen sind [...], dass es eines Tages ihre Bestimmung sein wird, dich zu vernichten. Ihr Hass und ihr Zorn und ihre Überzeugung stecken ihnen tief im Blut. Ein Lächeln ist ihre Waffe, um dich zu entwaffnen. Fraternisiere nicht!
> Im Herzen, mit Leib und Seele [...] ist jeder Deutsche Hitler. Hitler ist der Mann, der den Glauben der Deutschen verkörpert [...] Schließ keine Freundschaft mit Hitler! Fraternisiere nicht![1]

Die Botschaft lässt an Eindeutigkeit nichts zu wünschen übrig. Wer sich mit einem Deutschen einlässt, der ist des Teufels. Doch die geschickte und aufwändige Propaganda der amerikanischen Armeeführung verfängt nicht. Im Besatzungsalltag treffen sich nicht nur die amerikanischen Soldaten regelmäßig mit Deutschen, es werden Geschenke verteilt oder Tauschgeschäfte angebahnt. Denn wer hätte damit rechnen können, dass solch friedliche Begegnungen zwischen den ehemaligen Feinden so schnell nach dem Ende der Kampfhandlungen möglich werden sollten?

Die Menschen im besetzten Deutschland wissen nicht, was die Sieger mit ihnen vorhaben. Sie haben zwar Vorbehalte gegenüber den Besatzungsmächten, aber ihr Misstrauen ist eher in der Vergangenheit begründet als in den Erwartungen an eine bestimmte Politik der Sieger.

Als Oberstleutnant William B. Lovelady mit seinen Männern am Nachmittag des 12. September im Panzer als Erster die Reichsgrenze passiert und in den Ort Roetgen einfährt, rechnen er und seine Soldaten sicher nicht damit, dass sie mit Kaffee und Blumen begrüßt werden. Ein Dorfbewohner empfängt die Sieger mit den Worten: »Wir haben auf euer Kommen gewartet. Mir hat dieser Krieg nichts gebracht als ein zerbombtes Haus. Wir Deutschen haben genug von diesem Krieg.«

Die Botschaft, die General Eisenhower an die Deutschen richtet, kann den Kriegsverlierern Hoffnung machen. In der ersten Proklamation des Oberbefehlshabers der alliierten Streitkräfte heißt es: »Wir kommen als ein siegreiches Heer, jedoch nicht als Unterdrücker.«

In der für die amerikanische Politik gegenüber Deutschland wichtigsten Direktive JCS 1067 wird das noch präzisiert. Dort heißt es:

Grundlegende Ziele der Militärregierung in Deutschland:
Es muss den Deutschen klargemacht werden, dass Deutschlands rücksichtslose Kriegführung und der fanatische Widerstand der Nazis die deutsche Wirtschaft zerstört und Chaos und Leiden unvermeidlich gemacht haben und dass sie nicht der Verantwortung für das entgehen können, was sie selbst auf sich geladen haben.

Deutschland wird nicht besetzt zum Zwecke seiner Befreiung, sondern als ein besiegter Feindstaat. Ihr Ziel ist nicht die Unterdrückung, sondern die Besetzung Deutschlands, um gewisse wichtige alliierte Absichten zu verwirklichen.

Das Hauptziel der Alliierten ist es, Deutschland daran zu hindern, je wieder eine Bedrohung des Weltfriedens zu werden.[2]

Alles also halb so schlimm, die Sieger ohne Rachegelüste, die Besiegten kein Volk ideologisch gedrillter »Herrenmenschen«? So einfach ist es dann doch nicht. Schließlich haben beide Seiten eine mehrjährige Erfahrung mit Gewalt hinter sich, nicht alle Deutschen ergeben sich so friedlich wie die Bürger von Roetgen, und es kommt oft zu blutigen Straßen- und Häuserkämpfen. Versprengte deutsche Einheiten führen einen erbitterten Partisanenkampf.

Die propagandistischen Feindbilder sitzen tief. Es kommt zu Übergriffen und Vergewaltigungen – in allen Besatzungszonen. Insbesondere die massenweise Vergewaltigung von Frauen durch Soldaten der Roten Armee wird sich tief in das kollektive Gedächtnis einbrennen, auch wenn man erst nicht darüber sprechen möchte – und es dann aus politischen Gründen nicht mehr darf. Und vor allem: Die schlimmsten Propagandaschilderungen können nicht den erschütternden Eindruck vermitteln, den die Bilder der Konzentrationslager bei den Siegern hinterlassen.

Zudem übernehmen die Besatzer die Hoheitsgewalt, bestimmen, was getan werden darf. Viele Deutschen fühlen sich dadurch erniedrigt. »Da wurde mir zu meinem Entsetzen deutlich«, schreibt eine Frau, »dass wir nicht mehr Deutsche waren und Deutschland nicht mehr existierte, dass wir Untergebene der jeweiligen Siegermächte geworden waren und jede deutsche Person ein Nichts war.«[3]

Dieses Schwanken zwischen abgrundtiefem Misstrauen und Freundschaftsbereitschaft bleibt im Alltag zwar lange bestehen, aber offensichtlich wenden sich die Dinge allmählich doch zum Positiven. Wie sonst ist es zu erklären, dass sich die Lage bald ganz anders darstellen wird?

Blicken wir einige Jahre voraus. Als der amerikanische Präsident John F. Kennedy am 26. Juni 1963 Westberlin besucht, kennt die Begeisterung der Bevölkerung kaum Grenzen. Von der Deutschlandreise als einem »viertägigen Massenrausch« sprach gar die *Süddeutschen Zeitung*. In seiner Studie über den Kennedy-Besuch hebt der Historiker Andreas Daum hervor, dass die Reise als »populärkulturelle, interaktive und schwer kontrollierbare Performance« die richtige Balance zwischen Überschwang und Regelkonformität gefunden und damit den »Reifeprozess der bundesrepublikanischen Demokratie« und den »Grad politischer Verwestlichung der Westdeutschen« illustriert habe.[4] Ein Ereignis, das die Beziehungen der Berliner zur westlichen Supermacht besonders positiv beeinflusst hat, ist Daum zufolge die im Sommer 1948 angelaufene Luftbrücke, die als »psychostrategische Wende« wirkt und die »special relationship« zwischen Amerika und Westberlin bestärkt.

Nur wenige Jahre nach dem Kriegsende, so viel steht fest, feiern die Berliner im Westteil der Stadt mit dem jungen amerikanischen Präsidenten den höchsten Repräsentanten der ehemaligen Feindesmacht. Zwei Tage nach Kennedys Aufenthalt, am 28. Juni, kommt der sowjetische Staatschef Nikita Chruschtschow zu Besuch nach Ostberlin – eine Antwort auf die Reise des amerikanischen Staatsoberhaupts. Sie liegt in der Logik jener Konkurrenz symbolischer Akte, die der geteilten ehemaligen Hauptstadt des Deutschen Reiches besondere Aufmerksamkeit schenkt und die gesamte Zeit des Kalten Krieges hindurch die Stadt als Symbol nutzt.

Chruschtschow wird ebenfalls begeistert empfangen. Allerdings dürfte dabei die politisch gesteuerte Massenmobilisierung eine große Rolle gespielt haben. Die Begeisterung für den jungen amerikanischen Präsidenten ist zweifellos auch seiner charismatischen Persönlichkeit zu verdanken. Aber ist das die einzige Erklärung für den damit dokumentierten Wandel? Wie kommt es, dass man sich nicht einmal eine Generation nach Kriegsende für die ehemaligen Feinde begeistern kann?

Der Ballast der Vergangenheit

Das Verhältnis der Bevölkerungen in beiden deutschen Staaten zur jeweiligen Bündnismacht ist – obgleich auch im Westen keineswegs unproblematisch – vor allem im Osten nie spannungsfrei. Das hat eine Vorgeschichte. Schließlich empfangen die Berliner mit Chruschtschow den Repräsentanten nicht nur des ehemaligen Feindes, sondern auch jener vor noch gar nicht langer Zeit als »minderwertig« verunglimpften Rasse.

Bereits vorhandene Antipathien und Feindbilder sind von der nationalsozialistischen Propaganda während des Krieges geschürt und forciert worden. Die nationalsozialistische Gräuelpropaganda hat die Sowjetunion und die heranrückende Rote Armee als barbarische Schlächter beschrieben. Die Stimmungsberichte der Wehrmachtpropaganda halten gegen Ende des Krieges regelmäßig Befürchtungen der Bevölkerung vor Racheaktionen fest und vermerken den »Wunsch [...], dass die Anglo-Amerikaner noch vor den Sowjets nach Berlin kommen«.

Die Besatzungssoldaten der westlichen Armeen registrieren im Sommer 1945 einigermaßen erstaunt, dass sie von einigen Berlinern mit Jubel empfangen werden. Es kommen die ersten Zweifel über das Fraternisierungsverbot auf. Zugleich ist der Jubel auch eine Folge jener Gewalterfahrungen, die die Deutschen im Osten mit den russischen Besatzern unmittelbar nach Kriegsende machen.

Von Anfang an gibt es, bei allen amerikakritischen bis -feindlichen Stimmen im Westen und prosowjetischen Stimmungen im Osten, eine Schieflage in der Beurteilung der beiden großen Siegermächte. Die Amerikaner kommen besser weg. Doch auch zwischen Deutschen und Russen tritt – mit einigen Vorbehalten – nach der anfänglich eher von Gewalt geprägten Phase der ersten Begegnungen allmählich Entspannung ein. Wie kommt es, dass aus erbitterten Feinden wenn nicht Freunde, so doch – auf offizieller Ebene, aber auch im Alltag – Partner werden? Auf privater Ebene fällt die Erklärung nicht besonders schwer: Man hilft einander, vielleicht mag – oder liebt – man sich sogar.

Die Geschichte von Mr Johnson und seiner Frau

Ein Amerikaner in Berlin. Er heißt Johnson. Sein »Job in Germany«: gefallenen amerikanischen Soldaten, die noch nicht begraben werden konnten, ihre letzte Ruhe zu schenken. Zwei Jahre nach Kriegsende holt er noch immer sterbliche Überreste abgeschossener Flieger aus den deutschen Wäldern oder birgt Leichen amerikanischer GIs aus einem Minenfeld.

Auf seinem Weg zur Arbeit begegnet er eines Tages einer Deutschen:

Ich trat gerade aus der S-Bahn-Station Marienfelde, und dieses Mädchen stand an der Wand einer Baracke und hielt einen Zirkelkasten in den Händen. Sie sagte: »Möchten sie ihn kaufen?«. Das sagte sie zur mir auf Deutsch, weil sie überhaupt kein Englisch sprach. Ich sah den Kasten an. Ich wollte schon lange ein gutes deutsches Zeichenset. Also fragte ich sie: »Was soll es denn kosten?«, und ich glaube, sie antwortete mir: »Zwei Stangen Zigaretten.« Ich sagte: »Warten sie hier, ich bin gleich wieder da«, drehte mich um und ging weg. Sie wartete dort, und als ich zurückkkam, legte sie großen Wert darauf, dass ich ihr erst die Zigaretten gab, bevor sie mir den Zirkelkasten aushändigte. Aber alles ging glatt. Wir tauschten unsere Waren aus, und ich fragte sie, wo sie herkomme und alles das, was man halt so fragt. Sie sagte einfach: »Mariendorf.« Ich wollte sie wiedersehen und meinte deshalb: »Na gut, haben sie noch irgendetwas bei sich daheim, was sie verkaufen wollen?«

Als sie ging sah ich ihr nach, wie sie die Straße entlanglief und dachte so bei mir, was für eine schöne Frau das doch war. Und dann drehte sie sich um und sah mich an. Wir lächelten beide. Dann tauschten wir unsere Namen und Adressen aus und vergaßen nie mehr, wer wir waren. Liebe auf den ersten Blick. Na ja, vielleicht auf den zweiten …

Von nun an sehen sich die beiden öfter – auch wenn sie dafür einige Hindernisse überwinden müssen.

Ich ging zu ihrem Haus. Überall die Grenze zwischen Ost- und Westsektor entlang standen diese Schilder: »Eintritt verboten«. Es war verboten, den russischen Sektor zu betreten, und deshalb drehte ich mich um. Ich wollte nicht von der Militärpolizei verhaftet werden. Doch am nächsten Tag stand sie wieder an der Baracke und sprach mich an: »Sie sind nicht gekommen.« Ich antwortete, dass es verboten sei, den Sektor zu betreten, und dass ich da nicht hinkönne. Sie aber meinte, dass ich das nicht so ernst zu nehmen bräuchte. Also ging ich schließlich zu ihr. Ich lernte ihre Mutter und die Kinder kennen. Von da an waren wir befreundet.

Doch weder die Mutter noch die Nachbarn noch die Freunde der jungen und, wie sich herausstellt, verwitweten jungen Frau finden anfangs die Liaison akzeptabel.

Ihre Mutter war zunächst gar nicht begeistert. Sie kam aus Vorpommern und war sehr dörflerisch und abweisend. Aber irgendwann nannte sie mich einfach nur noch »Johnnylein«, und als ich mit einem Stück rationiertem Fleisch oder einem Zentner Kohle für den Ofen ankam, war das Eis gebrochen. Es gab da einige Berliner, die Beziehungen zwischen uns Amerikanern und deutschen Frauen akzeptierten. Aber es gab eben auch andere. Die nannten meine neue Freundin hinter ihrem Rücken »Amihure«. Das alles war nicht einfach für sie.

Mit dem Begriff »Amihure« diffamiert eine empörte deutsche Öffentlichkeit junge Frauen und Mädchen, die sich mit den Siegern einlassen. Die gedemütigten Verlierer machen ihrem Unmut Luft. Dafür brauchen sie Sündenböcke. Frauen in Begleitung der Sieger gehören dazu.

Der junge amerikanische Offizier Johnson hilft der Familie seiner neuen Bekannten, und das bringt ihm schließlich auch die Anerkennung der Mutter ein. Was vielleicht als Zweckgemeinschaft beginnt, wird schließlich eine echte Liebesgeschichte. Sie wollen heiraten. Johnson besorgt alle notwendigen Papiere. Aber seine Braut hat Angst:

> Eines Tages kam ich aus dem Büro nach Hause und alle Papiere lagen zerrissen auf dem Küchentisch. Ich fragte sie, was das solle, und sie fing an zu weinen. Warum sie denn weine, wollte ich wissen. Und sie sagte: »Sie werden mich in Amerika hassen, weil ich eine Deutsche bin!« Ich sagte: »Du bist verrückt, Amerikaner hassen nicht.«

Alle Papiere müssen nun noch einmal besorgt werden, was unter Einsatz vieler Zigaretten auch gelingt. Schließlich geben sich die beiden jungen Leute das Jawort auf einem deutschen Standesamt.

> Ich glaube, da waren wir so seit siebzehn Monaten zusammen. Endlich gab die Army das OK. Am Montagmorgen ließ ich mich von meinem Fahrer im Jeep abholen. Wir fuhren dann zum Standesamt. Wir sind rein, und zwanzig oder dreißig Minuten später waren wir Mann und Frau.

Das frisch getraute Paar entschließt sich, nach Amerika zu gehen. Für die junge deutsche Frau ein Schritt ins Unbekannte – Auswandern in ein Land, das sie nur aus Gangsterfilmen kennt.

> Sie konnte sich nicht vorstellen, wie Amerika sein würde. Sie hatte ja nur all diese amerikanischen Filme gesehen. Al Capone und so weiter. Das Erste, was sie fragte, war deshalb: »Wo werden wir denn in Amerika leben, wo ist es denn da überhaupt sicher?«

Mr Johnson gelingt es, seine junge Frau zu überzeugen, in die USA auszuwandern. Doch nicht alle Partnerschaften zwischen den Siegern und den Verlierern des Krieges enden so harmonisch. Viele Deutsche kennen die Besatzer nur von Behördengängen und aus den Medien.

Um zu begreifen, warum und wie sich die Beziehungen zwischen den ehemaligen Feinden verändern, muss man einen Blick auf die politische »Großwetterlage« werfen. Das einschneidendste Ereignis, an dem sich die Verhältnisse neu ausrichten, ist die Blockade der Vier-Sektoren-Stadt Berlin.

Berlin-Blockade und Luftbrücke

Nach dem Krieg erhält die Vier-Sektoren-Stadt Berlin einen Sonderstatus. Die ehemalige Reichshauptstadt liegt mitten in der sowjetischen Besatzungszone und wird von den vier Besatzungsmächten gemeinsam verwaltet. Oberstes Gremium ist die so genannte Alliierte Kommandantur. Bei der Festlegung der Sektoren werden zunächst keine Regelungen über die Verkehrswege getroffen. Erst im November 1945 einigt man sich auf drei Luftkorridore.

Als sich nach Kriegsende der Ost-West-Konflikt abzuzeichnen beginnt, rückt das geteilte Berlin schnell in den Fokus der nationalen und internationalen Öffentlichkeit. Die Stadt soll schon bald zum Symbol des Kalten Krieges werden.

Einen ersten Eskalationsschritt unternehmen die Sowjets. Aus Protest gegen die Empfehlungen der Londoner Sechs-Mächte-Konferenz (einer Konferenz der drei westlichen Besatzungsmächte und der drei an Westdeutschland angrenzenden Benelux-Staaten, zu der die Sowjetunion nicht eingeladen ist), die von Februar bis Juni 1948 dauert, die Gründung der Bundesrepublik vorbereitet und unter anderem die Errichtung eines föderativen Regierungssystems in Westdeutschland vorsieht, verlässt der sowjetische Vertreter am 2. März 1948 den Kontrollrat. Und es kommt zur ersten Blockade der Wege nach Westberlin. Ab dem 31. März werden Transporte durch den sowjetischen Sektor scharf kontrolliert und Straßensperren errichtet. Briten und Amerikaner beantworten dies ab dem 3. April mit der so genannten kleinen Luftbrücke, die lediglich ihre Garnisonen versorgen soll. Am 16. Juni verlässt der sowjetische Vertreter dann auch die Berliner Alliierte Kommandantur.

Den Hintergrund dieser Konfrontation bildet die Währungsreform in den Westzonen. Nachdem jahrelange Verhandlungen der vier Siegermächte über eine gesamtdeutsche Währungsreform zu keinem gemeinsamen Ergebnis geführt haben, unternehmen die Westmächte einen Alleingang. Die sowjetische Seite reagiert bereits am 23. Juni mit dem Befehl zu einer eigenen Währungsreform in ihrer Besatzungszone.

Die Sowjetunion lässt es auf eine Machtprobe ankommen: Die in der sowjetischen Besatzungszone eingeführte DM-Ost soll auch in Westberlin gelten. Der Widerstand in der Westberliner Bevölkerung ist heftig. Die Westmächte erklären die Anordnung für ungültig und kündigen an, in Berlin die DM-West einzuführen. Daraufhin beginnt die Sowjetunion die Blockade. Zufahrtswege über Schiene und Straße nach Westberlin werden gesperrt. Offen bleiben lediglich die Luftkorridore.

In der Nacht vom 23. Juni auf den 24. Juni 1948 gehen in Westberlin die Lichter aus. Das Großkraftwerk Golpa-Zschornewitz, das Westberlin seit Jahrzehnten mit Fernstrom versorgt, wird von den Sowjets abgeschaltet. Die Westberliner Kraftwerke können den fehlenden Strom nicht ersetzen. Am frühen Morgen des 24. Juni folgt, nachdem es vorher bereits zu Behinderungen des Verkehrs gekommen ist, die Unterbrechung des gesamten für die Versorgung der Stadt notwendigen Verkehrs auf Straße und Schiene sowie der Binnenschifffahrt zwischen Berlin und den Westzonen. Als offiziellen Grund geben die sowjetischen Besatzer »technische Schwierigkeiten« an.

Doch worum es eigentlich geht, ist klar. Die Sowjets versuchen, die Stadt von den Westzonen abzuschneiden und die westlichen Alliierten zum Rückzug aus Berlin zu zwingen. Westberlin ist mit seinen etwa 2,2 Millionen Einwohnern zu diesem Zeitpunkt aber noch vollständig von der Belieferung von außen abhängig. Mit Reaktionen auf die Währungsreform, die einen Machtanspruch über ganz Berlin untermauern sollen, haben die Westmächte gerechnet. Aber nicht damit. Die Blockade trifft sie weitgehend unvorbereitet.

Neben den Blockademaßnahmen verstärken die Sowjets ihre Bemühungen zur Teilung Berlins. Der Magistrat wird im Herbst 1948 wegen Behinderung seiner Arbeit seinen Sitz nach Westberlin verlegen. Der Berliner Bürgermeister Ernst Reuter wird zum Symbol für den Widerstandswillen der Berliner Bevölkerung. Am 20. November tritt der neu gewählte West-Magistrat im Rathaus Schöneberg zusammen.

Das Leben in der Stadt wird durch die Blockade massiv beeinträchtigt. Sie verhindert zwar nicht den Personen-, wohl aber den Güterverkehr zwischen Westberlin und den westlichen Besatzungszonen. Die Berliner S-Bahn verkehrt jedoch ohne Einschränkungen weiter. Während der Blockade können die Westberliner weiterhin in Ostberlin und in der SBZ einkaufen und sich dort mit Lebensmitteln und Heizmaterial versorgen. Die Sowjetunion versucht, den Westberlinern das Leben im Ostteil der Stadt schmackhaft zu machen und wirbt für Ummeldungen mit dem Angebot, dass Westberliner ihre Lebensmittelkarten im Ostteil einlösen können. Auf das Angebot gehen aber nur wenige ein.

Die Regierungen der Westmächte stehen vor der Entscheidung, Berlin aufzugeben oder in der Stadt zu bleiben. Der Militärgouverneur der amerikanischen Zone, General Lucius D. Clay, wird zu einem der entschiedensten Befürworter eines Verbleibs in der Stadt. Seiner Meinung nach hätte ein Zurückweichen verhängnisvolle Konsequenzen. Denn es würde die Ausbreitung des Kommunismus in Europa fördern. Clay kann sich auf die so genannte Truman-Doktrin. Am 12. März 1947 hat Harry S. Truman vor dem amerikanischen Kongress verkündet, dass es zum außenpolitischen Grundsatz der Vereinigten Staaten werden soll, »allen Völkern, deren Freiheit von militanten Minderheiten oder durch einen äußeren Druck bedroht ist«, Beistand zu leisten. Clay schlägt zunächst vor, die Blockade zu durchbrechen. US-Präsident Truman lehnt dies jedoch ab. Er will keinen Krieg riskieren.

Am 25. Juni ordnet Clay deshalb stattdessen die Errichtung einer Luftbrücke an. Am 26. Juni fliegt die erste Maschine der US-Air Force zum Flughafen Tempelhof und startet damit die Operation »Vittles«. Die Operation »Plain Fare« der Royal Air Force setzt zwei Tage später ein. Die Briten nutzen unter anderem den Flugplatz Gatow und – mit Wasserflugzeugen – die Havel als Landeplätze. Die Franzosen errichten für die Luftbrücke den Flughafen Tegel.

In den ersten Monaten des Jahres 1949 wird den Sowjets klar, dass die Luftbrücke ihre Blockadeaktion aushebelt. Die Versorgung durch die Flugzeuge der Amerikaner und Briten ist mittlerweile bestens eingespielt. So werden etwa im März fast 200 000 und im April über 235 000 Tonnen Fracht nach Berlin geflogen. Die Unfallrate liegt, trotz 76 Todesopfern, erstaunlich niedrig, wenn man die Gesamtzahl der Flüge (fast 300 000) bedenkt. Insgesamt ereignen sich nur 126 Unfälle.

Der Erfolg der Luftbrücke ist für die Westberliner deutlich messbar. Bereits im Januar 1949 kann der tägliche Kalorienverbrauch je Einwohner von 1600 auf 1880 Kalorien hochgesetzt werden. Im Frühjahr wird auch den Sowjets immer deutlicher, dass die Berliner Blockade vergeblich ist. Am 5. Mai 1949 wird in einer Vereinbarung zwischen den vier Großmächten das offizielle Ende der Blockade für den 11. Mai 1949 um 24.00 Uhr festgelegt. Die Luftbrücke wird noch bis zum 6. Oktober aufrechterhalten, um die Vorräte in Berlin schnell wieder auffüllen zu können.

Da die Luftbrücke die Versorgung Westberlins dauerhaft garantieren kann, heben die sowjetischen Besatzer die Blockade am 12. Mai 1949 auf. Das bedeutet ein Scheitern auf der ganzen Linie: Dem Erfolg auf westlicher steht ein ebenso großer Misserfolg auf östlicher Seite gegenüber. Der Imageschaden für die Sowjetunion ist enorm. Die Gründe hierfür liegen schon in der Verhängung der Blockade.

Tendenziöse Darstellungen der Berliner Nachkriegsgeschichte aus der DDR meiden dieses Thema. In einer auch auf Englisch publizierten Broschüre, die in der VEB Edition Leipzig 1961 erscheint, taucht die Blockade gar nicht auf. In der angehängten Chronologie der entscheidenden Tage des Sommers 1948 liest man erstaunt:

18. Juni. Die Westmächte führen eine separate Währung im westdeutschen Staat ein, ein Zug, der Deutschland ökonomisch spalten soll. Die westlichen Kommandanten in Westberlin geben ihr Wort darauf, dass diese Separatwährung auf keinen Fall auch in Berlin Gültigkeit erlangen soll.

23. Juni. Als Vorsichtsmaßnahme gibt die Sowjetische Militäradministration die Einführung einer eigenen Währung für die SBZ und Berlin bekannt.

So weit, so gut. Doch dann macht die Chronik einen Zeitsprung:

10. Juli. Der US-Militärgouverneur Clay befiehlt westlichen Panzertruppen, sich nach Berlin durchzukämpfen, um die Situation in der Stadt zu verschärfen.[5]

Von der Blockade keine Spur. Die Niederlage ist eine zu schmerzhafte Erfahrung, als dass die östliche Seite sich ihr stellen könnte.

Und sie passt nicht in das ideologische Bild der Staats- und Parteiführung.

Die Reaktionen in Westberlin sind zunächst pragmatischer Natur. Eine Folge ist, dass die Bevorratung von Nahrungsmitteln, Rohstoffen und anderen lebensnotwendigen Gütern für die Bevölkerung, später als Senatsreserve bezeichnet, eingeführt wird. Man kann ja nicht wissen, ob eine ähnliche Situation wieder eintreten wird.

Viel wichtiger aber sind die politischen Signale, die von der einmaligen Aktion der Westmächte ausgehen. Die Blockade ist ein erster Höhepunkt des Kalten Krieges. Das Verhalten der Sowjetunion fördert im Westen eine antikommunistische Stimmung. Die Unterstützung durch die Amerikaner führt zu lang anhaltender Dankbarkeit. Aus der Besatzungsmacht ist für viele eine populäre Schutzmacht geworden. Die deutsch-amerikanischen Beziehungen gehen gestärkt aus dem Konflikt hervor. Die Luftbrücke wird zum Wendepunkt der Beziehungen zwischen den besiegten Deutschen und den Westalliierten. Im Gedenken an die Luftbrücke und ihre Opfer wird 1951 in Berlin das Luftbrückendenkmal errichtet.

Die Luftbrücke »von unten«

Die Luftbrücke wird zum wichtigsten Symbol der neuen freundschaftlichen Beziehungen zwischen den Westdeutschen und den westlichen Alliierten. Das betrifft vor allem das Verhältnis zu den USA. Dabei geht es keineswegs nur um eine Verbesserung auf offizieller Ebene. Die Solidaritätsaktion, der der Westteil der Stadt sein Überleben verdankt, erlangt in Westberlin sowie in der Westzone einen legendären Ruf. Die Westberliner, die das Ereignis miterleben, vergessen es nicht.

Frau Butz, die im Westberliner Bezirk Frohnau lebt, ist 28 Jahre alt, als die Sowjets die Blockade verhängen. Sie erinnert sich an das Leben im abgeriegelten Teil der Stadt:

Das Leben ging trotzdem weiter. Ja, die Straßen und Wasserwege waren verschlossen, und wir wurden durch die Luft versorgt. Der Flughafen Tegel wurde in drei bis vier Monaten aufgebaut, und ich erinnere mich, wie alle Pflastersteine der Straßen und Wege im Frohnauer Wald bei der Invalidensiedlung und dem Hubertussee herausgehauen und zum Flughafen geschafft wurden, um dort die Landebahnen zu bauen. Wir bekamen immer noch Lebensmittelkarten, nur gab es ab jetzt fast nur noch pulverisierte Lebensmittel, leichtes Gemüse und Dörrobst. Ja, wir haben gehungert, aber manchmal hatte ich sogar gar keine Lust zu essen, da es jeden Tag das gleiche, geschmacklose, fade Essen gab. Aber damit konnte man immerhin 300–1000 kcal pro Tag zu sich nehmen.

Viel schlimmer als das Hungern war das Frieren in dem kalten Winter von 48/49. Den Hunger konnte man aushalten oder vergessen, aber die fürchterliche Kälte nicht. Man konnte sich praktisch nie richtig aufwärmen, da selbst das Haus und das Bett kalt waren. Wir konnten gerade mal einen kleinen Raum notdürftig mit Kohle heizen, die wir mit Marken vom Händler geholt hatten. Ich weiß noch, dass wir auch einmal ein CARE-Paket bekommen haben. Es kam von fernen Verwandten aus Amerika. Wir hatten sie noch nie gesehen und wussten auch nicht von ihrer Existenz, aber irgendwie haben sie unsere Adresse herausbekommen und uns Tee, Kaffee, Kakao, Honig und Haferflocken geschickt, was etwas ganz Besonderes war. Hier in Frohnau haben auch viele Menschen im Garten Gemüse angepflanzt. Ich wusste, dass die Westalliierten die Acht-Tonnen-Flieger im Drei-Minuten-Takt auf unseren Flughäfen landen lassen und dass sie später das in den Haushalten schon lang fehlende Salz mit den rostfreien Wasserflugzeugen lieferten, die auf der Havel landeten.

Wolfgang Scholz, der später als Landesbranddirektor arbeiten wird, ist zur Zeit der Blockade ein Teenager. Er erinnert sich an die Stimmung in der Stadt unmittelbar vor Beginn der Blockade:

> Die Berliner waren an Ungewissheit über ihre Zukunft und innere Unruhe seit Beginn der Viermächte-Verwaltung ihrer Stadt gewöhnt. Die Unstimmigkeiten zwischen den Sowjets und den westlichen Siegermächten blieben nicht ohne Wirkung auf die Bewohner. Seit Monaten zeichnete sich eine durch die Westmächte kaum noch zu verhindernde Spaltungsabsicht durch die Russen ab. Ein aktueller Auslöser dafür war die Nichteinigung der vier Siegermächte über eine einheitliche Währungsreform im besetzten Deutschland. Somit kamen die am Donnerstag, dem 24. Juni 1948, von den Sowjets über die Berliner Westsektoren eingeleiteten Blockademaßnahmen nicht überraschend.
>
> Trotzdem empfand ich Betroffenheit, Ratlosigkeit und Machtlosigkeit. Man verspürte als Bewohner der Westsektoren auch Angst darüber, dass die drei Westalliierten, bei allen Versprechen zuvor, am Ende ihre Rechte in Berlin zugunsten einer friedlichen Lösung für Mitteleuropa auf Kosten der Berliner aufgeben könnten, wenn sich für sie auf Dauer ein aussichtsloser Weg, in Berlin zu verbleiben, abzeichnen würde. Ich machte mir Gedanken darüber, wie zwei Millionen Menschen einer Stadt, abgeschnitten von den natürlichen Verkehrsverbindungen und Zugangswegen, versorgt und am Leben erhalten werden könnten. Obwohl logischerweise keine technischen Möglichkeiten zur Versorgung der Bevölkerung zu sehen waren, blieb ich hoffnungsvoll.

Auf die Frage, wie die Luftbrücke das Verhältnis der Berliner zu den Westalliierten veränderte, meint Scholz:

Zur Beantwortung dieser Frage möchte ich ein persönliches Erlebnis wiedergeben. Mit dem Einzug der Westalliierten in Berlin kamen auch die Belgier mit einer Militärmission in unseren Nachbarort Konradshöhe. Obwohl nicht gerade erlaubt, war ein persönlicher Kontakt zu den Mitgliedern dieser Mission bald vorhanden. So zählte zu den Freunden unseres Hauses eine aus Brüssel stammende Sachbearbeiterin dieser Mission. Als wir uns am Sonntag nach dem Beginn der Blockade nach dem Gottesdienst im Haus Konradshöhe im Beisein meiner Eltern trafen, machten wir trotz schönsten Sonnenscheins einen bedrückten Eindruck, und die Frage lag jedem auf der Lippe: Wie geht es weiter? Was wird aus uns? Die Westalliierten können uns per Luft nicht auf Dauer versorgen. Werden sie zu uns stehen oder Berlin verlassen? Da sehe ich noch heute unsere uniformierte Madame St. freundlich lächelnd, aber bestimmt sagen: »Wir sitzen jetzt alle in einem Boot!« Diesen Ausspruch fand ich später als symbolhaft für die rasche Änderung des Verhältnisses der Westalliierten zu den Berlinern vom Status der »Besatzer« zu ihren »Schutzmächten«.

Die »special relationship« zwischen den Westberlinern und ihrer mächtigsten »Schutzmacht« ist begründet. Wolfgang Scholz führt das auf ein tiefes Dankbarkeitsgefühl zurück und erklärt es auch mit der »freiheitlichen Grundeinstellung« der Bevölkerung:

Die ständige Bedrohung Westberlins durch die Sowjets hat dazu geführt, dass der Drang nach Freiheit bei den Berlinern der Westsektoren zum Lebenselixier wurde. So auch bei mir. Misstrauen erzeugte jede Aktion der Russen oder auch jede Redewendung von Politikern, aus der eine Beeinträchtigung unserer Freiheitsrechte zu befürchten war. Einen besseren Beweis für diese freiheitliche Grundeinstellung und die Solidarität der Bürger dieser Stadt als die Teilnahme von über

300 000 Berlinern an der Kundgebung vor dem Reichstagsgebäude am 9. September 1948, bei der Ernst Reuter an die Völker der Welt appellierte, dieses Volk nicht preiszugeben, gibt es nicht!

So sehr Blockade und Luftbrücke die Verhältnisse im Westen auch verbessern, Aktion und Reaktion der alliierten Armeen sind zugleich weitere Schritte in jenem Prozess, der – beginnend mit ersten Differenzen in der Frage einer gemeinsamen Deutschlandpolitik und den Auseinandersetzungen um die Reparationen – das Land auf Dauer spalten wird.

Auf dem Weg zur Zweistaatlichkeit

Die Idee einer gemeinsamen, untereinander abgestimmten Verwaltung Deutschlands, wie vom Potsdamer Abkommen vorgesehen, lässt sich nicht umsetzen. Zuerst schießen die Franzosen quer, als sie auf eine föderale, ein mächtiges Deutschland vermeintlich verhindernde Struktur drängen. Eine deutsche Zentralverwaltung ist ihnen nicht geheuer. Deshalb blockieren sie im Alliierten Kontrollrat alle Versuche, die Einheit des Landes durch starke Zentralgewalten zu gewährleisten. Stattdessen fordern sie Gebietsabtretungen, die Kontrolle des Ruhrgebiets durch eine internationale Regierung und die Integration des Saarlandes in den französischen Währungs- und Wirtschaftsraum.

Die Spaltung wird durch die in den Besatzungszonen von Anfang an sehr unterschiedliche Politik der Sieger befördert. In der SBZ entwickeln sich Strukturen der sozialistischen Planwirtschaft, wie sie die DDR später kennzeichnen. Die Reparationspraxis der Sowjets widerspricht den Bestimmungen des Potsdamer Abkommens und verursacht überdies Versorgungsengpässe auch in den Westzonen. Die Harmonie der Kriegskoalition ist dahin, vorbei die Zeit gemeinsamer Fototermine wie dem in Potsdam, als die »großen Drei« sich die Hände reichten.

Die Teilung hat neben der wirtschaftspolitischen auch eine weltanschauliche Dimension. Die Gründung der Einheitsgewerkschaft und der Zusammenschluss von KPD und SPD zur SED widerspricht grundlegend dem Demokratieverständnis der westlichen Alliierten. Zudem machen Stalins Herrschaftsanspruch in Osteuropa und seine Versuche, in Südosteuropa und Ägypten Einfluss zu gewinnen, die Westmächte misstrauisch.

Als die Briten im Frühjahr 1946 den Vorschlag unterbreiten, von dem Versuch einer gemeinsamen Politik für Deutschland abzurücken und die Verwaltung der Westzonen zusammenzuführen, stimmen die Amerikaner zu. General Clay schlägt seiner Regierung im Mai vor, die amerikanische Zone mit der britischen zusammenzuführen. Zuvor hat er bereits die vereinbarten Reparationslieferungen an die sowjetische Seite eingestellt, weil diese ihre Bringschuld nicht eingehalten hat.

Die amerikanische Außenpolitik wird jetzt maßgeblich von den Ideen John F. Kennans geprägt, der die sowjetische Expansionspolitik schon seit einiger Zeit kritisiert. Er schlägt vor, sich auf die Konsolidierung der Westzonen zu konzentrieren. Ost und West rücken auseinander. Die Pariser Außenministerkonferenz wird zum Beleg für das Scheitern einer Politik, die auf Gemeinsamkeiten setzt.

Der Weg ist eingeschlagen und wird von nun an konsequent weitergegangen.

US-Außenminister James F. Byrnes wendet sich am 6. September in einer berühmt gewordenen Rede an die deutsche Öffentlichkeit. Am Sitz des Länderrats in der amerikanischen Zone in Stuttgart verkündet er nicht nur die Absicht, die britische Zone mit der amerikanischen zur »Bizone« zusammenzuschließen, sondern er verurteilt zugleich die sowjetische Deutschlandpolitik und kündigt an, dass die Truppen der amerikanischen Besatzer so lange auf dem Kontinent bleiben sollen, bis der Wiederaufbau abgeschlossen sein wird. Byrnes will die wirtschaftliche Einheit Deutschlands stärken und wendet sich dagegen, dass Land als bloße »Schachfigur« zu behandeln und einer Verelendung der Menschen tatenlos zuzusehen:

> Das amerikanische Volk will den Frieden. Es hat schon seit langem nicht mehr von einem strengen oder milden Frieden für Deutschland gesprochen. Darauf kam es auch wirklich niemals an. Was wir wollen, ist ein dauerhafter Friede.
> Die jetzigen Verhältnisse in Deutschland machen es unmöglich, den Stand der industriellen Erzeugung zu erreichen, auf den sich die Besatzungsmächte als absolutes Mindestmaß einer deutschen Friedenswirtschaft geeinigt hatten. Es ist klar, dass wir, wenn die Industrie auf den vereinbarten Stand gebracht werden soll, nicht weiterhin den freien Austausch von Waren, Personen und Ideen innerhalb Deutschlands einschränken können. Die Zeit ist gekommen, wo die Zonengrenzen nur als Kennzeichnung der Gebiete angesehen werden sollten, die aus Sicherheitsgründen von den Streitkräften der Besatzungsmächte besetzt gehalten werden, und nicht als eine Kennzeichnung für in sich abgeschlossene wirtschaftliche oder politische Einheiten.

Am Ende seiner viel beachteten Rede sagt Byrnes:

> Das amerikanische Volk wünscht, dem deutschen Volk die Regierung Deutschlands zurückzugeben. Das amerikanische Volk will dem deutschen Volk helfen, seinen Weg zurückzufinden zu einem ehrenvollen Platz unter den freien und friedliebenden Nationen der Welt.[6]

Was der amerikanische Außenminister nicht sagt, was aber seine Ausführungen implizieren, ist, dass die Menschen in der sowjetischen Besatzungszone damit aller Wahrscheinlichkeit nach nicht von Byrnes' Verheißungen werden profitieren können. Frieden und Freiheit nur für die Bewohner Westdeutschlands?

Die Deutschen, das wird langsam klarer, befinden sich jetzt im Mittelpunkt einer Auseinandersetzung, die bald als Kalter Krieg gelten wird und der Welt für mehrere Jahrzehnte eine bipolare Ordnung gibt. Damit wollen sich die meisten Deutschen nicht abfinden. Die Ministerpräsidenten der neu gegründeten Länder protestieren dagegen, die Idee der Einheit des Landes aufzugeben – jedoch vergeblich.

Auch die Außenministerkonferenz, die Ende Mai 1947 in Moskau zu Ende geht, bringt keine Änderung der verfahrenen Situation. Auf westlicher Seite hat sich jetzt schon die als »Truman-Doktrin« bekannte Ansicht durchgesetzt, dass das vorrangige Ziel in einer »Eindämmung« (»containment«) der sowjetischen Expansion liegen müsse.

Was nun beginnt, ist die Ausweitung des Konflikts auf beinahe die ganze Welt. In den kommenden Jahren werden sich die Supermächte Verbündete suchen, Wirtschafts- und Militärhilfen gewähren – immer mit dem Blick auf die möglichen Absichten des Gegenspielers. Deutschland und die Deutschen stehen im Zentrum dieser »geteilten Welt«.

Die Teilung nimmt Gestalt an. Im Westen bringen Marshallplan und Marktwirtschaft eine neue Wirtschaftsordnung und bald auch wirtschaftlichen Aufschwung. Die parlamentarische Demokratie ist, auch wegen der ökonomischen Erfolge unter den Vorzeichen des »Wirtschaftswunders« die akzeptierte Regierungsform. Die Westbindung wird unter dem ersten Kanzler Konrad Adenauer auch gegen Widerstände zur offiziellen Leitlinie westdeutscher Politik.

Im Osten schaffen die sowjetischen Stellen gemeinsam mit deutschen Kommunisten die Grundlagen für eine Integration der SBZ und der DDR in den »Ostblock«. Das bedeutet im Kern Planwirtschaft und die Herrschaft der SED. Im Grunde genommen bestimmen damit zu einem guten Teil die unterschiedlichen Weltanschauungen der Sieger das Leben der Menschen im besetzten Deutschland. *Cuius regio, eius religio.* Im Jahr 1949 ist die Teilung besiegelt: Jetzt gibt es zwei deutsche Staaten, die Bundesrepublik und die DDR.

»Selling Democracy« und eine »erfundene Freundschaft« – Das Werben der Sieger um die Besiegten

Die Beziehungen der Deutschen zu den Besatzern ändern sich vor allem im Zuge dieser »Teilung der Welt«. War ein spektakuläres Ereignis wie die Luftbrücke geeignet, einen Wandel in den Beziehungen zu den westlichen Alliierten zu symbolisieren, so finden auch unterhalb solcher politischen Wendemarken alltägliche Annäherungsprozesse statt. Historiker fragen in diesem Zusammenhang nach der »Amerikanisierung« der westdeutschen und der »Sowjetisierung« der ostdeutschen Gesellschaft und meinen damit im weitesten Sinn kulturelle Einflüsse, die das Verhältnis zu den Besatzern nachhaltig verändern werden.

Wie sich die Beziehungen zwischen Siegern und Verlierern entwickeln würden, hat am Ende des Krieges niemand gewusst. Wie sehr die alltäglichen Ereignisse in einzelnen Begegnungssituationen die Entwicklungen bestimmen, zeigt exemplarisch das Scheitern des Fraternisierungsverbots. Die Soldaten der Besatzungsarmeen und die Deutschen halten sich einfach nicht an das, was kluge Köpfe am Schreibtisch ersonnen haben. Doch das wird weder amerikanische noch sowjetische Verantwortliche davon abhalten, auch in der Nachkriegszeit eine gezielte Politik der Beeinflussung wenigstens zu versuchen. Die Sieger setzen alles daran, gerade weil sie in Konkurrenz zueinander stehen, die Menschen für sich zu gewinnen – und gegen die andere Seite einzunehmen.

Im besetzten Deutschland sind die Menschen häufig der Spielball in einem Spiel, auf dessen Regeln, geschweige denn dessen

Ausgang, sie keinen Einfluss haben. In den Wirren der Zeit hat man genug damit zu tun, das eigene Leben zu sichern, Wohnung, Nahrung und Arbeit zu finden. Was »da oben« passiert, interessiert zwar viele, weil es über das eigene Leben entscheiden kann, aber wer durchschaut schon die Zusammenhänge?

Die Menschen von den Vorzügen der eigenen Politik und Weltanschauung zu überzeugen, ist die Aufgabe einer ganzen Reihe von Bildungs- und Freizeiteinrichtungen, Kampagnen und »Aufklärungsangeboten« der Alliierten auf beiden Seiten. Es geht um Imagepflege, um Unterstützung für die jeweils eigene Sache – schließlich befindet man sich in einem Wettstreit um den richtigen Weg.

Misstrauisch beobachten Briten und Amerikaner auch die Tätigkeiten der »Gesellschaft zum Studium der Kultur der Sowjetunion«. In Berlin eröffnen die Sowjets kurz nach Kriegsende ein gut ausgestattetes »Haus der Kultur der Sowjetunion«. Hier werden Filme und Ausstellungen gezeigt oder Gastvorträge gehalten. Ähnliche Einrichtungen gibt es bald auch in Weimar, Leipzig und anderen Städten. Das Programm ist vielfältig. Es wird Musik gespielt, man diskutiert über russische Literatur.

Die ersten Landesgesellschaften zum Studium der Kultur der Sowjetunion werden im Juni 1947 in Brandenburg und Sachsen-Anhalt gegründet. Die Anfänge gestalten sich nicht wie erhofft. Die Deutschen wissen nicht, was ihnen das Studium der sowjetischen Kultur bringen soll. Sie haben andere Sorgen. Der Landesvorsitzende der SED in Thüringen, Heinrich Hoffmann, hilft beim Aufbau der lokalen Einrichtung. »Am Anfang«, schreibt er, »fühlten wir uns manchmal als ›Rufer in der Wüste‹«. Die meisten Deutschen haben Angst vor den Russen, meint er, egal ob »Intelligenz« oder »Arbeiterklasse«.

Die Arbeit der Einrichtung stößt sogar auf offene Ablehnung. Der erste Vorsitzende der neuen Institution, Jürgen Kuczynski, bemerkt:

Die übergroße Mehrheit unseres Volkes – das muss klar ausgesprochen werden – ist heute noch gegen die Sowjetunion eingestellt, und auch darüber mache man sich keine Illusionen: Es gibt auch in der östlichen Zone noch viele Menschen, die unter dem Einfluss der Reaktion stehen und ohne Ahnung von der Sowjetkultur schlecht von der Sowjetunion denken.

Zwar gibt es erste »Erfolge«. So notiert eine 17-jährige Schülerin im Anschluss an ihren Besuch im »Haus der sowjetischen Kultur« ins Gästebuch:

In diesen Räumen sah ich, dass wir von dem sowjetischen Volk nicht nur in der Weltanschauung, sondern auch kulturell sehr viel lernen können und es für die deutsche Jugend eine große Verpflichtung ist, von der UdSSR zu lernen, um die Fehler der letzten Jahre nicht zu wiederholen.

Eine offizielle Broschüre des sowjetischen Propagandaapparats hätte es nicht besser formulieren können. Doch solchen Äußerungen stehen ganz andere gegenüber. Anonym schreiben andere Besucher ins Gästebuch:

Wie ist es möglich, dass die Verfechter und Träger der ausgestellten Kultur (Rote Armee usw.) sich so benehmen konnten, wie wir es beim Einmarsch dieser Befreier erleben durften.

Worauf die anonymen Schreiber anspielen ist offensichtlich. »Das ernsthafte Problem der Vergewaltigungen durch Sowjetsoldaten in Osteuropa«, so hat es der Historiker Norman Naimark formuliert, »war nur eine schwache Andeutung dessen, was die deutsche Bevölkerung zu erleiden hatte, als die Sowjetarmeen erstmals deutschen Boden betraten.« In den Propagandagesängen des russischen Dichters Ilja Ehrenburg war bereits beschrieben, was sich später in Deutschland abspielen sollte:

Wir werden nicht mehr reden. Wir werden uns nicht erregen. Wir werden töten. Wenn du nicht wenigstens einen Deutschen pro Tag getötet hast, dann war dieser Tag vergeudet. Wenn du einen Deutschen getötet hast, töte einen weiteren – es gibt nichts Lustigeres für uns als einen Berg deutscher Leichen.

Zu den Anstrengungen, die von den sowjetischen Stellen und der SED unternommen werden, gehört eine eigene Kulturpolitik, etwa die Gründung der »Gesellschaft für deutsch-sowjetische Freundschaft«.

Die »Gesellschaft für deutsch-sowjetische Freundschaft« (DSF) wird schnell zu einer Massenorganisation in der DDR. Offiziell soll sie den Bürgern Kenntnisse über die Kultur und Gesellschaft der Sowjetunion vermitteln. Die DSF geht am 2. Juli 1949 aus der am 30. Juni 1947 gegründeten »Gesellschaft zum Studium der Kultur der Sowjetunion« hervor und wird schließlich nach der Einheitsgewerkschaft »Freier Deutscher Gewerkschaftsbund« (FDGB) die zweitgrößte Massenorganisation der DDR mit ca. 6 Millionen Mitgliedern sein.

Unter dem Motto: »Von der Sowjetunion lernen, heißt siegen lernen« werden Studienreisen, Sprachkurse und Kulturveranstaltungen organisiert. Ob die Arbeit der DSF wirklich im Sinne ihrer Erfinder ist, bleibt offen. Tatsächlich sind die meisten wohl nur passive Mitglieder und besuchen selten die Veranstaltungen. Schließlich gehört es zur Pflicht eines guten DDR-Bürgers, »gesellschaftliche Aktivität« zu zeigen. Eine Mitgliedschaft in der DSF macht sich da gut.

Die Gesellschaft erklärt, dass sie »unter Führung der Sozialistischen Einheitspartei Deutschlands fest entschlossen« sei, »alle Kräfte« anzuspannen, »um die von Westdeutschland her drohende Kriegsgefahr zu bannen«.

Doch ihre Aktivitäten erscheinen vielen fragwürdig. Ein ehemaliger DDR-Bürger erinnert sich:

Die Liebe zur Sowjetunion wurde gefördert. Liebe und Freundschaft zur Sowjetunion mussten die Herzenssache aller DDR-Bürger sein. Die organisatorischen und praktischen Voraussetzungen dafür sollten durch die »Gesellschaft für deutsch-sowjetische Freundschaft« geschaffen werden. Dementsprechend sollten alle DDR-Bürger, insbesondere in den Betrieben, Mitglieder der »Gesellschaft für deutsch-sowjetische Freundschaft« sein.

Die ersten Erfahrungen mit den sowjetischen Freunden [aber] waren bei mir, 1945 als Achtjähriger, natürlich zwangsläufig wenig freundschaftlich. Die Mutter wurde vergewaltigt, aber ich, als blondes Kind, auf dem Schoß geschaukelt, ein Offizier wollte mich sogar mit nach Moskau nehmen und Stalin vorstellen. Aber das war natürlich Spaß. Diese ersten Erfahrungen wurden bald verdrängt – und so bin auch ich als Lehrling 1951 Mitglied der DSF geworden. Ohne auch nur einmal aktiv zu werden, bin ich es bis 1989 geblieben.

Die Formelhaftigkeit der immer wieder aufs Neue beschworenen »Freundschaft« schreckt viele ab. Und tatsächlich wirkt die Sprache der offiziellen Freundschaftsbekundungen befremdlich, sie schwankt zwischen trockenem Parteiduktus und Schwülstigkeit. So erklärt Hermann Axen, später Mitglied im Zentralkomitee der SED, anlässlich eines Jahrestages der Gründung der DSF:

Die Gesellschaft der deutsch-sowjetischen Freundschaft […] will helfen, die vielfachen geistig-kulturellen und wissenschaftlichen Bedürfnisse unserer Werksangehörigen zu befriedigen, so dass sie es als notwendig und nützlich empfinden, aktiv mitzuarbeiten. Dieses Interesse sollte in dem Bekenntnis münden: »Mitglied der Gesellschaft will ich sein, weil ich gerade als Mitglied der Gesellschaft noch bewusster, noch begeisterter, noch kenntnisreicher für den Sieg des Sozialismus in der DDR und für eine glückliche Zukunft der deutschen Nation wirken kann. Ich bin Mitglied der DSF, weil mich diese Organisation umfassend und interessant mit dem Land des Menschheitsfortschritts vertraut macht und ich dadurch den Pulsschlag unseres Jahrhunderts besser spüre und selbst den Rhythmus unseres Jahrhunderts mitbestimme.«[7]

Doch die »erfundene Freundschaft« ist nicht nur ein Produkt heruntergeleierter Grußadressen der Staatsführung. Sie wird für die Menschen in der DDR zur alltäglichen Erfahrung. Auch im Betrieb wird die Liebe zum »großen Bruder« immer wieder in durchorganisierten Veranstaltungen demonstriert. Kein Freund der Sowjetunion zu sein, ist verdächtig.

Der Organisationsgrad der »Gesellschaft für deutsch-sowjetische Freundschaft« spiegelt ihren staatsnahen Charakter wider. Gegliedert ist die DSF in Kreis- und Bezirksorganisationen. Alle fünf Jahre wird ein Zentralvorstand gewählt, der seinen Sitz in Berlin-Mitte hat. Zu den prominenten Mitgliedern im Zentralvorstand gehört u.a. Karl Eduard von Schnitzler, der – auch für Westdeutsche – wohl bekannteste Propagandist der DDR, dessen Fernsehsendung »Der schwarze Kanal« im Namen der Partei für den Sozialismus und die sowjetischen »Brüder« Stellung bezieht. In parteiischen Beiträgen schildert der Hardliner ab März 1960 das Leben auf der anderen Seite, in den »kapitalistischen Metropolen« des Westens, als Nebeneinander von Elend und Luxus, von Bettelei und Spekulantentum.

Sind solche Attacken wirklich Teil einer kulturellen Umerziehung der Deutschen weg vom Nazismus hin zu »Demokratie und Sozialismus«? Die sowjetische Bildungs- und Kulturpolitik soll damals nach dem Krieg – in den Worten Johannes R. Bechers – »einen radikalen Bruch mit der reaktionären Vergangenheit« erzwingen. Das Engagement ist groß, die Sowjets setzen alles daran, den Deutschen zu zeigen, dass die »siegreiche« sowjetische Kultur das Nonplusultra ist. Die westlichen Alliierten, glauben

die Planer auf sowjetischer Seite, haben es da im Vergleich viel
leichter, denn sie müssen lediglich an die bürgerliche Kultur der
Weimarer Zeit anknüpfen.

Westliche Beobachter betrachten den missionarischen Eifer
der sowjetischen Kulturpolitik mit Argwohn und Entsetzen. Ein
britischer Offizier berichtet: »Theater, Verlagswesen, bildende
Künste und Musik werden mit einer Hektik gefördert, die den
Eindruck vermittelt, als geschähe etwas Neues und Lebendiges.«
Die eigenen Umerziehungsmaßnahmen hätten große Mühe, der
»politisierten Kultur« der Sowjets entgegenzuwirken.

Die Kriegserfahrungen sind eine Hypothek, die auf den Beziehungen der sowjetischen Sieger zu den Verlierern lastet. Der
Schrecken, den die nach Deutschland vorrückende Rote Armee
verbreitete, gibt der NS-Propaganda anscheinend noch recht, als
es sie schon gar nicht mehr gibt. Die Niederlage entkräftet die
Lebenslüge vieler Deutscher nicht, Hitler habe zu Recht einen
Kreuzzug gegen den Bolschewismus geführt, um einer vermute-
ten kriegerischen Aggression der Kommunisten zuvorzukommen.
Kulturprogramme haben es da schwer, die Deutschen vom über-
legenen Anspruch der Sowjetkultur zu überzeugen.

Der Historiker Jan Behrends hat für diese Bemühungen, die
Ostdeutschen in ein Volk von Freunden der Sowjetunion zu verwandeln, den Begriff »erfundene Freundschaft« geprägt. Er unterscheidet mehrere Phasen der sowjetischen Propagandapolitik in
eigener Sache. Als »Hochzeit« der Freundschaftsbemühungen
gilt die Zeit von den unmittelbaren Nachkriegsjahren bis in die
Mitte der fünfziger Jahre hinein. Die Besonderheit der sowjetischen »Umerziehungspolitik« liegt darin, dass sie – im Gegensatz
zu den Westmächten – beabsichtigt, »den öffentlichen Raum total
zu durchherrschen«.

Der Erfolg dieser Bemühungen ist nicht zu quantifizieren. Viele,
vor allem Jüngere, nehmen die gemachten Angebote gern an, lernen die Sieger überhaupt nur als offizielle Freunde kennen. Doch
das ist nur die eine Seite. Das tatsächliche Ausmaß der Identifika-

tion etwa mit den Zielen der DSF dürfte geringer sein, als es die offiziellen Quellen nahelegen.

Eine neue Welle der Zustimmung erfasst die DSF paradoxerweise erst wieder in den achtziger Jahren. Jetzt treten DDR-Bürger ein, um die Glasnost- und Perestroika-Politik von Michail Gorbatschow zu unterstützen und die DDR-Regierung zu kritisieren. Die neue sowjetische Politik wird von der DDR-Partei- und Staatsführung unverhohlen abgelehnt. Eine schwierige Situation für die Freunde der Sowjetunion. Nach der Wende wird die Gesellschaft den Großteil ihrer meist nur zahlenden Mitglieder schnell verlieren.

Doch das ist Zukunftsmusik. Im besetzten Deutschland gibt es für alle möglichen Vorbehalte gegenüber den Russen gute Gründe. In den Westzonen wird man sie erst insgeheim, im fortschreitenden Kalten Krieg dann auch offen artikulieren können. Das unterscheidet die Deutschen in der Ostzone von denen im Westen.

Die Amerikaner haben es leichter. Zwar verbinden die Verlierer auch mit ihnen Erfahrungen von Gewalt. Aber die amerikanischen Soldaten sind in den Augen vieler Deutscher auch Teil jenes großen Versprechens von Freiheit, Wohlstand und populärer Kultur, das vor allem auf Jugendliche einen großen Reiz ausübt.

Deutschlandpolitik der USA

Souverän wird die Bundesrepublik Deutschland erst am 5. Mai 1955. An diesem Tag wird die Flagge des jungen deutschen Staates vor dem Palais Schaumburg in Bonn gehisst und Bundeskanzler Adenauer erklärt: »Wir stehen als Freie unter Freien, den bisherigen Besatzungsmächten in echter Partnerschaft verbunden. [...] Es gibt für uns in der Welt nur einen Platz: an der Seite der freien Völker.«

Der Wandel in den Beziehungen weg vom Status der Besatzung hin zu dem eines Verbündeten zeichnet sich jedoch bei der

Gründung der Bundesrepublik bereits ab. Die USA spielen dabei eine Schlüsselrolle.

Die Militärregierungen werden im Mai 1949 zugunsten von zivilen Hohen Kommissaren abgelöst. Bereits im April hatten die Alliierten in einer Revisionsklausel des Besatzungsstatuts angekündigt, prüfen zu wollen, ob die Rechte der Siegermächte gegenüber dem neuen deutschen Staat zurückgenommen werden könnten. Das wird in der Folgezeit geschehen: Das Petersberger Abkommen vom November 1949 schränkt die Demontage deutscher Industrieanlagen ein und erlaubt es der Bundesrepublik, konsularische Beziehungen zum Ausland aufzunehmen und internationalen Organisationen beizutreten – Schritte auf dem Weg zur Souveränität.

Die erstaunlich rasche Integration der Bundesrepublik in die westliche Nachkriegsgemeinschaft ist vor allem auf die sich wandelnde amerikanische Deutschland- und Europapolitik in der Frühphase des Kalten Krieges zurückzuführen. Die Aufwertung des jungen Weststaates vom Besetzten zum Verbündeten liegt in der Logik jener Strategie der USA, den sowjetischen Gegner durch einen möglichst homogenen Block der nichtkommunistischen Länder einzudämmen. Der geografische Schwerpunkt dieser Strategie liegt in Westeuropa, mit Deutschland in der Mitte zwischen dem kommunistischen Osten und der »freien Welt« im Westen.

Deutschland einzubeziehen, hat dabei gleich zwei Vorteile. Zum einen soll dies verhindern, dass die Sowjetunion ihren Einflussbereich weiter nach Mittel- und Westeuropa ausbreitet. Zum anderen bindet es den ehemaligen Feind eng an die westliche Supermacht und ermöglicht somit eine Kontrolle, die darauf abzielt, die von Deutschland ausgehende Kriegsgefahr zu bannen. Integration und Eindämmung heißen die Stichworte, Schutz vor Deutschland und Schutz vor der UdSSR die Ziele dieser neuen amerikanischen Deutschland- und Europapolitik.

Die Rahmenbedingungen für amerikanische Einflüsse auf Deutschland ändern sich damit nach 1945 grundlegend. Nach der raschen Aufgabe des Bestrafungskonzeptes, das noch in der Direktive JCS 1067 durchgeschimmert hat, kommen die Siegermächte bald überein, Deutschland in den Kreis der »Völkerfamilie« zurückzuführen. Im fortschreitenden Kalten Krieg werden die USA im westlichen Teil Deutschlands in die Rolle der richtungweisenden Siegermacht hineinwachsen.

Die »Reeducation« der Deutschen zielt auf die Veränderung von Werthaltungen und Einstellungen. Die Grundlagen für eine durchgreifende Entnazifizierung, Entmilitarisierung und Demokratisierung sollen vor allem durch eine personelle Säuberung geschaffen werden.

Neben dem Bildungsbereich und der Jugendpolitik spielen in der amerikanischen Planung die Massenmedien die größte Rolle – wissen die Verantwortlichen doch um die Bedeutung der massenmedialen Öffentlichkeit für eine politische Meinungsbildung.

Wichtige überregionale Zeitungen wie die *Süddeutsche Zeitung* oder die *Frankfurter Rundschau* verdanken ihre Existenz einer amerikanischen Lizenz. Sie werden als pluralistische Organe entwickelt, die zwischen Bericht und Kommentar strikt trennen sollen. Mit dem Heraufziehen des Kalten Krieges rücken die Amerikaner von ihrer liberalen Haltung etwas ab. Nicht nur werden kommunistische Herausgeber von Zeitungen oder Redakteure in Rundfunksendern entfernt, auch bekommen Intellektuelle Schwierigkeiten, die im Verdacht stehen, für die andere Seite zu arbeiten.

Doch die Bemühungen der Sieger, den Deutschen eine neue politische Kultur zu vermitteln, beschränken sich nicht auf den Medienmarkt im engeren Sinn. Wie die »Häuser für sowjetische Kultur« im Osten, werden den Deutschen im Westen die Vorzüge der westlichen Kultur in den »Amerikahäusern« präsentiert, die ein wichtiges Instrument der »amerikanischen Kulturoffensive« bilden.

Die Arbeit der »Amerikahäuser« veranschaulicht, in welch starkem Maß sich US-Behörden bemühen, neben der Vermittlung

amerikanischer Kultur deutsche Traditionen in die Programm-
gestaltung einzubeziehen, um Resonanz beim Publikum zu
erzielen. 1951 erreicht das Netz der »Amerikahäuser« und der
»Deutsch-Amerikanischen Institute« seine größte Ausdehnung,
die jetzt über die US-Zone hinausreicht.

Doch haben diese Bemühungen überhaupt Erfolg? Etwa 5 bis
7 Prozent der Bevölkerung in den deutschen Städten, in denen
es solche Einrichtungen gibt, zählen nach amerikanischen Erhebungen zum Besucherkreis. Wahrscheinlich ist der Einfluss der
Popkultur durch Musik oder Film ungleich höher.

Die USA sind im westlichen Teil Deutschlands im Alltag präsent.
Die deutsche Bevölkerung, nicht zuletzt die Kinder und Jugendlichen, sind vom Wohlstand fasziniert, den auch die amerikanischen Besatzungstruppen verkörpern. Die technisch überlegene
Ausrüstung und die neuen für die Deutschen weitgehend unbekannten Nahrungsmittel sind verlockende Insignien der westlichen Konsumkultur. Hinzu kommt eine Lebenseinstellung, die
offensichtlich in erster Linie Jugendliche anspricht. Die souve-
räne Lässigkeit wird vor allem für männliche Jugendliche zum
Ideal der Zeit.

Allerdings hat nur ein kleiner Teil der deutschen Bevölkerung
unmittelbaren Kontakt mit amerikanischen Militärangehörigen.
Und das Bild wird in der Rückschau verzerrt. Bei Weitem nicht
alle sind spontan begeistert von der amerikanischen (Konsum-)
Kultur. Es gibt viele Abwehrreaktionen. Das betrifft nicht nur
den rassistischen Dünkel gegenüber farbigen GIs. Viele Deutsche
sehen in den Amerikanern auch die »oberflächlichen« Vertreter
einer Massenkultur, die der deutschen weit unterlegen ist.

Doch die Hilfe der Amerikaner lässt solche Negativmeinungen
zuweilen in den Hintergrund treten. Legendäre Wirkung entfal-
ten im Elend der Nachkriegszeit jedenfalls die CARE-Pakete privater amerikanischer Hilfsorganisationen. Ihr Inhalt wird zum
Inbegriff des wunderbaren amerikanischen Konsumangebots.
Die braunen Kartons zählen bald zur liebsten Postsendung der

Deutschen. Obwohl nicht einmal jeder zehnte deutsche Haushalt jemals ein solches Paket erhält – alle reden darüber.

Über Bremen, den Nachschubhafen der Amerikaner, kommen die Pakete zunächst in die westlichen Zonen über Umwege aber auch in die SBZ. Zunächst werden Restbestände der US-Army verschickt. Als diese aufgebraucht sind, geht die Organisation CARE, ein Zusammenschluss von zweiundzwanzig amerikanischen Wohlfahrtsverbänden, auf Einkaufstour.

Insgesamt erreichen die Deutschen etwa acht Millionen Pakete im Wert von 360 Millionen Mark. Zwar sind die Sendungen auch Mittel der Propaganda, da sich die Aktion gut in die von den Amerikanern propagierte Teilung zwischen dem guten Westen und dem bösen Osten einfügen lässt. Für die deutschen Empfänger aber sind die Pakete Ausdruck des freundschaftlichen Geistes der Sieger.

Die 1947/48 einsetzende amerikanische Unterstützung in Form des »European Recovery Program« demonstriert dann im großen Maßstab den engen Zusammenhang von wirtschaftlicher Hilfe, politischer Symbolik und kulturellem Transfer. Ein wichtiges Mittel des Kulturtransfers werden die großzügigen Besuchsprogramme. Vor allem jüngere Vertreter der Funktionseliten (darunter Politiker, Kommunalbeamte, Journalisten, Richter, Gewerkschafter, Geistliche oder Funktionärinnen von Frauenorganisationen) bekommen auf diese Weise die Gelegenheit, die USA kennenzulernen – und darüber zu berichten. Insgesamt werden es zwischen 1948 und 1953 etwa 10 000 Personen sein.

Das große Versprechen – Amerikanisierung in Westdeutschland

Der Journalist Jürgen Engert schildert in seiner 2001 erschienenen Autobiografie *Mein Gott, Berlin. Von der Elbe an die Spree. Ein deutscher Lebensweg* die Verheißungen der westlichen Kultur, für die die Amerikaner damals nach dem Krieg stehen. Das Kapitel trägt nicht von ungefähr den Titel »Lucky Strike und Coca Cola«:

Jeden Tag sitze ich am Radioapparat und bewege millimeterweise den Zeiger auf der Skala, um die Störsender zu überlisten, die mir den RIAS, den Rundfunk im Amerikanischen Sektor, abtöten wollen. Ich tue, was verboten ist, und ich tue es mit Lust. Der RIAS ist Westberlin; er ist, wie er mir sagt, eine freie Stimme der freien Welt, und die ist eine andere als meine in Dresden. Der Vater sagt, es ist wie früher in der Nazi-Zeit mit Beromünster und dem Londoner Rundfunk, und das ist noch gar nicht lange her. Glenn Miller spielt »In the Mood«, und es rauscht und kracht im Lautsprecher. Wir rauchen »Lucky Strike«, der Rauch duftet, und wir sind plötzlich auf dem Kurfürstendamm, der, wie der Vater sagt, keine Straße, sondern ein Boulevard sei. Wir wissen nicht, wie sich ein Boulevard von einer Straße unterscheidet, aber so ein Boulevard muss großartig sein.

Die drei Stäbchen »Lucky Strike« haben wir Dieters Bruder abgekauft, 10 Mark das Stück. Der Bruder ist viel älter als wir, er ist Eisenbahner, und oft fährt er mit seinen Zügen nach Berlin und kauft im Westen Bücklinge, Zigaretten, Schokolade und Kaugummi, und damit handelt er insgeheim in Dresden. Hin und wieder leisten wir uns einen »Chewinggum« bei ihm, da kostet einer nur zwei Mark. Und ist der Kaugummi schließlich ohne seinen Pfefferminzgeschmack, werfen wir ihn nicht weg, wir kauen ihn weiter, den geschmacklosen, denn das Kauen ist unser Erkennungszeichen. Wir mahlen mit dem Kiefer, und die anderen sind die Spießer, wir sind eben keine, wir sind etwas Besonderes.

Engerts Schilderung seiner Jugendzeit versammelt so ziemlich alle Attraktionen westlicher Kultur, wie sie die Amerikaner für viele verkörpern: die Musik und die Markenzigaretten, der Boulevard und das Kaugummi. Über die populäre Musik und die Konsumwaren vermittelt sich ein Lebensgefühl, das Freiheit ausdrückt. Nicht umsonst kommen zu Freiheitsversprechen und Genuss die Gesten einer sich auflehnenden Jugendkultur. Das Verbotene tun, die Spießer verachten – die ersehnte Kultur ist auch eine Jugendkultur.

Solche Sehnsüchte werden von amerikanischer Seite propagandistisch unterstützt. In unzähligen Kurzfilmen preisen die Sieger die Vorzüge ihres Gesellschaftsentwurfes. »Selling Democracy« lautet das Stichwort. Freie Meinungsäußerung, Demokratie, Wohlstand und immer wieder immense Konsummöglichkeiten – das sind die Angebote, die hier gemacht werden. Das kommt zwar nicht bei allen, aber bei vielen an.

Die Amerikaner versuchen seit dem Kriegsende, mit zahlreichen demoskopischen Erhebungen die Einstellung der deutschen Bevölkerung zu registrieren. Ihnen zufolge sind die Deutschen Besatzungsangehörigen gegenüber zwar durchweg freundlich gestimmt, daneben halten sich aber die alten Bilder von Amerika als kulturell tief stehender Nation. Auch der parlamentarischen Demokratie und dem westlichen Modell einer neuen politischen Kultur begegnen die Westdeutschen noch eine Zeitlang mit Skepsis.

Eigentlich hat der Wandel des westdeutschen Teilstaates hin zu Demokratie und westlicher Gesellschaft bereits mit der Besetzung Deutschlands durch die amerikanischen Truppen seit September 1944 begonnen – auch wenn dies zu diesem Zeitpunkt noch niemandem bewusst war. Die Entwaffnung der Wehrmacht und bedingungslose Kapitulation waren die primären Ziele der Besatzer. Wie es danach weitergehen sollte, war erst einmal zweitrangig.

Deutschland zu einer offenen Gesellschaft mit demokratischem Gemeinwesen zu machen, die Pazifizierung des Landes voranzutreiben und damit das Land und die Deutschen letztlich zu »westernisieren«, wie Historiker das genannt haben – würde nur möglich sein, wenn die Deutschen bereit wären, die neuen Spielregeln zu akzeptieren und schließlich vielleicht sogar zu bejahen. Doch die neue Gesellschaftsordnung, wie sie im Gepäck der amerikanischen Soldaten nach Deutschland kam, setzt eben, im Gegensatz zur sowjetischen Variante, in hohem Maß auf Freiwilligkeit. Besatzer können die Amerikaner deshalb eigentlich von vornherein nur für eine Übergangszeit sein.

Die pragmatisch orientierte und relativ human ablaufende Besatzungspolitik der Amerikaner bietet eine gute Ausgangslage für den Demokratisierungsprozess, den die Bundesrepublik in den folgenden Jahren durchlaufen wird. Ein Vorteil, der die Menschen im besetzten Deutschland zusätzlich für die neuen Herren aus dem Westen einzunehmen vermag, ist der scharfe Kontrast, den das Vorgehen der Sowjets im östlichen Teil des Landes markiert. In den letzten Wochen des Krieges sind viele Deutsche in den Westen geflohen, weil sie sich eine bessere Behandlung durch die britischen und amerikanischen Sieger erhofft haben. »Weg vom Iwan, hin zum Ami«, hieß es damals. Die »weiche Besatzung« der Westmächte bestätigt dann tatsächlich ihre Annahme.

Schon bei Kriegsende haben also unterschiedliche Vorstellungen und Erwartungshaltungen bestanden, die sich in der Folgezeit fortsetzen. Die Erfahrung der relativ freundlichen amerikanischen Besatzungsmacht erweist sich als prägend. Die positive Ausgangsposition für die künftige Entwicklung zu Partnerschaft und friedlichem Neben- oder sogar Miteinander ist bereits mit jener Kollaboration gegeben, die darin bestanden hat, dass die Deutschen Dörfer und Städte im Westen kampflos übergeben haben.

Das ersparte Blutvergießen auf beiden Seiten trägt zur Vertrauensbildung zwischen den Soldaten und der Zivilbevölkerung bei. Die lokalen Initiativen einfacher Bürger sowie kleiner Parteifunktionäre und Bürgermeister, ihren Ort nicht bis zum Äußersten gegen die vorrückenden amerikanischen Truppen zu verteidigen, sind von den amerikanischen Soldaten honoriert worden. Die Bilder freundlich grüßender Besatzer, die Kindern Kaugummis oder Schokolade schenken, stehen sinnbildlich für diese positive Überraschung. Das sind Schlüsselerfahrungen, die in der Zukunft vieles einfacher machen werden.

Im Zuge dieser Entwicklung ändern sich die Bilder, die sich die Westdeutschen von den Amerikanern machen. Diese Bilder haben eine eigene Geschichte, entstehen nicht plötzlich mit dem Auftauchen der ersten amerikanischen Soldaten im besetzten Deutschland, sondern knüpfen an bekannte Motive an, variieren oder revidieren sie. Bis zur Ankunft der Amerikaner in Deutschland ist Amerika für die meisten ein fernes Land gewesen. Die Präsenz der Besatzungstruppen ändert diesen Zustand radikal. Und die Amerikaner sind zunächst Sieger und Besatzer, Ankläger, Richter, Umerzieher, sind die neuen Herren, die den Deutschen neue Werte bringen wollen.

Trotz der bitteren Erfahrung von Gewalt, Ohnmacht und der Erniedrigung, besiegt worden zu sein, ist die Haltung der Deutschen den Amerikanern gegenüber erstaunlich positiv. Die von der amerikanischen Militärregierung in Auftrag gegebenen Meinungsumfragen belegen das. Dabei kommen nicht alle Maßnahmen der Besatzer gut weg. Besonders umstritten ist das Entnazifizierungsprogramm. 65 Prozent aller Befragten kritisieren noch 1949 seine Durchführung, auch wenn ein hoher Anteil die Grundidee prinzipiell gut findet. Vor allem die Leistung der Amerikaner beim Wiederaufbau des Landes findet Anklang.

Und auch sonst erzielen die neuen Herren aus Übersee gute Umfragewerte. Überwältigend positiv sind die Reaktionen, wenn es um folgende Fragen geht: die allgemeine Sympathie allen Besatzungsmächten gegenüber; die Frage, inwieweit man die Besatzungspraxis als nationale Demütigung erlebt; das Vertrauen in die Fairness der Sieger; inwieweit die Nürnberger Prozesse berechtigt und sinnvoll sind; die Zusammenarbeit mit den Amerikanern auf der Grundlage gemeinsamer Interessen und Werte. Weitere

Fragen betreffen die durch die Besatzer vermittelte Sicherheit, die Präsenz der Truppen im Land, die Rolle der USA als Führungsmacht in der internationalen Politik und schließlich auch die Vorbildfunktion des prosperierenden Landes für Deutschland.

Insgesamt zeichnen die Umfragen das Bild eines hohen Sympathiepotenzials. Gerade im Vergleich mit den anderen Besatzungsmächten sind die positiven Einschätzungen beeindruckend und bleiben auch – nicht durchgängig, aber im Trend – auf einem hohen Zustimmungswert.

Diese Zustimmung wird sich mit der beginnenden Konfrontation der Supermächte im Kalten Krieg noch erhöhen. In den USA sehen die Deutschen einen Garanten ihrer Sicherheit, einen Verbündeten gegen die sowjetische Bedrohung Mitteleuropas. Ihren vorläufigen Höhepunkt finden die positiven Einschätzungen mit der beginnenden Umsetzung des Marshallplans und nach der Berlin-Blockade durch die Sowjets. Die Begeisterung bei Präsident John F. Kennedys Besuch 1963 in Berlin ist ein Ausdruck dieser Entwicklung.

Die Gründe für diese positive Aufnahme der amerikanischen Besatzer sind vielfältig. In dem Orientierungs- und Identitätsvakuum, das der verlorene Krieg hinterlassen hat, können die amerikanischen Angebote einer neuen politischen Kultur sowie eines neuen, westlich orientierten Lebensstils für viele Deutsche attraktiv wirken. Die allmählich sichtbaren Erfolge des Wiederaufbaus – nicht nur auf ökonomischem, sondern auch auf kulturellem Gebiet – und die unterstützende Rolle, welche die Amerikaner dabei gespielt haben, lassen die einst skeptisch bis angstvoll erwarteten Sieger in einem neuen Licht erscheinen.

Die Einschätzung Amerikas als »neuer«, innovativer Führungsmacht soll das Bild – trotz immer noch vorhandener Ressentiments – nachhaltig prägen. Der Historiker Golo Mann, der als Emigrant seinem Vater Thomas in die USA gefolgt war, schreibt 1954 in dem Buch *Vom Geist Amerikas. Eine Einführung in amerikanisches Denken und Handeln im 20. Jahrhundert*:

Unleugbar hat Amerika mehr Menschen geholfen, mehr menschliches Glück schaffen helfen als jedes andere Land; unleugbar ist der Aufstieg Amerikas das erstaunlich glückhafteste Ereignis der letzten hundertfünfzig Jahre.[8]

Und die später als Herausgeberin der *Zeit* bekannt gewordene Marion Gräfin Dönhoff, die ihre eigenen Erfahrungen mit dem Elend von Flucht und Vertreibung in einem Bestseller festgehalten hat, meint über die amerikanische Besatzung:

Nach dem Zusammenbruch und den langen Jahren moralischer Pervertierung, Intoleranz und geistiger Öde war die moderne, frei diskutierende, offene Gesellschaft der Vereinigten Staaten mit ihrem Optimismus und ihrem Vertrauen in die Zukunft [für uns eine Offenbarung]. Studenten, Wissenschaftler, Politiker, die in jenen Jahren Amerika kennen lernten, kehrten mit dem Eindruck zurück, diese Gesellschaft sei das Modell der modernen Gesellschaft schlechthin.[9]

Gleichwohl gibt es natürlich auch kritische bis amerikafeindliche Stimmen. Diese konzentrieren sich auf einzelne Aspekte der Besatzungsherrschaft oder sehen – die alten Feindbilder noch fest im Kopf verankert – die Amerikaner weiterhin vor allem als Repräsentanten einer oberflächlichen Kultur sowie als die verachteten Sieger des von den Deutschen verlorenen Krieges.

Die Klischees über Amerika als Hort einer flachen, der deutschen in allen Belangen unterlegenen Kultur hat der Schriftsteller Carl Zuckmayer, seine eigenen Vorurteile im Rückblick ironisierend, 1948 beschrieben:

Ein Land der phantastischen Standardisierung, des flachen Materialismus, der geistfremden Mechanik. Ein Land ohne Tradition, ohne Kultur, ohne Drang nach Schönheit oder Form, ohne Metaphysik und ohne Heurigen, ein Land des

Kunstdüngers und der Büchsenöffner, ohne Grazie und ohne Misthaufen, [...] die Tyrannei des Dollars, des »business«, der Reklame, der gewaltsamen Veräußerlichung.[10]

Mit der Zeit wandelt sich dennoch das Bild. Innerhalb weniger Jahre ändert sich nicht nur die Einstellung der amerikanischen Politik gegenüber dem ehemaligen Kriegsgegner Deutschland, der vom Feindstaat zum Verbündeten in der Auseinandersetzung mit dem als Bedrohung empfundenen Kommunismus Moskauer Prägung wird. Auch die Westdeutschen bauen allmählich ihr Misstrauen gegenüber den Siegern ab.

In der SBZ und später der DDR sind die Bilder von Amerika und den Amerikanern durch die sich abzeichnende Konfrontation zwischen Ost und West bestimmt. Das damalige offizielle Amerikabild folgt den ideologischen Vorgaben. In ihm erscheint die westliche Supermacht als Aggressor und als Hort kapitalistischer Ausbeutung. Diese Diskreditierung des neuen Feindes im Westen setzt bereits früh ein. So veranschaulicht beispielsweise eine Erinnerung aus Helmut Augustats Alltag in der mecklenburgischen Provinz eine besondere Variante antiamerikanischer Propaganda:

Es wurde überall erzählt: Der Amerikaner schickt Kartoffelkäfer, die Flugzeuge lassen die Kartoffelkäfer auf die Felder fallen. Ja, habe auch ich irgendwann gesagt, der Amerikaner schickt die Kartoffelkäfer. Der ist jahrelang Gespräch gewesen, der Kartoffelkäfer.

Die Propaganda in der SBZ/DDR unterstellt den amerikanischen Besatzern gezielte Sabotageaktionen. Die vermeintliche Kartoffelkäferattacke wird zu einem Politikum, das immer wieder auch an prominenter Stelle auftaucht. In einem Artikel aus der Zeitung *Tägliche Rundschau* vom 6. Juni 1951 heißt es:

Der amerikanische Raubimperialismus, dessen Ideal die Weltherrschaft, die Entfesselung und Vorbereitung eines neuen
Weltkrieges, die Ausrottung anderer Völker ist, hat eine dem-
entsprechende »Kultur« geschaffen. Die Höchstwerte dieser
Kultur sind der Dollar und die nackte Gewalt, der Bakteri-
enkrieg und die Verbreitung des Kartoffelkäfers, die Erschie-
ßung friedlicher Menschen, die bestialische Bombardierung
von Krankenhäusern, Kindern und Greisen [...].[11]

Die Verknüpfung des für die Menschen wirklich drängenden
Problems des Schädlingsbefalls, das die Versorgung mit Lebensmitteln bedroht, mit den »großen« politischen Zusammenhängen im beginnenden Kalten Krieg ist wirkungsvoll. Viele werden
das im Schulunterricht und anderswo immer wieder verbreitete
Bild des Aggressors Amerika übernehmen. Der Feind steht für
sie im Westen.

Als besonders gefährlich gelten den Staats- und Parteifunkti-
onären bald die Insignien des »American way of life«, westliche
Musik und Konsumgüter. Schulen und Jugendorganisationen
spielen eine wichtige Rolle beim Kampf gegen die »Kulturbarba-
rei«, weil Kinder und Jugendliche als besonders anfällig gelten.

Dem offiziellen Amerikabild steht eine Vielzahl privater Vorstellungen im östlichen Teil Deutschlands gegenüber. So wird
zum Beispiel Westberlin als »Schaufenster der freien Welt« für
viele zu einem – medial vermittelten, aber auch in der Realität
besuchten – Modell eines attraktiven Lebensentwurfs.

Erst der Bau der Mauer 1961 wird die Möglichkeit, sich selber ein Bild vom Leben »drüben« zu machen, weitgehend beenden. Vorher aber sind Westbesuche sehr begehrt. Und auch nach
dem Mauerbau finden Westprodukte ihren Weg in den Osten.
Sie sind gefragte Insignien eines anderen Lebensstils, den vor
allem Jugendliche, aber auch Erwachsene mit einer Mischung
aus Bewunderung und Neid zur Kenntnis nehmen. Amerika ist
für sie nicht der Aggressor, sondern die Heimat von Elvis Presley

und ein Land, in dem die Möglichkeiten freier Entfaltung viel größer sind.

Insgesamt wandeln sich in der Nachkriegszeit die Beziehungen zwischen den Deutschen. Auf Gewalt und Misstrauen folgen echte oder »erfundene« Freundschaft. Das gilt nicht immer und nicht für jeden. Aber verglichen mit den Erfahrungen der ersten Tage und Wochen nach Kriegsende brechen – vor allem im Osten – allmählich friedlichere Zeiten an.

Nachwort

Das Leben in der Nachkriegszeit war von vielfältigen Brüchen, von dem schwierigen Umgang mit der Vergangenheit und einem unsicheren Blick in die Zukunft geprägt. Niemand konnte damals auch nur ahnen, dass es bald für einen langen Zeitraum zwei deutsche Staaten geben, dass die Einheit des Landes wiederhergestellt werden würde und dass wir nach 1989/90 erneut mit einer schwierigen Vergangenheit zu kämpfen haben würden.

Den Menschen im besetzten Deutschland ging es vor allem um das tägliche Organisieren des eigenen Lebens. Doch ihre Bemühungen, ihr Umgang mit Versorgungsnöten, mit den Schatten der Vergangenheit und ihre Treffen mit den Soldaten der Alliierten fanden immer auch unter Bedingungen statt, die »da oben« mitbestimmt wurden. Wohl selten haben Entscheidungen der »großen« Politik für einen so langen Zeitraum so unmittelbare Konsequenzen für den Alltag von Millionen von Menschen gehabt wie damals nach dem Krieg.

Darüber die kleinen Geschichten nicht zu vergessen und die Geschichte der deutschen Nachkriegszeit als offene Geschichte zu (be)schreiben, war das Anliegen dieses Buches. Wir hoffen, diesen Anspruch eingelöst zu haben.

Abkürzungsverzeichnis

BDM	Bund deutscher Mädel
CARE	Cooperative for American Remittance to Europe
CDU	Christlich-Demokratische Union Deutschlands
DDR	Deutsche Demokratische Republik
DM	Deutsche Mark West
DP	Displaced Person
DSF	Gesellschaft für deutsch-sowjetische Freundschaft
ERP	European Recovery Program (Marshallplan)
FDGB	Freier deutscher Gewerkschaftsbund
FDJ	Freie deutsche Jugend
Gestapo	Geheime Staatspolizei
HJ	Hitler-Jugend
IRO	International Refugee Organization
Kominform	Kommunistisches Informationsbüro
KPD	Kommunistische Partei Deutschlands
KZ	Konzentrationslager
LTI	Lingua Tertii Imperii
NKWD	sowjetisches Volkskommissariat des Inneren (Narodny Kommissariat Wnutrennich Djel)
NSDAP	Nationalsozialistische Deutsche Arbeiterpartei
RGW	Rat für gegenseitige Wirtschaftshilfe
RM	Reichsmark
SA	Sturmabteilung
SAG	Sowjetische Aktiengesellschaften
SBZ	Sowjetische Besatzungszone
SD	Sicherheitsdienst

SED	Sozialistische Einheitspartei Deutschlands
SMAD	Sowjetische Militäradministration in Deutschland
SPD	Sozialdemokratische Partei Deutschlands
SS	Schutzstaffel
TASS	Sowjetische Nachrichtenagentur (Telegrafnoe Agentstwo Sowjetskowo Sojusa)
UdSSR	Union der Sozialistischen Sowjetrepubliken, Sowjetunion
UNO	United Nations Organisation – Vereinte Nationen
UNRRA	United Nations Relief and Rehabilitation Administration

Anmerkungen

Aus den im Rahmen des TV-Filmprojekts *Damals nach dem Krieg* proto-kollierten Interviews wurde in diesem Buch immer wieder zitiert. Diese Zeitzeugenberichte wurden uns von der Filmproduktionsfirma LOOKS dankenswerterweise zur Verfügung gestellt. Sie werden im O-Ton wieder-gegeben und in den folgenden Anmerkungen nicht gesondert ausgewiesen.

Als der Krieg zu Ende war – Erste Begegnungen und Neuanfänge

1 Vgl. Wildt, Michael: *Am Beginn der Konsumgesellschaft*. Mangelerfahrung, *Lebenshaltung, Wohlstandshoffnung in Westdeutschland in den fünfziger Jahren*. Hamburg ²1995.

2 In diesem Sinne etwa schon Plato, Alexander von / Leh, Almut: *Ein unglaublicher Frühling. Erfahrene Geschichte im Nachkriegsdeutschland 1945–1948*. Bonn 1997, S. 11.

3 Kardorff, Ursula von: *Berliner Aufzeichnungen 1942 bis 1945*. München 1997, S. 119f.

4 Vgl. Zapf, Katrin: »Haushaltsstruktur und Wohnverhältnisse«, in: *Geschichte des Wohnens, Bd. 5: 1945 bis heute. Aufbau, Neubau, Umbau*, hg. von Ingeborg Flagge. Stuttgart 1999, S. 563–614. Hier: S. 576ff.

5 Vgl. für das Folgende, einschließlich nicht gesondert nachgewiesener Zitate: Bolz, Rüdiger: *Synchronopse des Zweiten Weltkriegs 1939–1945*. Düsseldorf 1983.

6 Klemperer, Victor: *LTI. Notizbuch eines Philologen*. Leipzig 1999, S. 322.

7 Nach von Plato/Leh, a.a.O., S. 315f.

8 Wehler, Hans-Ulrich: *Deutsche Gesellschaftsgeschichte*, Bd. 4: *Vom Beginn des Ersten Weltkriegs bis zur Gründung der beiden deutschen Staaten 1914–1949*. München 2003, S. 925.

9 Nach Hürten, Heinz: *Deutsche Geschichte in Quellen und Darstellung*. Bd. 9: *Weimarer Republik und Drittes Reich 1918–1945*. Stuttgart 1995, S. 349f.

10 Nach ebd., S. 351.

11 Zum Folgenden vgl. Echternkamp, Jörg: *Nach dem Krieg. Alltagsnot, Neuorientierung und die Last der Vergangenheit 1945–1949*. Zürich 2003, S. 41–59.

12 Vgl. Wehler, Hans-Ulrich: *Deutsche Gesellschaftsgeschichte*, a.a.O., S. 951ff.

13 Zitiert nach Echternkamp, ebd., S. 176.

14 Friedrich Luft, »Wolfgang Borchert, ›Draußen vor der Tür‹«, in: *Die Neue Zeitung*, 24.04.1948. Zitiert nach Benz, Wolfgang: »Schwierigkeiten der Heimkehrer«, in: Kaminsky, Annette (Hg.), *Heimkehr 1948*. München 1998, S. 16.

15 Vgl. in vergleichender Perspektive Budde, Gunilla-Friederike: *Frauen arbeiten. Weibliche Erwerbstätigkeit in Ost- und Westdeutschland nach 1945*. Göttingen 1997; für Westdeutschland Oertzen, Christine von: *Teilzeitarbeit und*

die Lust am Zuverdienen. Geschlechterpolitik und gesellschaftlicher Wandel in Westdeutschland 1948–1969. Göttingen 1999, sowie Niehuss, Merith: *Familie, Frau und Gesellschaft. Studien zur Strukturgeschichte der Familie in Westdeutschland 1945–1960.* Göttingen 2001.

16 Landesarchiv Berlin F Rep 240 Acc 2651 Nr. 5, 462/5 f.

17 Naimark, Norman: *Die Russen in Deutschland. Die Sowjetische Besatzungszone 1945–1949.* München 1999, S. 19ff.

18 Das Folgende – soweit nicht anders vermerkt – nach Wolfrum, Edgar: *Die geglückte Demokratie. Geschichte der Bundesrepublik Deutschland von ihren Anfängen bis zur Gegenwart.* Stuttgart 2006, S. 24ff.

19 Nach von Plato / Leh, *Ein unglaublicher Frühling,* a.a.O., S. 11.

Alles in Trümmern? Abbau und Wiederaufbau der Wirtschaft

1 Vgl. zum Folgenden auch Zierenberg, Malte: *Stadt der Schieber. Der Berliner Schwarzmarkt 1939–1950.* Göttingen 2008.

2 Nach Wildt, Michael: *Der Traum vom Sattwerden. Hunger und Protest, Schwarzmarkt und Selbsthilfe.* Hamburg 1986, S. 73.

3 Vgl. Tony Judt, Tony: *Postwar. A History of Europe since 1945.* London 2007, S. 70ff.

4 Vgl. zum Folgenden: Wehler, Hans-Ulrich: *Deutsche Gesellschaftsgeschichte,* a.a.O., S. 872ff.

5 Tabelle nach Echternkamp, Jörg: *Nach dem Krieg,* a.a.O., S. 23.

6 Zitiert nach Münch, Ingo von (Hg.): *Dokumente des geteilten Deutschland. Quellentexte zur Rechtslage des Deutschen Reiches, der Bundesrepublik Deutschland und der Deutschen Demokratischen Republik.* Stuttgart 1968, S. 287f.

7 White, Osmar: *The Conquerors' Road.* Cambridge 1996, S. 126.

8 Zitiert nach Steininger, Rolf: *Deutsche Geschichte seit 1945,* a.a.O., S. 190.

9 Lenz, Siegfried: »Lehmanns Erzählungen oder So schön war mein Markt. Aus den Bekenntnissen eines Schwarzhändlers«, in: ders.: *Die Erzählungen 1959–1964,* München 1986, S. 313. © 1964 Hoffmann und Campe Verlag.

10 »Der Schwarze Markt der Armen« in: *Telegraf,* 03.09.1948, S. 4

11 Zitiert nach Rürup, Reinhard (Hg.): *Berlin 1945. Eine Dokumentation.* Berlin 1995, S. 135ff.

12 Friedmann, Werner: »Der Berg des Elends«, in: *Süddeutsche Zeitung,* 19.11.1946, Nr. 95; 2. Jg., S. 1.

13 Deutsches Historisches Museum (DHM), Rep I/ 2. Weltkrieg/ F1/ M, Tagebuch Deutmann, Eintrag vom 05.08.1945.

14 *Telegraf,* 31.08.1948, S. 4. Tempus geändert.

15 Zitiert nach Wolfrum, Edgar: *Die geglückte Demokratie,* a.a.O., S. 34.

16 Nach Wildt, Michael: *Der Traum vom Sattwerden,* a.a.O., S. 77.

17 Zitiert nach ebd., S. 48.

18 Ebd., S. 52.

19 Bunzenthal, Roland: »50 Jahre Marshall-Plan – Mythos und Motor der Marktwirtschaft«, in: *Frankfurter Rundschau,* 31. 05. 1997.

20 Vgl. http://www.dhm.de/lemo/objekte/pict/Nachkriegsjahre_plakatHinaus
WirBrauchenKeinenMarshallplan/index.html

21 Public Record Office (London) (PRO) FO 1005/862, S. 9.

22 PRO FO 1012/175, S. 138 (4).

23 Vgl. Benz, Wolfgang: *Deutschland unter alliierter Besatzung*, a.a.O., S. 190–194.

24 Übersicht über die Preise beim Preisamt der Stadt Berlin, Abt. Ernährung,
Aufstellung über die Wirkung der Einführung der Westmark auf die Preise.
FO 1012/326, Allied Commandantura, Trade and Industry Committee, Eco-
nomics - Currency and Prices, unpag.

25 Aderbauer, Ludwig: *Der Schwarze Markt als Folge der Geldunordnung*. München 1948, S. 1.

26 Vgl. Zündorf, Irmgard: *Der Preis der Marktwirtschaft*. München 2006.

27 Erhard, Ludwig: *Gedanken aus fünf Jahrzehnten. Reden und Schriften*. Düsseldorf 1998, S. 57.

28 Ebd., S. 58.

29 Ebd., S. 55.

30 Zitiert nach Steininger, Rolf: *Deutsche Geschichte seit 1945*, a.a.O., Bd. 2,
S. 140.

Flucht und Heimat

1 Ther, Philipp: *Deutsche und polnische Vertriebene. Gesellschaft und Vertriebe-
nenpolitik in der SBZ / DDR und in Polen 1945–1956*. Göttingen 1998, S. 13, 44;
Jacobmeyer, Wolfgang: *Vom Zwangsarbeiter zum Heimatlosen Ausländer. Die
Displaced Persons in Westdeutschland 1945–1951*. Göttingen 1985, S. 42; Wehler,
Hans-Ulrich: *Deutsche Gesellschaftsgeschichte*, a.a.O., Bd. 4, S. 944.

2 Frantzioch, Marion: *Die Vertriebenen. Hemmnisse, Antriebskräfte und Wege
ihrer Integration in der Bundesrepublik Deutschland*. Berlin 1987, S. 93; Ther,
Philipp: *Deutsche und polnische Vertriebene*, a.a.O., S. 12, 44; Wehler, Hans-
Ulrich: *Deutsche Gesellschaftsgeschichte*, a.a.O., Bd. 4, S. 945.

3 Mit den Zahlen wurde immer wieder Politik gemacht, und die exakten
Ziffern sind freilich nicht mit letzter Sicherheit zu ermitteln – siehe dazu
etwa: Plato, Alexander, von: »Vergangene Perspektiven? Schwerpunkte, Fragen und Probleme der Flüchtlingsforschung vor und nach der Wende«, in:
Hoffmann, Dierk / Krauss, Martina / Schwartz, Michael (Hg.): *Vertriebene
in Deutschland. Interdisziplinäre Ergebnisse und Forschungsperspektiven*.
München 2000, S. 87–107, hier S. 100.

4 Personen aus Vertriebenengebieten, die sich in den Jahren 1944/45 auf dem
Gebiet des heutigen Deutschland oder in alliierter Kriegsgefangenschaft
befanden.

5 Zitiert nach Henke, Josef: »Exodus aus Ostpreußen und Schlesien. Vier
Erlebnisberichte«, in: Benz, Wolfgang (Hg.): *Die Vertreibung der Deutschen
aus dem Osten. Ursachen, Ergebnisse, Folgen*. Frankfurt a. M. 1995, S. 114–131,
hier S. 124–125 und 131.

6 Mühlhauser, Regina: »Vergewaltigungen in Deutschland 1945. Nationaler

Opferdiskurs und individuelles Erinnern betroffener Frauen«, in: Naumann, Klaus (Hg.): *Nachkrieg in Deutschland*, a.a.O., S. 384–408.

7 Vgl. Ther,Philipp: *Deutsche und polnische Vertriebene*, a.a.O., S. 38–50.

8 Harasko, Alois: »Die Vertreibung der Sudetendeutschen. Sechs Erlebnisberichte«, in: Benz, Wolfgang (Hg.): *Die Vertreibung der Deutschen aus dem Osten. Ursachen, Ergebnisse, Folgen*, a.a.O., S. 132–147, hier S. 133,137 und147.

9 Zitiert nach: Ther, Philipp: *Deutsche und polnische Vertriebene*, a.a.O., S. 56f.

10 Zu den »wilden Vertreibungen« siehe ebd., S. 55–58.

11 Schraut, Sylvia: »Die westlichen Besatzungsmächte und die deutschen Flüchtlinge«, in: Hoffmann, Dierk /Schwartz, Michael (Hg.): *Geglückte Integration? Spezifika und Vergleichbarkeiten der Vertriebenen-Eingliederung in der SBZ/DDR*. München 1999, S. 33–46, hier S. 34.

12 Vgl. Ther, Philipp: *Deutsche und polnische Vertriebene*, a.a.O., S. 58–66.

13 Zitiert nach ebd., S. 61.

14 Ebd., S. 64.

15 Zitiert nach: Grube, Frank / Richter, Gerhard: *Flucht und Vertreibung. Deutschland zwischen 1945 und 1947*. Hamburg 1980, S. 172.

16 Ther, Philipp: *Deutsche und polnische Vertriebene*, a.a.O., S. 16, 175–188, 250–256; ders.: »Vertriebenenpolitik in der SBZ/DDR und in Polen 1945 bis 1950«, in: Hoffmann, Dierk /Schwartz, Michael (Hg.): *Geglückte Integration?* a.a.O., S. 137–159, bes. S. 145–148, 150-152; Schwartz, Michael: »›Zwangsheimat Deutschland‹. Vertriebene und Kernbevölkerung zwischen Gesellschaftskonflikt und Integrationspolitik«, in: Naumann, Klaus (Hg.): *Nachkrieg in Deutschland*, a.a.O., S. 114–148, hier S. 139/140; Bauerkämper, Arnd (Hg.): *»Junkerland in Bauernhand?« Durchführungen, Auswirkungen und Stellenwert der Bodenreform in der Sowjetischen Besatzungszone*. Stuttgart 1996.

17 Grosser, Thomas: »Von der freiwilligen Solidar- zur verordneten Konfliktgemeinschaft. Die Integration der Flüchtlinge und Vertriebenen in der deutschen Nachkriegsgesellschaft im Spiegel neuerer zeitgeschichtlicher Untersuchungen«, in: Hoffmann, Dierk / Krauss, Martina / Schwartz, Michael (Hg.): *Vertriebene in Deutschland*, a.a.O., S. 65–85. Ähnlich: Schwartz, Michael: »Zwangsheimat Deutschland«, in: Naumann, Klaus (Hg.): *Nachkrieg in Deutschland*, a.a.O., S. 114–148.

18 Zitiert nach ebd., S. 117

19 Ebd., S. 120–133; Grosser, Thomas: »Von der freiwilligen Solidar- zur verordneten Konfliktgemeinschaft«, in: Hoffmann, Dierk / Krauss, Martina / Schwartz, Michael (Hg.): *Vertriebene in Deutschland*, a.a.O., S. 65–85; Ther, Philipp: *Deutsche und polnische Vertriebene*, a.a.O., S. 251–253; Messerschmidt, Rolf: *Aufnahme und Integration der Vertriebenen und Flüchtlinge in Hessen 1945-1950. Zur Geschichte der hessischen Flüchtlingsverwaltung*. Wiesbaden 1994.

20 Ambrosius, Gerold: »Der Beitrag der Vertriebenen und Flüchtlinge zum Wachstum der westdeutschen Wirtschaft nach dem Zweiten Weltkrieg«, in: *Jahrbuch für Wirtschaftsgeschichte* 1996, Heft 2, S. 39–71; Schwartz, »Zwangsheimat Deutschland«, S. 124.

21 Schwartz, Michael: »Zwangsheimat Deutschland«, in: Naumann, Klaus (Hg.): *Nachkrieg in Deutschland*, a.a.O., S. 128–133.

22 Ebd., S. 133.

23 Hughes, Michael L.: *Shouldering the Burdens of Defeat. West Germany and the Reconstruction od Social Justice.* Chapel Hill 1999; Wiegand, Lutz: *Der Lastenausgleich in der Bundesrepublik Deutschland 1949 bis 1985.* Frankfurt a. M. 1992.

24 Biess, Frank: *Homecomings. Returning POWs and the Legacies of Defeat in Postwar Germany.* Princeton 2006; Biess, Frank: »›Pioneers of a New Germany‹. Returning German POWs from the Soviet Union and the Making of East German Citizens, 1945–1950«, in: *Central European History 32,* 1999, S. 143–180; Moeller, Robert: »›Germans as victims?‹ Thoughts on a Post-Cold War History of the 2nd World War«, in: *History and Memory 17,* Nr. 1–2, 2005, S. 23–46; Kaminsky, Annette (Hg.): *Heimkehr 1948.* München 1998; Dülffer, Jost: »Aussichtslose Kämpfe. Kriegsgefangenschaft und Rückkehr. Soldatenerfahrungen im Westen 1944–46«, in: ders (Hg.): »*Wir haben schwere Zeiten hinter uns«. Die Kölner Region zwischen Krieg und Nachkriegszeit.* Köln 1996.

25 Biess, Frank: »›Russenknechte‹ und ›Westagenten‹. Kriegsheimkehrer und die Legitimierung von Kriegsgefangenschaftserfahrungen in Ost- und Westdeutschland nach 1945«, in: Naumann, Klaus (Hg.): *Nachkrieg in Deutschland,* a.a.O., S. 59–89, hier S. 59; Benz, Wolfgang: »Schwierigkeiten mit der Heimkehr. Eine Einführung«, in: Kaminsky, Annette (Hg.): *Heimkehr 1948,* a.a.O., S. 13–21, hier S. 15.

26 Moeller, Robert G.: »Deutsche Opfer, Opfer der Deutschen. Kriegsgefangene, Vertriebene, NS-Verfolgte: Opferausgleich als Identitätspolitik«, in: Naumann, Klaus (Hg.): *Nachkrieg in Deutschland,* a.a.O., S. 29–58, hier S. 31.

27 Ihme-Tuchel, Beate: »Zwischen Tabu und Propaganda. Hintergründe und Probleme der ostdeutsch-sowjetischen Heimkehrerverhandlungen«, in: Kaminsky, Annette (Hg.): *Heimkehr 1948,* a.a.O., S. 38–54; Kaminsky, Annette: »›…Frankfurt, das glückliche Frankfurt …‹. Das zentrale Entlassungslager Gronenfelde«, in: Kaminsky, Annette (Hg.): *Heimkehr 1948,* a.a.O., S. 70–95, hier S. 70; Fischer, Jörg-Uwe: »›Die Heimat ruft‹. Sendungen und Kriegsgefangenen- und Heimkehrerproblematik im Rundfunk der Sowjetischen Besatzungszone«, in: Kaminsky, Annette (Hg.): *Heimkehr 1948,* a.a.O., S. 109.

28 Kaminsky, Annette: »›… Frankfurt, das glückliche Frankfurt …‹ « in: Kaminsky, Annette (Hg.): *Heimkehr 1948,* a.a.O., S. 70–95; Fischer, Jörg-Uwe: »Die Heimat ruft«, a.a.O., S. 106.

29 »›Herbst in Westfalen‹ Nowa Polska, Dezember 1945«, in: Deutscher, Isaac: *Reportagen aus Nachkriegsdeutschland.* Hamburg 1980, S. 64–76, hier S. 75.

30 Jacobmeyer, Wolfgang: *Vom Zwangsarbeiter zum Heimatlosen Ausländer,* a.a.O.

31 Eder, Angelika: »›Displaced Persons / Heimatlose Ausländer‹ als Arbeitskräfte in Westdeutschland«, in: *Archiv für Sozialgeschichte 42,* 2002, S. 1–17.

32 Jacobmeyer, Wolfgang: *Vom Zwangsarbeiter zum Heimatlosen Ausländer*, a.a.O., S. 43.

33 Ebd., S. 41, 60, 82/83, 165, 173; Echternkamp, Jörg: *Nach dem Krieg. Alltagsnot, Neuorientierung und die Last der Vergangenheit 1945–1949*. Zürich 2003, S. 65.

34 Judt, Tony: *Postwar. A History of Europe since 1945*. London 2005, S. 31; Jacobmeyer, Wolfgang: *Vom Zwangsarbeiter zum Heimatlosen Ausländer*, a.a.O., S. 37–39; Wehler, Hans-Ulrich: *Deutsche Gesellschaftsgeschichte*, a.a.O., Bd. 4, S. 945/946.

35 Jacobmeyer, Wolfgang: *Vom Zwangsarbeiter zum Heimatlosen Ausländer*, a.a.O., S. 126–134 (Zitat S. 131); Judt, Tony: *Postwar*, a.a.O., S. 30.

36 Jacobmeyer, Wolfgang: *Vom Zwangsarbeiter zum Heimatlosen Ausländer*, a.a.O., S. 123f..

37 Ebd., S. 134–151.

38 Ebd., S. 122; Echternkamp, Jörg: *Nach dem Krieg*, a.a.O., S. 62f.

39 Vgl. Eder, Angelika: »›Displaced Persons / Heimatlose Ausländer‹ als Arbeitskräfte in Westdeutschland., in: *Archiv für Sozialgeschichte 42*, 2002, S. 1–17; Judt, Tony: *Postwar*, a.a.O., S. 31.

40 Jacobmeyer, Wolfgang: *Vom Zwangsarbeiter zum Heimatlosen Ausländer*, a.a.O., S. 43.

41 Goldhagen, Daniel: *Hitlers willige Vollstrecker. Ganz gewöhnliche Deutsche und der Holocaust*. Berlin 1996, S. 388ff.; Jacobmeyer, Wofgang: *Vom Zwangsarbeiter zum Heimatlosen Ausländer*, a.a.O., S. 43; Echternkamp, Jörg: *Nach dem Krieg*, a.a.O. S. 65.

42 Brink, Cornelia: *Ikonen der Vernichtung. Öffentlicher Gebrauch von Fotografien aus nationalsozialistischen Vernichtungslagern nach 1945*. Berlin 1998; Derenthal, Ludger: *Bilder der Trümmer- und Aufbaujahre. Fotografie im sich teilenden Deutschland*. Marburg 1999, S. 16–43.

43 Arendt, Hannah: *Besuch in Deutschland*. Berlin 1993, S. 48.

44 Zitiert nach Brink, Cornelia: »›Ungläubig stehen oft Leute vor den Bildern von Leichenhaufen abgemagerter Skelette…‹ KZ-Fotografien auf Plakaten – Deutschland 1945«, in: *Auschwitz. Geschichte, Rezeption und Wirkung. Jahrbuch 1996 zur Geschichte und Wirkung des Holocaust*, hg. vom Fritz-Bauer-Institut. Frankfurt a. M. / New York 1996, S. 189–222, hier S. 190.

45 Ebd., S. 206–210.

46 Brenner, Michael: *Nach dem Holocaust. Juden in Deutschland 1945-1950*. München 1995, S. 61f.; Judt, Tony. *Postwar*, a.a.O., S. 32.

47 Epstein, Catherine: *The Last Revolutionaries. German Communists and Their Century*. Cambridge/Mass. 2003.

48 Malanowski, Wolfgang: »›Stunde Null‹ oder ›Pausenzeichen der Geschichte‹? Die Zusammenbruchsgesellschaft«, in: ders. (Hg.): *1945. Deutschland in der Stunde Null*. Reinbek 1985, S. 11.

49 Fischer, Jörg-Uwe: »Die Heimat ruft«, in: Kaminsky, Annette (Hg.): *Heimkehr 1948*, a.a.O., S. 96–116.

50 Vgl. dazu Gerhardt, Uta: »Bilanz der soziologischen Literatur zur Integration der Vertriebenen und Flüchtlinge nach 1945«, in: Hoffmann, Dierk /

Krauss, Martina / Schwartz, Michael (Hg.): Vertriebene in Deutschland, a.a.O., S. 41–63, hier S. 49–52.

51 Höfig, Willi: Der deutsche Heimatfilm 1947–1960. Stuttgart 1973; Beindorf, Claudia: Terror des Idylls. Die kulturelle Konstruktion von Gemeinschaften im deutschen Heimatfilm und im schwedischen Landsbygdsfilm 1930–1960. Baden-Baden 2001.

52 Schneider, Franka:»›Einigkeit im Unglück?‹ Berliner Eheberatungsstellen zwischen Ehekrise und Wiederaufbau«, in: Naumann, Klaus (Hg.): Nachkrieg in Deutsachland, a.a.O., S. 206–226; Steinbach, Peter:»Die sozialgeschichtliche Dimension der Kriegsheimkehr«, in: Kaminsky, Annette (Hg.): Heimkehr 1948, a.a.O., S. 325–340, hier S. 330; Plato, Alexander von,»Vergangene Perspektiven?«, in: Hoffmann, Dierk / Krauss, Martina / Schwartz, Michael (Hg.): Vertriebene in Deutschland. Interdisziplinäre Ergebnisse und Forschungsperspektiven, a.a.O., S. 105.

Auf der Flucht vor dem Gestern – Die Schatten der Vergangenheit

1 Broszat, Martin / Henke, Klaus-Dietmar / Woller, Hans (Hg.): Von Stalingrad zur Währungsreform. Zur Sozialgeschichte des Umbruchs in Deutschland. München 1988, S. XXV–XLIX.

2 Nolzen, Armin: Die NSDAP, der Krieg und die deutsche Gesellschaft, in: Das Deutsche Reich und der Zweite Weltkrieg, Bd. 9: Die deutsche Kriegsgesellschaft 1939 bis 1945, Teilband 1: Politisierung - Vernichtung - Überleben. Im Auftrag des Militärgeschichtlichen Forschungsamtes hg. von Jörg Echternkamp. München 2004, S. 99–193, hier S. 101, 103.

3 Merritt, A. J. / Merritt, R. L.: Public Opinon in Occupied Germany. The OMGUS Surveys 1945–1949. Urbana 1970, S. 171/172; Eschenburg, Theodor: Jahre der Besatzung. 1945–1949. Stuttgart 1983, S. 431f.; Wehler, Hans-Ulrich: Deutsche Gesellschaftsgeschichte, Bd. 4: Vom Beginn des Ersten Weltkriegs bis zur Gründung der beiden deutschen Staaten 1914–1949. München 2003, S. 982.

4 Zitiert nach Hirschfeld, Gerhard / Renz, Irina (Hrsg.): Besiegt und befreit. Stimmen vom Kriegsende 1945. Gerlingen 1995, S. 126, 131f.

5 Gellhorn, Martha: Das Gesicht des Krieges. Reportagen 1937–1987. München 1989, zitiert nach Echternkamp, Jörg: Nach dem Krieg. Alltagsnot, Neuorientierung und die Last der Vergangenheit 1945–1949. Zürich 2003, S. 158.

6 Amtliche Verlautbarung über die Konferenz von Jalta vom 03.–11.2.1945, in: Vollnhals, Clemens (Hg.): Entnazifizierung. Politische Säuberung und Rehabilitierung in den vier Besatzungszonen 1945–1949. München 1991, S. 7, 98.

7 Amerikanische Besatzungsdirektive JCS 1067 vom 26.04.1945, in: Vollnhals, Clemens (Hg.): Entnazifizierung, a.a.O., S. 99

8 Taylor, Telford: Die Nürnberger Prozesse. Hintergründe, Analysen und Erkenntnisse aus heutiger Sicht. München 1994, S. 733

9 Zitiert nach: Diller, Ansgar / Mühl-Benninghaus, Wolfgang (Hg.): Berichterstattung über den Nürnberger Prozess gegen die Hauptkriegsverbrecher 1945/46.

Potsdam 1998, S.187-188. Vgl. auch Radlmeier, Steffen: *Der Nürnberger Lern-prozess. Von Kriegsverbrechern und Starreportern.* Frankfurt a. M. 2001.

10 Rümelin, Fritz: »Die Nürnberger Rechtsprechung«, in: Rümelin, Hans A. (Hg.): *So lebten wir... Ein Querschnitt durch 1947.* Heilbronn 1948, S. 119–120, hier S. 119.

11 Echternkamp, Jörg: Nach dem Krieg, S. 174.

12 Görtemaker, Manfred: *Geschichte der Bundesrepublik Deutschland. Von der Gründung bis zur Gegenwart.* Frankfurt a. M. 2004, S. 27.

13 Broszat, Martin: »Siegerjustiz oder strafrechtliche ›Selbstreinigung‹. Aspekte der Vergangenheitsbewältigung der deutschen Justiz während der Besat-zungszeit 1945–1949«, in: *Vierteljahrshefte für Zeitgeschichte 29,* 1981, S. 477–544; Rückerl, Adalbert: *NS-Verbrechen vor Gericht. Versuch einer Vergangenheitsbewältigung.* Heidelberg ²1984, S. 210.

14 Frei, Norbert: *Vergangenheitspolitik. Die Anfänge der Bundesrepublik und die NS-Vergangenheit.* München 1996, S. 29–53; Boberach, Heinz: »Die Verfolgung von Verbrechen gegen die Menschlichkeit durch die deutschen Gerichte in Nordrhein-Westfalen 1946–1949«, in: *Geschichte im Westen 12,* 1997, S. 7–23, hier S. 22 (Zitat).

15 Zu den sechziger Jahren siehe: Miquel, Marc von: *Ahnden oder amnestieren? Westdeutsche Justiz und Vergangenheitspolitik in den sechziger Jahren.* Göttin-gen 2004.

16 Zitiert nach: Schick, Christa: »Die Internierungslager«, in: Broszat, Martin / Henke, Klaus-Dietmar / Woller, Hans (Hg.): *Von Stalingrad zur Währungsre-form. Zur Sozialgeschichte des Umbruchs in Deutschland.* München 1988, S. 301–325, hier S. 307.

17 Schwerin von Krosigk, Lutz: *Memoiren.* Stuttgart 1977, S. 258.

18 Wien, Otto: *Ein Leben und viermal Deutschland. Erinnerungen aus siebzig Lebensjahren 1906–1976.* Düsseldorf 1978, S. 495.

19 Echternkamp, Jörg: *Nach dem Krieg,* a.a.O., S. 161; Rauh-Kühne, Cornelia: »Die Entnazifizierung und die deutsche Gesellschaft«, in: *Archiv für Sozial-geschichte 35,* 1995, S. 35–70, hier S. 38f.; Wehler, Hans-Ulrich *Deutsche Gesell-schaftsgeschichte,* a.a.O., Bd. 4, S. 957.

20 Vollnhals, Clemens: *Entnazifizierung,* a.a.O., S. 9, 11; Rauh-Kühne, Cornelia: »Die Entnazifizierung und die deutsche Gesellschaft«, a.a.O., S. 39f.

21 Vollnhals, Clemens: *Entnazifizierung,* a.a.O., S. 12, 14/15; Rauh-Kühne, Cor-nelia: »Die Entnazifizierung und die deutsche Gesellschaft«, a.a.O., S. 43.

22 Rauh-Kühne, Cornelia: ebd. S. 45f.

23 Possekel, Ralf: »Einleitung. Sowjetische Lagerpolitik in Deutschland«, in: Mironenko, Sergej / Niethammer, Lutz / Plato, Alexander von (Hg.): *Sow-jetische Speziallager in Deutschland 1945 bis 1950,* Bd. 1. Berlin 1998, S. 17. Vgl. insgesamt: Mironenko, Sergej / Niethammer, Lutz / Plato, Alexander von (Hg.): *Sowjetische Speziallager in Deutschland 1945 bis 1950,* 2 Bde. Berlin 1998. Vgl. auch: Plato, Alexander von / Leh, Almut: *Ein unglaublicher Früh-ling. Erfahrene Geschichte im Nachkriegsdeutschland 1945–1948,* Bonn 1997, S. 360–364.

24 Mironenko, Sergej / Niethammer, Lutz / Plato, Alexander von (Hg.): *Sowjetische Speziallager in Deutschland 1945 bis 1950*, Bd. 2. Berlin 1998, S. 66.

25 Vollnhals, Clemens: *Entnazifizierung*, a.a.O., S. 53.

26 Siehe zum Folgenden: Vollnhals, Clemens: *Entnazifizierung*, a.a.O., S. 43–55.

27 *Neues Deutschland*, 21.02.1947.

28 Vollnhals, Clemens: *Entnazifizierung*, a.a.O., S. 47; Wehler, Hans-Ulrich: *Deutsche Gesellschaftsgeschichte*, a.a.O., Bd. 4, S. 957.

29 Vollnhals, Clemens: *Entnazifizierung*, a.a.O., S. 53.

30 Wehler, Hans-Ulrich: *Deutsche Gesellschaftsgeschichte*, a.a.O., Bd. 4, S. 962.

31 von Salomon, Ernst: *Der Fragebogen*. Reinbek 1961, S. 44.

32 Rauh-Kühne, Cornelia: »Die Entnazifizierung und die deutsche Gesellschaft«, a.a.O., S. 48–50.

33 Fürstenau, Justus: *Entnazifizierung. Ein Kapitel deutscher Nachkriegsgeschichte*. Neuwied / Berlin 1969, S. 228; Rauh-Kühne, Cornelia: »Die Entnazifizierung und die deutsche Gesellschaft«, a.a.O., S. 58–64.

34 Wehler, Hans-Ulrich: *Deutsche Gesellschaftsgeschichte*, a.a.O., Bd. 4, S. 958; Görtemaker, Manfred: *Geschichte der Bundesrepublik Deutschland von der Gründung bis zur Gegenwart*. München 1999, S. 26. Vgl. auch Vollnhals, Clemens: *Entnazifizierung*, a.a.O., S. 13.

35 Vollnhals, Clemens: *Entnazifizierung*, a.a.O., S. 262-272; Görtemaker, Manfred: *Geschichte der Bundesrepublik Deutschland*, a.a.O., S. 26.

36 Rauh-Kühne, Cornelia: »Die Entnazifizierung und die deutsche Gesellschaft«, a.a.O., S. 51.

37 Woller, Hans: *Gesellschaft und Politik in der Amerikanischen Besatzungszone. Die Region Ansbach-Fürth*. München 1986, S. 125, 160f.; Niethammer, Lutz: *Die Mitläuferfabrik. Die Entnazifizierung am Beispiel Bayerns*. Berlin / Bonn 1982, S. 336, 536f.

38 Woller, Hans: *Gesellschaft und Politik*, a.a.O., S. 139; Rauh-Kühne, Cornelia: »Die Entnazifizierung und die deutsche Gesellschaft«, a.a.O., S. 56.

39 Niethammer, Lutz: *Die Mitläuferfabrik*, a.a.O., S. 626f., 604.

40 Vollnhals, Clemens: *Entnazifizierung*, a.a.O., S. 21; Rauh-Kühne, Cornelia: »Die Entnazifizierung und die deutsche Gesellschaft«, a.a.O., S. 55.

41 Fürstenau, Justus: *Entnazifizierung*, a.a.O., S. 228; Rauh-Kühne, Cornelia: »Die Entnazifizierung und die deutsche Gesellschaft«, a.a.O., S. 55.

42 Klemperer, Victor: *So sitze ich denn zwischen allen Stühlen. Tagebücher 1945–1949*. Berlin 1999, S. 242 (Eintrag vom 10. Mai 1946).

43 Zitiert nach Echternkamp, Jörg: *Nach dem Krieg*, a.a.O., S. 217 (Echternkamp beruft sich auf eine Meinungsumfrage des Allensbacher Instituts aus dem Jahre 1949).

44 Niethammer, Lutz: *Die Mitläuferfabrik*, a.a.O., S. 614; Woller, Hans: *Gesellschaft und Politik*, a.a.O., S. 147.

45 Dorn, Walter L.: *Inspektionsreisen in der US-Zone. Notizen, Denkschriften und Erinnerungen aus dem Nachlass* (hg. von Lutz Niethammer). Stuttgart 1973, S. 106.

46 Fürstenau, Justus: *Entnazifizierung*, a.a.O., S. 227f.; Echternkamp, Jörg: *Nach dem Krieg*, a.a.O., S. 163.

47 Vollnhals, Clemens: *Entnazifizierung*, a.a.O., S. 23; Rauh-Kühne, Cornelia: »Die Entnazifizierung und die deutscheGesellschaft«, a.a.O.S. 56f.

48 Niethammer, Lutz, *Die Mitläuferfabrik*, a.a.O., S.549; Rauh-Kühne, Cornelia: »Die Entnazifizierung und die deutsche Gesellschaft«, a.a.O., S. 64–66; Wrobel, Heinz: *Verurteilt zur Demokratie. Justiz und Justizpolitik in Deutschland, 1945–1949*. Heidelberg 1989, S. 149. Zu den Richtern und Juristen siehe auch: Müller, Ingo: *Furchtbare Juristen. Die unbewältigte Vergangenheit unserer Justiz*. München 1987, bes. S. 210–221.

49 Merrit, A. J. /Merrit, R. L.: *Public Opinion in Occupied Germany*, a.a.O. S. 304/305.

50 Hammer, Karl: »Entnazifizierung«, in: Rümelin, Hans A. (Hg.): *So lebten wir... Ein Querschnitt durch 1947*, a.a.O., S. 121–126, hier S. 123.

51 Vollnhals, Clemens: *Entnazifizierung*, a.a.O., S. 62. Vgl. insgesamt zu dieser Problematik: Frei, Norbert: *Vergangenheitspolitik*, a.a.O., passim.

52 Fleiter, Rüdiger: »Die Ludwigsburger Zentrale Stelle und ihr politisches und gesellschaftliches Umfeld«, in: *Geschichte in Wissenschaft und Unterricht 53*, 2002, S. 32–50.

53 Ruck, Michael: *Korpsgeist und Staatsbewusstsein. Beamte im deutschen Südwesten 1928 bis 1972*. München 1996.

Neue Freunde, neue Feinde – Das Verhältnis der Deutschen zu den Supermächten und die Teilung des Landes

1 Zitiert nach: Steininger, Rolf: *Deutsche Geschichte seit 1945. Darstellung und Dokumente in vier Bänden. Bd. 1: 1945–1947*, Frankfurt a. M. 1996, S. 55.

2 Zitiert nach ebd., Bd. 1, Frankfurt a. M. 1996, S. 47 ff.

3 LAB F Rep 240 Acc 2651 Nr. 6, 748/5.

4 Daum, Andreas: *Kennedy in Berlin. Politik, Kultur und Emotionen im Kalten Krieg*. Paderborn 2003, S. 147 und 149.

5 *Berlin 1945–1948. Contributions to the History of the City*. Leipzig 1961, unpaginierter Anhang.

6 Zitiert nach: Steininger, Rolf, a.a.O., S. 214 ff.

7 Zitiert nach: Kommission Betriebsgeschichte / Betriebsarchiv des VEB Filmarchiv Wolfen (Hg.): *Freundschaft für immer. 20 Jahre »Gesellschaft für deutsch-sowjetische Freundschaft«*. Betriebsgruppe Filmfabrik Wolfen. Wolfen 1967, S. 5.

8 Mann, Golo: Vom Geist Amerikas, Stuttgart ²1955, S. 28; auch in Krakau, Knud: »Zwischen alten Stereotypen und neuen Realitäten: Westdeutsche Bilder der USA«, in: Junker, Detlev (Hg.): *Die USA und Deutschland im Zeitalter des Kalten Krieges 1945–1990. Ein Handbuch. Bd. 1: 1945–1968*, München 2001, S. 924.

9 Dönhoff, Marion Gräfin: *Amerikanische Wechselbilder. Beobachtungen und Kommentare aus vier Jahrzehnten*, Stuttgart 1983, S. 7; auch in: Krakau, Knud:

»Zwischen alten Stereotypen und neuen Realitäten: Westdeutsche Bilder der USA«, in: Junker, Detlev (Hg.): *Die USA und Deutschland im Zeitalter des Kalten Krieges 1945–1990*, a.a.O., S. 924f.

10 Zitiert nach Krakau, Knud: »Zwischen alten Stereotypen und neuen Realitäten: Westdeutsche Bilder der USA«, in: Junker, Detlev (Hg.): *Die USA und Deutschland im Zeitalter des Kalten Krieges 1945–1990*, a.a.O., S. 930.

11 Zitiert nach Schnoor, Rainer: »Das gute und das schlechte Amerika: Wahrnehmungen der USA in der DDR«, in: Junker, Detlev (Hg.): *Die USA und Deutschland im Zeitalter des Kalten Krieges 1945–1990*, a.a.O., S. 934.

Ausgewählte Literaturhinweise

Abelshauser, Werner: *Deutsche Wirtschaftsgeschichte seit 1945*. München 2004.

Aderbauer, Ludwig: *Der Schwarze Markt als Folge der Geldunordnung*. München 1948.

Afflerbach, Holger / Cornelissen, Christoph: *Sieger und Besiegte. Materielle und ideelle Neuorientierungen nach 1945*. Tübingen 1997.

Ambrosius, Gerold: »Der Beitrag der Vertriebenen und Flüchtlinge zum Wachstum der westdeutschen Wirtschaft nach dem Zweiten Weltkrieg«, in: *Jahrbuch für Wirtschaftsgeschichte* 1996, Heft 2, S. 39–71.

Anonyma: *Eine Frau in Berlin. Tagebuch-Aufzeichnungen vom 20. April bis 22. Juni 1945*. Frankfurt a. M. 2003.

Baar, Lothar u.a. (Hg.): *Kriegsfolgen und Kriegslasten Deutschlands. Zerstörungen, Demontagen, Reparationen*. Berlin 1993.

Bauerkämper, Arnd (Hg.): *»Junkerland in Bauernhand?« Durchführungen, Auswirkungen und Stellenwert der Bodenreform in der Sowjetischen Besatzungszone*. Stuttgart 1996.

Behrends, Jan C.: *Die erfundene Freundschaft. Propaganda für die Sowjetunion in Polen und der DDR (1944–1957)*. Köln 2005.

Beindorf, Claudia: *Terror des Idylls. Die kulturelle Konstruktion von Gemeinschaften im deutschen Heimatfilm und im schwedischen Landsbygdsfilm 1930–1960*. Baden-Baden 2001.

Benz, Wolfgang (Hg.): *Die Vertreibung der Deutschen aus dem Osten. Ursachen, Ergebnisse, Folgen*. Frankfurt a. M. 1995.

Ders.: »Schwierigkeiten der Heimkehr«, in: Kaminsky, Annette (Hg.): *Heimkehr 1948*. München 1998, S. 13–21.

Ders. (Hg.): *Deutschland unter alliierter Besatzung 1945–1949/55. Ein Handbuch*. Berlin 1999.

Ders.: »Wirtschaftsentwicklung von 1945 bis 1949«, in: *Informationen zur politischen Bildung*. Bonn 1995, Heft 259, S. 44–52.

Bessel, Richard / Jessen, Ralph (Hg.): *Die Grenzen der Diktatur*. Göttingen 1997.

Biess, Frank: *Homecomings. Returning POWs and the Legacies of Defeat in Postwar Germany*. Princeton 2006.

Blank, Ralf: »Kriegsalltag und Luftkrieg an der ›Heimatfront‹«, in: *Das Deutsche Reich und der Zweite Weltkrieg. Bd. 9/2: Die Deutsche Kriegsgesellschaft 1939 bis 1945. Ausbeutung, Deutungen, Ausgrenzung*. Hg. v. Echternkamp, Jörg. München 2005, S. 357–461.

Boberach, Heinz: »Die Verfolgung von Verbrechen gegen die Menschlichkeit durch die deutschen Gerichte in Nordrhein-Westfalen 1946–1949«, in: *Geschichte im Westen* 12, 1997, S. 7–23.

Boelcke, Willi A.: *Der Schwarzmarkt. Vom Überleben nach dem Kriege*. Stuttgart 1986.

Bolz, Rüdiger: *Synchronopse des Zweiten Weltkriegs 1939–1945*. Düsseldorf 1983.

Brenner, Michael: *Nach dem Holocaust. Juden in Deutschland 1945–1950*. München 1995.

Brink, Cornelia: »Ungläubig stehen oft Leute vor den Bildern von Leichenhaufen abgemagerter Skelette…«. KZ-Fotografien auf Plakaten – Deutschland 1945«, in: *Auschwitz. Geschichte, Rezeption und Wirkung. Jahrbuch 1996 zur Geschichte und Wirkung des Holocaust*. Hg. vom Fritz-Bauer-Institut. Frankfurt a. M. / New York 1996, S. 189–222.

Dies.: *Ikonen der Vernichtung. Öffentlicher Gebrauch von Fotografien aus nationalsozialistischen Vernichtungslagern nach 1945*. Berlin 1998.

Broszat, Martin: »Siegerjustiz oder strafrechtliche ›Selbstreinigung‹. Aspekte der Vergangenheitsbewältigung der deutschen Justiz während der Besatzungszeit 1945–1949«, in: *Vierteljahrshefte für Zeitgeschichte 29*, 1981, S. 477–544.

Broszat, Martin / Henke, Klaus-Dietmar / Woller, Hans (Hg.): *Von Stalingrad zur Währungsreform. Zur Sozialgeschichte des Umbruchs in Deutschland*. München ³1990.

Buchheim, Christoph (Hg.): *Wirtschaftliche Folgelasten des Krieges in der SBZ/ DDR*. Baden-Baden 1995.

Budde, Gunilla-Friederike: *Frauen arbeiten. Weibliche Erwerbstätigkeit in Ost- und Westdeutschland nach 1945*. Göttingen 1997.

Corni, Gustavo / Gies Horst, *Brot, Butter, Kanonen. Die Ernährungswirtschaft in Deutschland unter der Diktatur Hitlers*. Berlin 1997.

Daum, Andreas: *Kennedy in Berlin. Politik, Kultur und Emotionen im Kalten Krieg*. Paderborn 2003.

Derenthal, Ludger: *Bilder der Trümmer- und Aufbaujahre. Fotografie im sich teilenden Deutschland*. Marburg 1999.

Diller, Ansgar / Mühl-Benninghaus, Wolfgang (Hg.): *Berichterstattung über den Nürnberger Prozess gegen die Hauptkriegsverbrecher 1945/46*. Potsdam 1998.

Doering-Manteuffel, Anselm: *Wie westlich sind die Deutschen? Amerikanisierung und Westernisierung im 20. Jahrhundert*. Göttingen 1999.

Ders.: »Wie westlich sind die Deutschen? Überlegungen zum Verhältnis von Amerikanisierung und Westernisierung in der westdeutschen Gesellschaft«. Vortrag vom 12. Mai 1999 im Zentrum für Zeithistorische Forschung Potsdam. www.zzf-pdm.de/bull/pdf/b17/manteuf.pdf

Dülffer, Jost: »Aussichtslose Kämpfe. Kriegsgefangenschaft und Rückkehr. Soldatenerfahrungen im Westen 1944–46«, in: Ders (Hg.): »*Wir haben schwere Zeiten hinter uns«. Die Kölner Region zwischen Krieg und Nachkriegszeit*. Köln 1996.

Echternkamp, Jörg: *Nach dem Krieg. Alltagsnot, Neuorientierung und die Last der Vergangenheit 1945–1949*. Zürich 2003.

Epstein, Catherine: *The Last Revolutionaries. German Communists and Their Century*. Cambridge/Mass. 2003.

Erhard, Ludwig: *Gedanken aus fünf Jahrzehnten. Reden und Schriften*. Düsseldorf 1998.

Erker, Paul: *Ernährungskrise und Nachkriegsgesellschaft. Bauern und Arbeiterschaft in Bayern 1943–1953*. Stuttgart 1990.

Fleiter, Rüdiger: »Die Ludwigsburger Zentrale Stelle und ihr politisches und gesellschaftliches Umfeld«, in: *Geschichte in Wissenschaft und Unterricht 53*, 2002, S. 32–50.

Frantzioch, Marion: *Die Vertriebenen. Hemmnisse, Antriebskräfte und Wege ihrer Integration in der Bundesrepublik Deutschland*. Berlin 1987.

Frei, Norbert: *Vergangenheitspolitik. Die Anfänge der Bundesrepublik und die NS-Vergangenheit*. München 1996.

Fürstenau, Justus: *Entnazifizierung. Ein Kapitel deutscher Nachkriegsgeschichte*. Neuwied / Berlin 1969.

Gassert, Philipp: *Amerika im Dritten Reich. Ideologie, Propaganda und Volksmeinung 1933–1945*. Stuttgart 1997.

Gelfand, Wladimir: *Deutschland-Tagebuch 1945/46. Aufzeichnungen eines Rotarmisten*. Berlin 2005.

Görtemaker, Manfred: *Geschichte der Bundesrepublik Deutschland*. München 2003.

Gries, Rainer: *Die Rationen-Gesellschaft. Versorgungskampf und Vergleichsmentalität: Leipzig, München und Köln nach dem Kriege*. Münster 1991.

Großbölting, Thomas / Thamer, Hans-Ulrich (Hg.): *Die Errichtung der Diktatur. Transformationsprozesse in der Sowjetischen Besatzungszone und in der frühen DDR*. Münster 2003.

Grube, Frank / Richter, Gerhard: *Flucht und Vertreibung. Deutschland zwischen 1945 und 1947*. Hamburg 1980.

Henke, Klaus-Dietmar: *Die amerikanische Besetzung Deutschlands*. München 1995.

Hixson, Walter L.: *Parting the Curtain. Propaganda, Culture and the Cold War, 1945–1961*. London 1997.

Hoffmann, Dierk /Schwartz, Michael (Hg.): *Geglückte Integration? Spezifika und Vergleichbarkeiten der Vertriebenen-Eingliederung in der SBZ/DDR*. München 1999.

Hoffmann, Dierk / Krauss, Martina / Schwartz, Michael (Hg.): *Vertriebene in Deutschland. Interdisziplinäre Ergebnisse und Forschungsperspektiven*. München 2000.

Höfig, Willi: *Der deutsche Heimatfilm 1947–1960*. Stuttgart 1973.

Hughes, Michael L.: *Shouldering the Burdens of Defeat. West Germany and the Reconstruction of Social Justice*. Chapel Hill 1999.

Hürten, Heinz (Hg.): *Deutsche Geschichte in Quellen und Darstellung. Bd. 9: Weimarer Republik und Drittes Reich. 1918–1945*. Stuttgart 1995.

Jacobmeyer, Wolfgang: *Vom Zwangsarbeiter zum Heimatlosen Ausländer. Die Displaced Persons in Westdeutschland 1945–1951*. Göttingen 1985.

Jarausch, Konrad H. / Siegrist, Hannes (Hg.): *Amerikanisierung und Sowjetisierung in Deutschland 1945–1970*. Frankfurt a. M. 1997.

Junker, Detlev (Hg.): *Die USA und Deutschland im Zeitalter des Kalten Krieges 1945–1990. Ein Handbuch. Bd. 1: 1945–1968*, München 2001.

Judt, Tony: Postwar. *A History of Europe since 1945*. London 2007.

Kaminsky, Annette (Hg.): *Heimkehr 1948*. München 1998.

Dies.: *Illustrierte Konsumgeschichte der DDR*. Erfurt 1999.

Kardorff, Ursula von: *Berliner Aufzeichnungen 1942 bis 1945*. Unter Verwendung der Original-Tagebücher neu hg. und kommentiert von Peter Hart. München 1997.

Klemperer, Victor: *LTI. Notizbuch eines Philologen*. Leipzig 1999.

Kleßmann, Christoph: *Die doppelte Staatsgründung. Deutsche Geschichte 1945–1955*. Göttingen 1991.

Ders.: *The Divided Past. Rewriting Post-War German History*. Oxford 2001.

Kruse, Peter (Hg.): *Bomben, Trümmer, Lucky Strikes. Die Stunde Null in bisher unbekannten Manuskripten*. Berlin 2004.

Maase, Kaspar: *BRAVO Amerika. Erkundungen zur Jugendkultur der Bundesrepublik in den fünfziger Jahren*. Hamburg 1992.

Merritt, A. J. / Merritt, R. L.: *Public Opinon in Occupied Germany. The OMGUS Surveys 1945–1949*. Urbana 1970.

Messerschmidt, Rolf: *Aufnahme und Integration der Vertriebenen und Flüchtlinge in Hessen 1945–1950. Zur Geschichte der hessischen Flüchtlingsverwaltung*. Wiesbaden 1994.

Miquel, Marc von: *Ahnden oder amnestieren? Westdeutsche Justiz und Vergangenheitspolitik in den sechziger Jahren*. Göttingen 2004.

Mironenko, Sergej / Niethammer, Lutz / Plato, Alexander von (Hg.): *Sowjetische Speziallager in Deutschland 1945 bis 1950*, 2 Bde. Berlin 1998.

Moeller, Robert G.: *West Germany under Construction. Politics, Society, and Culture in the Adenauer Era*. Ann Arbor 1997.

Ders.: »›Germans as victims?‹ Thoughts on a Post-Cold War History of the 2nd World War«, in: *History and Memory 17*, Nr. 1–2, 2005, S. 23–46.

Müller, Ingo: *Furchtbare Juristen. Die unbewältigte Vergangenheit unserer Justiz*. München 1987.

Münch, Ingo von (Hg.): *Dokumente des geteilten Deutschlands. Quellentexte zur Rechtslage des Deutschen Reiches, der Bundesrepublik Deutschland und der Deutschen Demokratischen Republik*. Stuttgart 1968.

Naimark, Norman: *Die Russen in Deutschland. Die Sowjetische Besatzungszone 1945–1949*. München 1999.

Naumann, Klaus (Hg.): *Nachkrieg in Deutschland*. Hamburg 2001.

Niehuss, Merith: *Familie, Frau und Gesellschaft. Studien zur Strukturgeschichte der Familie in Westdeutschland 1945–1960*. Göttingen 2001.

Oertzen, Christine von: *Teilzeitarbeit und die Lust am Zuverdienen. Geschlechterpolitik und gesellschaftlicher Wandel in Westdeutschland 1948–1969*, Göttingen 1999.

Niethammer, Lutz: *Die Mitläuferfabrik. Die Entnazifizierung am Beispiel Bayerns*. Berlin / Bonn 1982.

Ders.: »Privat-Wirtschaft. Erinnerungsfragmente einer anderen Umerziehung«, in: ders. (Hg.), »*Hinterher merkt man, dass es richtig war, dass es schiefgegangen ist*«. *Nachkriegs-Erfahrungen im Ruhrgebiet*, Berlin 1983, S. 17–105.

Plato, Alexander von / Leh, Almut: *Ein unglaublicher Frühling. Erfahrene Geschichte im Nachkriegsdeutschland 1945–1948*. Bonn 1997.

Poiger, Uta G.: *Jazz, Rock, and Rebels: Cold War Politics and American Culture in a Divided Germany.* Berkeley 2000.

Radlmeier, Steffen: *Der Nürnberger Lernprozess. Von Kriegsverbrechern und Starreportern.* Frankfurt a. M. 2001.

Rauh-Kühne, Cornelia: »Die Entnazifizierung und die deutsche Gesellschaft«, in: *Archiv für Sozialgeschichte 35*, 1995, S. 35–70.

Ruck, Michael: *Korpsgeist und Staatsbewusstsein. Beamten im deutschen Südwesten 1928 bis 1972.* München 1996.

Rückerl, Adalbert: *NS-Verbrechen vor Gericht. Versuch einer Vergangenheitsbewältigung.* Heidelberg ²1984.

Rupieper, Hermann-Josef: *Die Wurzeln der westdeutschen Nachkriegsdemokratie. Der amerikanische Beitrag 1945–1952.* Opladen 1993.

Schelsky,Helmut: »Die Flüchtlingsfamilie«, in: *Kölner Zeitschrift für Soziologie*, Heft 2, Jg. 3, 1950/51, S. 159–177.

Schildt, Axel / Sywottek, Arnold (Hg.): *Modernisierung im Wiederaufbau. Die westdeutsche Gesellschaft der 50er Jahre.* Bonn 1998.

Schissler, Hanna: *The Miracle Years. A Cultural History of West Germany, 1949–1968.* Princeton 2001.

Schmitz, Hubert: *Die Bewirtschaftung der Nahrungsmittel und Verbrauchsgüter 1939-1950. Dargestellt am Beispiel der Stadt Essen.* Essen 1956.

Steiner, André: *Von Plan zu Plan. Eine Wirtschaftsgeschichte der DDR.* München 2004.

Steininger, Rolf: *Deutsche Geschichte seit 1945. Darstellung und Dokumente in vier Bänden.* Frankfurt a. M. 1996.

Stephan, Alexander: *Americanization and Anti-Americanism. The German Encounter with American Culture after 1945.* Oxford 2004.

Taylor, Telford: *Die Nürnberger Prozesse. Hintergründe, Analysen und Erkenntnisse aus heutiger Sicht.* München 1994.

Ther, Philipp: *Deutsche und polnische Vertriebene. Gesellschaft und Vertriebenenpolitik in der SBZ/DDR und in Polen 1945–1956.* Göttingen 1998.

Tüngel, Richard / Berndorff, Hans Rudolf: *Stunde Null. Deutschland unter den Besatzungsmächten.* Berlin 2004.

Vogt, Helmut: *Wächter der Bonner Republik. Die Alliierten Hohen Kommissare 1949–1955.* Paderborn 2004.

Vollnhals, Clemens (Hg.): *Entnazifizierung. Politische Säuberung und Rehabilitierung in den vier Besatzungszonen 1945–1949.* München 1991.

Wegner, Bernd (Hg.): *Wie Kriege enden. Wege zum Frieden von der Antike bis zur Gegenwart.* Paderborn 2002.

Wehler, Hans-Ulrich: *Deutsche Gesellschaftsgeschichte.* Bd. 4: *Vom Beginn des Ersten Weltkriegs bis zur Gründung der beiden deutschen Staaten 1914–1949.* München 2003.

Wiegand, Lutz: *Der Lastenausgleich in der Bundesrepublik Deutschland 1949 bis 1985.* Frankfurt a. M. 1992.

Wildt, Michael: *Der Traum vom Sattwerden. Hunger und Protest, Schwarzmarkt und Selbsthilfe.* Hamburg 1986.

Ders.: *Am Beginn der Konsumgesellschaft. Mangelerfahrung, Lebenshaltung, Wohlstandshoffnung in Westdeutschland in den fünfziger Jahren.* Hamburg ²1995.

Ders.: »Privater Konsum in Westdeutschland in den 50er Jahren«, in: Schildt, Axel / Sywottek, Arnold (Hg.): *Modernisierung im Wiederaufbau. Die westdeutsche Gesellschaft der 50er Jahre.* Bonn 1998, S. 275–289.

Wolfrum, Edgar, *Die geglückte Demokratie. Geschichte der Bundesrepublik Deutschland von ihren Anfängen bis zur Gegenwart.* Stuttgart 2006.

Woller, Hans: *Gesellschaft und Politik in der Amerikanischen Besatzungszone. Die Region Ansbach-Fürth.* München 1986.

Wrobel, Heinz: *Verurteilt zur Demokratie. Justiz und Justizpolitik in Deutschland, 1945–1949.* Heidelberg 1989.

Wyman, Mark: *DPS. Europe's Displaced Persons, 1945–1951.* Ithaca 1998.

Zapf, Katrin: »Haushaltsstruktur und Wohnverhältnisse«, in: *Geschichte des Wohnens, Bd. 5: 1945 bis heute. Aufbau, Neubau, Umbau,* hg. von Ingeborg Flagge. Stuttgart 1999, S. 563–614.

Zierenberg, Malte: *Stadt der Schieber. Der Berliner Schwarzmarkt 1939–1950.* Göttingen 2008.

Zündorf, Irmgard: *Der Preis der Marktwirtschaft.* München 2006.

Personenregister

Bildnachweis

Seite 10: Wickman/dpa.
Seite 68: Bildarchiv Preußischer Kulturbesitz.
Seite 132: Keystone Pressedienst.
Seite 174: www.triangel-verlag.de
Seite 220: Bildarchiv Preußischer Kulturbesitz.